더 좋은 사회
더 나은 미래

이 도서의 국립중앙도서관 출판예정도서목록(CIP)은
서지정보유통지원시스템 홈페이지(http://seoji.nl.go.kr)와
국가자료공동목록시스템(http://www.nl.go.kr/kolisnet)에서
이용하실 수 있습니다. CIP제어번호: 2017006942

# BETTER SOCIETY
# 더 좋은 사회
# 더 나은 미래
# BETTER FUTURE

—— 미래한국리포트 ——

SBS 미래부 지음
이창재 엮음

## 추천사 1
## 성숙한 사회로 가는 길

**지난 10여 년간** SBS의 주관 아래 한국 사회가 안고 있는 다양한 사회문제를 점검하여 미래 한국 사회를 위해 현명하게 대처하게 할 수 있는 길잡이가 된 "미래한국리포트"가 활자화된 것은 만시지감이 있으나 여간 다행인 것이 아니다.

오늘날 우리 사회는 짧은 시간에 근대화, 즉 산업화 및 민주화를 이루어온 성취의 결실이 채 감지되기도 전에 저성장, 양극화라는 또 다른 새로운 사회갈등을 경험하고 있다. 이는 단순히 물질적·경제적 풍요에서의 추락이 아니라 정치·경제·문화·예술 등 사회 시스템의 전반적 위기로 내몰리고 있음을 뜻한다. 더구나 사회 신뢰 및 통합의 붕괴는 미래 한국 사회의 발전방향에 심각한 위기감마저 가져다주고 있다. 이에 SBS는 시의적절하게 10여 년 전부터 우리 사회의 저명한 학자들 및 전문가들과 함께 사회위기를 정밀하게 분석·평가하여 문제점을 근본적으로 도출하고 새로운 미래 사회를 예측하여 이를 극복할 수 있는 대응 방법을 제시하는 작업을 해왔다.

미래한국리포트에서는 고용, 고령화, 환경, 정보통신, 리더십 등 우리 사회가 사회의 질social quality 향상을 통해 좀 더 성숙한 사회로 가기 위해 필요한 사회 이슈들을 선정하여, 단순히 전문가적이고 학술적인 방담을 넘어서 현실적으로 일반 대중의 피부에도 와 닿는 긴요한 토픽들을 다루어왔다. 이러한 통섭적 분석은 근래 드물게 전개된 언론활동으로서, 미래한국리포트의 과감한 시도는 현재 여러 가지 다른 매체에서도 모방·확산·전개되고 있다. 매우 건강한 사회발전 양상이라고 볼 수 있다.

SBS는 미래한국리포트를 통해 문제를 제기하고 사회 분위기를 환기시키며 위기의식을 불어넣고 사회적 의제의 공론장을 제공하여 우리 국민들로부터 매우 긍정적인 반응을 얻었다. 그 내용이 이제 방송매체가 커버할 수 없는 문자매체, 즉 많은 전문가, 일반 대중, 학자들이 더욱 손쉽게 접할 수 있고 또 역사적 기록으로 남을 수 있는, 문자 그대로 "리포트" 형태의 책으로 출간되게 된 것을 동업자의 한 사람으로서 매우 기쁘게 생각한다.

앞으로 이 책이 일반 대중과 호흡을 같이 하여 그 결과가 사회 전 계층에 확산되고 그 효용가치가 더욱 일반화되기를 기대해본다.

이진규 _ (사)사회과학협의회 회장, 고려대학교 경영대학 교수

**추천사 2**

# 더 좋은 사회, 더 나은 미래

"**우리 시대의 문제는,** 미래가 예전의 미래와 다르다는 점이다." 폴 발레리Paul Valery의 말이다. 미래는 우리에게 달려오고 있다. 그런데 생각하고 살지 않으면 살아온 대로 생각하게 된다. 어떻게 미래를 맞을까. 지나온 길을 냉정히 돌아보아야 한다. 그리고 앞을 내다보되 멀리 그리고 넓게 보아야 한다. 우리 체질을 알고, 특정 집단 이해에 얽매이지 않아야 근본 해법을 찾을 수 있다.

성장과 민주화에 성공한 우리는 '역설의 시대'를 산다. 남들이 부러워하는 경제성장의 결과 국민체감 행복감은 바닥이고 자살률은 세계 최고이다. 보릿고개 세대는 스스로를 중산층이라 생각하며 컸는데, 풍요 속에 성장한 젊은 세대는 계층적 자신감을 잃어버렸다. 가히 '풍요의 역설'이다.

1987년 광장의 열기로 민주주의 하드웨어를 갖추었지만 작동은 제대로 되지 않는다. '사악한 권력자'를 견제하고자 한 것이 민주주의 기본 설계도인데, 국민들은 세종대왕 같은 자애로운 지도자를 희구한다. 불신을 제도화할 곳에 선의를 기대하다가 보니, 배신감도 커졌다. 권위주의를 무너뜨렸지만, '권위'도 모두 깨졌다. 의지할 어른도, 존중받는 합의도 없다. 갈등은 넘치는데 승복은 없다. '민주화의 역설'인 것이다.

한국이 현재 겪고 있는 어려움은 더 이상 성장이나 민주화로 풀기 어려운 문제들이다. 넘쳐나는 대졸자의 절반도 소화하지 못하는 노동시장, OECD에서 두 번째로 장시간 노동을 하지만, 생산성은 미국의 절반도 안 되는 비효율, 대기업 조합원 1/4에 불과한 임금을 받는 중소기업 비정규직 등. 이뿐이랴. 고령화와 저출산, 기후변화와 기술의 변화 등에 대비하려면 시스템 전반의 대대적 경장更張을 필요로 한다. 그러나 5년 단임 대통령들은 임기 내에 효험을 볼 수 있는 '한방 공약'에 집착했다. 정당들은 정책적 일관성 없이 서로 공약을 베낄 뿐, 정작 집권하고서는 팽개쳐버렸다. 같은 정당이 정권을 재창출해도 지난 정권의 아무리 훌륭한 정책도 지우기 대상이 되었다. 정책의 일관성 대신, 미래권력은 현재권력에 대한 부정에서 자신의 정당성을 찾았다.

반면에 이 책은 미래에 대한 주인의식으로 넘쳐난다. '더 좋은 사회'를 판별하기 위한 엄중한 현실 진단과 더불어 '더 나은 미래'를 위한 긴 안목의 대안 제시가 분명하다. 매일 숨 가쁘게 데드라인에 맞추어 기사를 쓰는 일반 기자들과 달리, 긴 호흡으로 연구해온 SBS 미래부의 싱크탱크 역할 없이는 불가능했을 일이다. 미래부가 지난 10여 년에 걸쳐 진행해온 "미래한국리포트"가 핵심 소재이다. 국내외 학자들의 학술적 분석과 기자들의 날카로운 현실감각이 어우러졌다. '더 좋은 사회'를 구성하는 사회의 질social quality에 관한 학술적 내용을 담았지만, 매스 미디어의 특성을 살려 '더 나은 미래'의 모습을 일반인에게 흥미롭게 전달할 수 있는 콘텐츠로 채운 것 또한 장점이다.

이 책은 이론적이되 현실적으로 유용하고, 학술적이되 대중적으로 읽힌다. 그래서 정책입안자뿐 아니라 일반 시민과 학생들에 이르기까지 한국의 미래에 대해 생각하는 모든 이들에게 좋은 동반자가 될 것으로 믿어 의심치 않는다.

이재열 _ 서울대학교 사회학과 교수

## 정계·경제계 인사들의 서평

이 책은 새로운 성장모델을 찾아야 할 '전환기의 대한민국'에 대한 이야기이다. 저성장의 위기에 출구를 잃어버린 고용시장과 학벌주의, 저출산 고령화, 복지, 환경 문제에 희망을 제시 못한 국가 거버넌스. 우리는 대한민국의 위기를 뛰어넘을 해법을 찾아 무던히 노력해왔다. 이 책은 우리가 걸어가야 할 불확실한 여정에 대한 이정표이자 희망을 찾아가는 길라잡이가 될 것이다.

문재인 _ 더불어민주당 전(前) 대표

이 책은 치우치지 않은 균형감으로 시대적 과제에 대한 해결책을 제시한다. 가장 돋보이는 해법은 거버넌스이다. 교육, 복지, 일자리, 환경 문제 해결을 위해 사회적 합의가 전제되어야 하며, 갈등 조정의 거버넌스가 필요하다고 제안한다. 대한민국이 직면한 수많은 시대적 과제를 해결하기 위해서 우리는 더 이상 갈등에 머무르면 안 된다. 민주적 대화와 타협 원칙에 따라 통합의 길로 가야 한다. 대한민국의 미래를 위한 SBS 미래부의 건설적인 제안과 노력에 깊이 감사한다.

안희정 _ 충청남도 도지사

치료는 정확한 진단에서부터 시작된다. 교육, 복지, 일자리 등 근본부터 혁명적 변화가 필요한 분야의 과제를 오랜 취재와 전문가들의 시선으로 밀도 높게 풀어냈다. 제4차 산업혁명의 거대한 변화에 대비하고, 새로운 대한민국의 미래를 만들기 위한 훌륭한 이정표이다.

안철수 _ 국민의당 전(前) 대표

제4차 산업혁명의 시기, 대전환의 시대에 우리는 공정한 대한민국을 만들 수 있을 것인가? 이러한 문제의식에서 출발한 이 책은 성장 일변도가 아닌 노동권 보장과 질 높은 교육, 복지, 일자리, 환경, 거버넌스 분야에 대한 다각적인 접근 방식을 통해 공정한 사회를 위한 '해법'을 제시한다. 이번 출간뿐 아니라 앞으로도 SBS 미래부의 "미래한국리포트"가 공정한 대한민국, 인간의 존엄과 노동의 가치가 보장되는 대한민국을 위한 담론에 선구자 역할을 해줄 것으로 기대한다.

이재명 _ 경기도 성남시 시장

우리가 발 딛고 있는 현실을 깊이 고민한 자만이 진정성 있는 통찰을 제시할 수 있다고 생각한다. 대한민국이 산업화와 민주화의 시대를 넘어 새로운 미래로 나아가기 위한 근본적 개혁이 필요한 시기에 이 책은 중요한 시사점과 방향을 제시해주었다. 깊이 공감하며 감사를 표한다.

유승민 _ 바른정당 의원

전환기의 대한민국이 더 좋은 사회, 더 나은 미래로 가기 위해서는 어떻게 해야 하는 것인가? 사회의 질 높이기, 교육의 새 틀 짜기, 성장과 복지의 선순환, 일자리 만들기, 한국형 거버넌스 등을 생각해볼 수 있다. SBS 미래부가 쓴 이 책은 정치인들도 반드시 읽어야 하는 책이라고 본다. 이 책을 여러분께 추천한다.

정우택 _ 자유한국당 원내대표

"미래한국리포트"는 미래세대를 위한 한국형 성장모델을 제시하며 사회를 변화시키는 힘으로 자리 잡았다. 미래도약을 위해 현실을 직시하는 일, 나아가 심도 깊은 해법을 제시하는 작업, "미래한국리포트"를 주목해야 하는 이유이다.

박용만 _ 대한상공회의소 회장

이 책은 전환기 대한민국이 처한 위기 상황을 냉철하게 진단하고 있다. 광범위한 연구와 사례 분석을 통해, 어디에서부터 변화를 시도해야 하는지 고민하고 있는 한국 사회에 새로운 담론을 제시하고 있다.

박병원 _ 한국경영자총협회 회장

이 책은 성장한계와 사회갈등 심화로 총체적 위기에 처한 대한민국이 지속가능한 성장을 이룰 수 있는 해법을 제시하고 있다. 앞으로도 미래 한국의 올바른 방향 설정을 위해 "미래한국리포트"가 다양한 사회 어젠다를 제시해주기 바란다.

박성택 _ 중소기업중앙회 회장

## 머리말

우리나라는 1960년대 이후 단기간에 경제성장과 산업화를 이뤘다. 경제적 발전은 중산층 확대 및 시민 의식의 성장과 함께 민주화 요구로 이어졌다. 1987년 이후 10년 동안은 민주화에 대한 국민적 공감이 형성되고 경제성장과 중산층 성장 속에 사회통합이 진전되었다. 반면 외환위기 이후 10여 년 동안은 전면적인 개방화의 시작과 경제성장이 이루어졌지만, 중산층의 위기 속에 양극화와 갈등이 심화하면서 사회통합의 위기가 발생하게 되었다. 즉, 압축된 성장의 결과는 압축적인 부작용을 남겼다. 소득은 높아지고 성장은 계속된다고 하는데, 상대적 빈곤은 더욱 커지고 양극화로 인한 사회갈등은 갈수록 심해지고 있다. 더구나 성장 잠재력은 계속 낮아져 과거와 같은 성장을 기대할 수 없는 저성장시대가 도래했다. 전문가들은 경제성장이나 민주화만으로는 새롭게 다가오는 미래를 지도할 규범적 가치가 되기 힘들다는 데 의견을 같이하고 있다. 고용의 확대를 동반하지 않는 성장은 양극화를 가속했다. 글로벌 환경과 내부 시장의 괴리가 커질수록 세계화는 큰 후유증을 남겼다. 이는 그동안 해온 방식으로는 성장을 지속할 수 없다는 것을 보여주는 것이다.

  그런데도 우리나라의 방향을 제시해야 할 정부와 정당, 교회, 대학, 시민단

16

체, 언론에 대한 신뢰도는 갈수록 떨어져 가고 있다. 신뢰라는 중요한 사회적 자본이 미약한 우리 사회는 어디로 가는지 불안하기만 하다. 총체적으로 사회 통합의 위기를 맞고 있는 것이 우리의 현주소라 할 수 있다. 사회통합의 위기는 우리 사회가 끊임없이 새로운 위험에 직면하고 있는 상황과 연관된다. 대한민국은 이제 물적 자본과 인적 자본 투자를 통한 요소 투입형의 성장 모델이 더 이상 작동하지 않는 전환기를 맞은 것이다. 따라서 전환기의 위기를 벗어나기 위한 발전 방향과 성장 모델을 찾아야 할 때이다.

미래 사회의 목표는 분명하다. 성장 일변도에 따른 양극화를 벗어난, 고용을 유발하는 성장, 성장을 견인하는 복지가 선순환하는 시스템, 유연성을 확보하면서도 안정적인 고용을 보장할 수 있는 유연하고도 안전한 노동시장의 구축, 창조적인 교육을 위한 과감한 투자, 세계에서 가장 빠른 속도로 진행되는 고령화와 저출산으로 빚어질 수 있는 저성장에 대한 대비 등이다. 궁극적으로 성숙한 사회는 안전하고 어울리고 신뢰하며 활기찬 사회를 목표로 한다. 외환위기 이후 대대적인 구조조정을 수반한 신자유주의적 정책을 통해 이룬 경제 회생은 한편으로 경제의 중요성에 경종을 울렸지만, 다른 한편으로는 경제만으로는 안 되는 사회통합의 문제가 있다는 사실을 절감하게 했다. 따라서 지난 30년간의 정치적 민주화와 경제적 성취를 하나의 끈으로 묶는 사회성the social이 복원되어야 한다. 이를 위해서 경제와 정치를 넘어서는 총체적 사회 분석 틀이 필요하다.

이런 문제의식에서 지난 10여 년간 SBS "미래한국리포트"는 한국 사회가 안고 있는 문제들을 점검해 미래에 닥칠 위기들을 한발 앞서 분석하고 다각적인 해법을 제시해왔다. 이 결과 미래한국리포트는 우리나라를 대표하는 사회 공헌 프로그램이자 지식 콘텐츠 포럼으로 자리를 잡았다. 2004년 첫해에는 "고령화 충격, 활로는 없는가"라는 주제를 통해 처음으로 고령화 문제를 본격적으로 제기했다. 이어 고용 없는 성장의 문제점을 파헤친 "일자리 위기와 노동의 미래"(2005), 환경 문제를 글로벌 관점에서 조망한 "기후의 역습"(2008)을 다뤘다. 또한 정보통신 기술의 혁명적인 발달에도 불구하고 공동체 구성원들 사이에 갈등이 유발되는 이유는 "소통"(2010) 때문이라는 점을 지적한 바 있다. 특히 2012

년부터는 '사회의 질social quality' 향상을 통해 지속 가능한 성장 사회로 가기 위한 체계적인 연구를 해왔다. 그해 "착한 성장사회를 위한 리더십"을 주제로 바람직한 복지국가의 방향을 보여주었고, 이어서 "행복한 일자리를 위한 사회적 대화, 한국형 거버넌스는"(2013)을 통해 사회적 합의의 중요성을 강조했다. 2014년은 세월호 참사를 계기로 공공성 회복을 통한 "한국사회 재설계"의 필요성을 주문했다. 또 광복 70년을 맞아 "좋은 정부의 조건"(2015)을 제시했다. 2016년에는 "대한민국 新인구론"을 통해 더욱 심각해진 저출산의 문제를 짚었다. 미래한국리포트는 행사를 넘어서 보도의 공익성과 심층성을 높이고, 사회적 의제에 대한 공론장을 제공함으로써 시청자와 각계로부터 좋은 반응을 얻어왔다. 실제로 미래한국리포트는 한국방송기자클럽 홍성현 언론상 기획보도부문(2008), 제15회 삼성언론상 특별상(2011), 2011 한국조사보도상, 제6, 7회 KBCSD 언론상 대상(2012, 2013) 등을 수상했다. 또 국민대통합위원회의 국민통합 우수문화콘텐츠(2016)로 선정되기도 했다. 미래한국리포트를 통해 생성된 뉴스와 콘텐츠 등은 이제 대학의 강의교재로뿐만 아니라 학술적인 연구 주제로도 널리 활용되고 있고, 정치권에서는 SBS 미래한국리포트의 콘텐츠를 인용해 사회 현상을 설명하기도 한다. 또한 정부에서도 정책의 방향 설정과 정책 입안에 반영할 정도이다. 제4차 미래한국리포트 "행복의 조건과 가족의 미래" 행사는 당시 노무현 대통령이 장관들과 함께 다큐멘터리를 보고 난 후 재정 계획을 짜는 재원 배분회의를 진행하는 방식으로 열렸다. 또 많은 기업이 행사 취지에 공감해 첫해부터 지원을 해오고 있다.

앞서 말했듯이 최근 대한민국은 성장이 지체되고 신뢰가 떨어지는 전환기를 겪고 있다. 이러한 때에 지속 가능한 성장 모델을 모색하는 것이 절실하다. SBS 미래부는 지난 5년간 서울대학교 사회발전연구소와 사회의 질 연구를 함께 해왔다. 또 100여 명의 교수, 연구원 등과 교육, 복지, 경제, 환경, 거버넌스 등 중요 분야에 대한 연구회의를 진행해왔다. 이런 경험은 지난 10여 년간 축적된 방대한 미래한국리포트 연구 성과를 취합, 분석하는 데 큰 도움이 되었다. 특히 2011년 이후 SBS 문화재단의 연구비 지원과 윤석민 SBS 부회장의 지속적인 관심이 있었기에 깊이 있는 연구와 취재가 가능했다. 또 제한적인 여건 속에서도 좋은 결과물을 만들어주신 한울엠플러스(주)에 감사드린다.

2017년 대선을 앞두고 국가 성장 모델에 대한 논의가 활발해지고 있다. 이와 같은 시기에 그동안 축적한 미래한국리포트의 다양하고 심층적인 연구 결과를 종합, 정리하여 대한민국의 미래 방향을 제시하는 것은 매우 의미 있는 작업이라고 할 것이다.

제 1 부

# 전환기의 대한민국

---

### 제 1 장

대한민국 성장의 명암

### 제 2 장

대한민국 위기의 근원

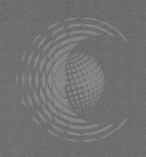

# 제1장

# 대한민국 성장의 명암*

해방 이후 70년간 대한민국의 경제와 정치 발전은 서구의 수백 년간의 역사를 압축한 과정이다. 1945년 8월 15일 일본의 무조건 항복으로 우리 민족은 35년간의 일제 식민지에서 벗어날 수 있었지만, 남북 분단을 맞게 되었다. 한반도에 주둔한 일본군의 무장해제를 위해 북위 38도선을 기준으로 미국과 소련이 동시에 진주하게 된 것이다. 이후 북한은 소련식의 사회주의 체제를 정비했고, 남한은 미군정 속에서 좌우 이념 갈등이 극심했다. 미군정 기간은 3년 정도였지만 농지개혁과 한국 교육에서 중요한 시기였다. 농지개혁에 대한 비판도 있지만, 이는 경자유전이 처음 현실화된 역사적 사건이라고 할 수 있다. 땅을 소유하게 된 수많은 자영 농민들이 안정적인 생활 기반을 마련할 수 있었고, 이는 교육에 대한 투자와 중산층 형성으로 이어져 대한민국 경제발전의 원동력이 되었다. 교육 제도에서 미군정은 일제 식민지 시기에 인문학교와 실업학교로 학제가 완

---

* 이 장은 제13차 미래한국리포트에서 정호선 기자가 발표한 내용과 제10차 미래한국리포트에서 고희경 기자가 발표한 내용을 재정리한 것이다.

전히 분리되어 있던 복선형 학제를 미국식의 단선형 학제로 바꿨다. 종전의 인문교육과 실업교육의 제도적 분리로, 빈부에 따른 진학 차이를 없애려 한 의도였지만 이후 대학진학이 과열되는 단초를 제공했다. 1946년 9월부터는 국민학교 의무교육을 실시하기로 결정해 경제 발전을 위한 산업 인력을 양성할 수 있는 바탕을 마련했다. 1948년에는 전체 취학연령 아동 중 75%가 국민학교에 취학할 수 있었다. 또 미국식 수업연한을 도입하여, 초등학교부터 대학교까지의 수업연한을 현재의 6-3-3-4제로 전환했다.

대한민국은 제헌헌법이 제정됨에 따라 새로운 독립국가로 출범했다. 제헌헌법 제정은 자유와 평등, 민주주의, 법치주의, 국민의 기본권 보장, 권력 분립 등의 내용을 담으며 우리 역사상 최초로 현대적 통치 질서를 마련한 점에서 의미가 있으며, 향후 민주화 이행에 초석이 되었다. 그러나 남북한이 다른 길을 걷게 되면서 남한에서는 1948년 8월 15일 대한민국 정부가 수립되어 당시 이승만 대통령이 대한민국 초대 대통령으로 취임했다. 반면 북한에서 그해 9월 9일 김일성이 자체 정부 수립을 선언하면서, 한반도에서는 '1민족 2체제'의 대결 구도가 형성되었다. 남북 간의 대결은 결국 한국전쟁이라는 동족상잔의 비극으로 이어졌고 엄청난 인명과 재산피해뿐만 아니라 남북 분단을 고착시켰다. 1950년 한국전쟁 발발 당시 10만여 명이었던 국군은 전쟁 중 100만여 명에 이르렀다. 정부 수립 2년도 안 돼 겪은 전쟁으로 초기에 정부 대응은 미숙했지만, 전쟁 중 막대한 군 인력 수급과 지원, 관리 등을 수행하면서 정부의 틀이 공고해졌다. 특히 군의 급속한 팽창과 지원 확대는 군의 권력을 강화했고 이후 군의 정치 개입에 영향을 주게 되었다.

1961년 5·16 군사쿠데타가 일어나면서 군사정부가 등장했다. 군사정권은 산업화와 경제개발에 최우선 순위를 두고 정책을 펴나갔고, 그 결과 연 10%가 넘는 고도성장을 달성하며 '한강의 기적'을 이루었다. 한국이 1955년 국제통화기금$^{IMF}$과 세계은행에 가입할 당시 1인당 국민총소득$^{GNI}$은 65달러로 아프리카 최빈국인 가나, 가봉에도 뒤지는 수준이었다. 정부는 1962년 제1차 경제개발 5개년계획(1962년 1월 13일)으로 산업화를 본격화했다. '수출주도형 경제 발전'을 성장 전략으로 수출을 적극적으로 지원했고 1970년대부터 중화학공업을 집중적으로 육성하기 시작했다. 필요한 자금은 정책 금융을 통해 조달했다. 당시 정부 지원에 힘입어 크기 시작한 삼성과 현대, LG, SK 등 대기업은 이후 글로벌 기업으로 성장했다. 한국의 연평균 경제성장률은 제1차 경제개발계획 마지막 해인 1966년 11.9%로 처음 두 자릿수를 기록했고 이어서 제2차 계획(1967~1971년) 때 10.0%, 제3차 계획(1972~1976년) 때는 10.2%에 이르렀다. 조선·반도체·철강·자동차가 수출을 주도한 가운데 한국은 1996년 '선진국 그룹'인 경제협력개발기구OECD에, 2009년에는 OECD 산하 개발원조위원회DAC에 가입했다. 원조를 받던 최빈국이 공여국이 된 것은 한국이 유일하다. 2010년에는 주요 20개국 (G20) 의장국으로 서울에서 정상회의를 열었다. 지속적인 성장의 결과로 1인당 국민소득은 60년 전의 434배인 2만 8180달러(2014년)로 늘어났다. 명목 국민총소득은 1953년 483억 원에서 2014년 1497조 원으로 3만 배 넘게 불어나 명실상부하게 선진국 문턱에까지 이르렀다.

　민주화 과정 역시 경제성장만큼이나 극적이었다. 1960년 3·15 부정선거로 이승만 정권 퇴진 시위가 확산되었고, 마침내 4·19 혁명으로 자유당 정권은 몰락하게 되었다. 그해 내각제 개헌을 통해 제2공화국이 출범했지만, 이듬해 군사쿠데타로 군사정부가 들어서고 제5공화국까지 군사정권이 이어졌다. 하지만 1987년 1월 서울대 학생 박종철 고문치사 사건 이후 민주화를 요구하는 목소리가 확산되고 민주화 시위가 시민들이 참여하는 6·10 항쟁으로 확대되자, 결국 대통령직선제 개헌을 수용하는 내용의 6·29 선언을 발표하기에 이르렀다. 1987년의 헌법 개정은 6·10 민주항쟁을 거쳐 최초로 여야 합의에 따라 이뤄졌다는 점에서 이전의 헌법과는 그 성격을 달리하고 있고, 그런 점에서 1987년은 민주주의의 성취에 상징적 분수령이라 할 것이다. 이후 14대 대선에서는 문민정부가 출범했고 15대 대선에서는 헌정 사상 첫 번째 정권교체가 이뤄졌다. 17대 대선에서는 다시 보수 정권이 들어섰다.

　'87년 체제'가 30년 동안 지속하면서 현재의 한국 사회에는 새로운 변화가 요구되고 있다.[1] 민주화를 성취했다고는 하지만 우리 사회 각 분야에 카르텔적인 지배가 계속되고 있다. 정당 내부구조의 민주화는 성숙하지 못했고, 언론이 설정한 프레임이 대중을 지배하는 상황이 이어졌다. 특히 IMF 시대와 2008년 미국발 금융위기를 겪으면서 시민의 삶의 안정성이 크게 흔들렸고, 시민들은 정치권에 '삶의 문제 해결'을 강력하게 요구하기 시작했다. 따라서 한국의 정당정치는 권력쟁취의 투쟁을 넘어 이제는 사회 구성원들의 삶의 고민을 구체적으로 해결해주려는 노력과 해결 능력을 보여줘야 할 때이다. 특히 젊은 세대는 고용없는 성장으로 도전과 실패의 기회조차 주어지지 않고 있다. 따라서 정치권은 '젊은 세대'의 고민을 구체적으로 해결할 수 있는 정책을 내놓아야 한다. 이를 위해 정치 패러다임이 근본적으로 바뀌어야 한다. 과거의 '권력투쟁'이 아니라 시민의 삶을 고민하는 '생활정치', '미시정치'로 변화시켜야 한다는 요구가 높아지고 있다. 이런 과정에서도 한국은 사실상 완전한 민주주의 국가로 평가를 받고 있다. 영국 주간지 이코노미스트 산하 연구기관 '이코노미스트 인텔리전스 유닛EIU'이 발표한 '2015 민주주의 지수Democracy Index 2015'에 따르면 한국은 10점 만점에 평균 7.97점으로 평가 대상 167개국 가운데 22위를 했다. 이는 일본(23위)을 한 계단 앞서서 아시아에서는 가장 높은 순위이다. 다만 2014년 평가 때는 가장 민주화된 국가를 뜻하는 '완전한 민주주의(평균 8점 이상)' 그룹에 속했으나, 2015년에는 그다음 단계인 '미흡한 민주주의(평균 6점 이상~8점 미만)' 그룹으로 떨어졌다.

앞서 보았듯이 해방 이후 70년 동안 우리 국민은 정말 열심히 살았고 산업화와 민주화를 동시에, 그리고 빠르게 이루었다. 정부 주도의 산업화는 최빈국에서 세계 10위권의 경제로 도약을 이루면서 '한국적 산업혁명'이라는 신조어도 생겨났다. 혼란과 희생 속에서 87년 민주화 성공으로 자유민주 체제도 안착시켰다. 정부는 민주화와 조국 근대화라는 명확한 비전과 경제개발계획이라는 실행 계획을 세우고, 이를 강력히 추진하는 데 최적화된 행정시스템을 만들어 국

---

1 SBS 전문가회의에서 "2012 양대 선거와 한국 사회"라는 주제로 이헌환 아주대 교수가 발표(2012. 2)한 내용 발췌.

가를 경영해왔다. 국민도 희생을 감수하면서 정부의 시책에 따랐다. 하지만 압축된 성장의 결과는 우리에게 커다란 과제를 안겼다. 이른바 '풍요의 역설'과 '민주화의 역설'이라는 말이 우리의 현실을 잘 표현하고 있다. 소득은 3만 달러에 육박해 풍요로운 사회가 됐다는데 양극화는 심해지고 노인의 상대빈곤율은 거의 50%에 이를 정도여서 압도적으로 OECD 1위를 기록하고 있다. 또 팍팍한 삶 탓에 10년 넘게 자살률 1위라는 부끄러운 지표도 있다. 이렇다 보니 저출산 극복을 위해 지난 10년 동안 80조 원을 쏟아부었지만, 출산율은 여전히 전 세계 최하위권에 머무르고 있다. 또 민주화는 됐다고 하는데, 정부의 투명성은 오히려 하락하고 정부에 대한 신뢰가 떨어지고 있다.

이런 가운데 한국은 심각한 위기에 직면하고 있다. 첫 번째 위기는 저성장이다. 정부의 계획에 따라 수출 주도형으로 성장해온 한국 경제는 전 세계적인 저성장 추세에 직접적인 타격을 받고 있다. 1인당 국민소득은 2만 달러를 넘은 지 10년 가까이 됐지만 3만 달러의 고지를 좀처럼 넘지 못하고 있다. 주력업종의 경쟁력이 약화되다 보니까 글로벌 시가총액 500대 기업에 이름을 올린 한국 기업이 3개로 줄어든 반면, 중국은 계속 늘어 46개나 된다. 새로운 성장동력을 찾지 못하는 사이 경제 체질은 신흥국인데 벌써 선진국처럼 저성장 국면에 진입해버렸다. 정부도 경제를 살리기 위해 갖가지 정책 수단을 동원하고 있지만 글로벌 경제의 파고 속에서 어려움을 겪고 있다. 갈수록 세계 경제의 불확실성이 확대되면서 수출과 내수 양쪽 모두 빨간불이 켜지고 있다. 더구나 한국 경제의 성장 잠재력마저 추락하고 있다. 현재 3%대인 잠재성장률은 2025년 2%대 중반, 2060년에는 1% 초반으로 떨어지리라는 것이 OECD의 전망이다. 더 많은 일자리를 만들고 복지를 확대하면서도 재정 건전성을 유지해야 하는데, 우리를 둘러싼 환경과 여건이 그렇게 녹록하지 않다.

두 번째 위기는 저성장 속에 소득양극화가 구조적으로 심화하고 있다는 점이다. 지난 10여 년간 임금 수준별로 일자리가 어떻게 변했는지 살펴보면, 지난 2001년에는 전체 일자리 중 중간임금 일자리가 43.5%였다. 그러나 2011년에는 이 비중이 35.4%로 8%p나 줄었다. 그 대신에 상위와 하위임금 일자리가 늘었다. 중간 일자리가 왜 이렇게 줄어든 것일까? 여러 가지 복합적인 요인이 있지만 가장 큰 원인은 기술진보와 세계화이다. 예전 같으면 사람이 했을 일을 로봇이나 기계가 대신한다. 또 생산기지는 중간재를 값싸게 생산할 수 있는 해외로 옮겨지고 인력도 모두 현지에서 채용되고 있다. 특히 기술의 진보는 기존의 중간임금 일자리를 양극단으로, 즉 고임금과 저임금 일자리로 나눠놓았다. 디지털 경제가 되고 신기술이 속속 등장하면서 기업 경영환경은 빠르게 변하고 경쟁 또한 심해졌다. 결국 기업의 인력 수요는 빠르게 변하는 환경과 기술에 신속하게 대응할 수 있는 고직능 전문직에 쏠릴 수밖에 없다. 그렇다고 고임금 일자리만 늘어난 것은 아니다. 정보통신기술이 발달하면서 IT 전문가들의 일자리도 많아졌지만, 우리나라에서 더 많이 늘어난 일자리는 따로 있다. 바로 택배기사이다. 온라인쇼핑 시장의 규모가 엄청나게 커졌기 때문이다. 이런 일자리의 양극화는 소득양극화를 더욱 고착시킬 것이다.

세 번째 위기는 자영업이다. 저성장에다 일자리가 부족하다 보니 자영업으로 몰리고 있는데 워킹 푸어, 하우스 푸어보다 더 심각해질 수 있는 것이 '자영업 푸어'이다. 사회보험 같은 공공복지에서 배제된 자영업자들은 자칫하면 신빈곤층으로 추락할 수 있다. 지난 10년을 분석한 결과 자영업자의 평균 생존 기간이 3.4년이었다. 부동산중개업은 2.4년, 음식점은 3.2년밖에 버티지 못했다. 실제로 자영업으로 성공하기가 벤처기업으로 성공하기보다 훨씬 더 어렵다. 한국과 경제위기를 겪고 있는 남유럽 국가들과는 공통점이 많다. 정치 불신이 높고 지하경제 규모가 크며 자영업자가 많다는 것이다. OECD 국가 중 자영업 비중이 높은 나라 상위 5위 안에 그리스, 한국, 이탈리아가 모두 들어가 있다. 2015년 자영업자 수는 556만 3000명으로 자영업자 비율은 27%이며 OECD 평균인 16%보다 10%p 이상 높다. 베이비붐 세대의 선두그룹이 50대 초반에 이르면서 자영업 시장에 대거 뛰어들고 있기 때문이다. 50대 인구는 2011년 700만 명을 넘어섰다. 계속 늘어나 2023년에 정점을 찍은 뒤 2040년이 되어서야 다시 700만 명 아래로 떨어지게 된다. 자영업 시장의 '베이비붐 세대 쇼크'가 앞으로 30년은 갈 것이라는 추론이 가능하다. 자영업은 그야말로 한국 경제의 잠재된 위험이다.

네 번째는 인구 고령화이다. 그것도 진행속도에서 세계에서 유례를 찾아보기 힘든 '초고속 고령화'이다. 2001년부터 초저출산이 이어지고 있다. 초저출산 시기에 자녀세대는 부모세대의 절반 남짓한 규모에 불과하다. 외부로부터 인구유입이 없이 지금의 초저출산을 지속한다면 특정 연령대의 인구 규모는 30년이 지나면 지금의 절반 가까이 줄어들어 있을 것이다. 결국 한국은 현재 OECD 국가 중 세 번째로 젊은 나라이지만 2050년이 되면 일본을 넘어 세계에서 가장 늙은 나라가 된다. 더구나 인구구조에서 세대 간 규모 감소가 심각하다. 동년배의 규모를 보았을 때 80만 명 수준을 장기간 지속하다가 단기간 만에 60만 명대로 줄어든다. 다시 60만 명대를 지속하다가 50만 명대를 건너뛰어 이삼 년 만에 40만 명대로 급전직하한다. 이러한 변화는 우리가 이미 알고 있지만, 인구변화에 제대로 준비하지 않고 있다가는 어느 순간 감당하지 못할 사회문제에 휩싸이게 될 것이라는 전망이다.

다섯 번째로 사회갈등은 어떤가? 지역갈등에 노사갈등, 계층갈등, 세대갈등 등 갈등의 골은 갈수록 깊어지고 더욱 복잡하게 얽혀가고 있는 양상이다. 다시 말해 웬만큼 해서는 만족하지 못하는 현실에 대한 불만과, 규칙대로 했다가는 손해를 봤다는 과거로부터의 경험에서 오는 불신, 그리고 다가오는 위험을 혼자 감당해야 한다는 미래를 향한 불안, 즉 불만, 불신, 불안이 뒤섞이면서 한국 사회를 괴롭히고 있다. 이런 갈등 속에서 효율 만능의 정부 시스템은 더 이상 작동하지 않는다. 한 가지 예로 경부고속도로를 건설하는 데는 2년 반밖에 걸리지 않았지만 이보다 규모가 훨씬 작은 서울외곽순환도로는 19년이나 걸리는 것이 현실이다. 이해관계가 복잡하게 얽혀 도로에 횡단보도 하나 긋는 일도 쉽지가 않다. 우리나라 공공갈등을 분석해봤더니 새로 발생한 건수는 매년 비슷비슷했지만, 해결이 안 돼 누적된 건수는 1990년대 연간 50건 정도에서 2000년대 중후반에는 80~100건으로 늘어났다. 갈등이 한번 발생하면 타협점을 찾지 못해 장기화되고 있는 것이다. 그런데도 정부를 비롯한 기관에 대한 신뢰가 낮다 보니, 갈등은 심해졌는데 '갈등조정기능'이 제대로 작동하지 않는다. 기본적인 소통조차 안 되고 있다. 민주화는 됐지만, 정부의 투명성은 하락하고 정부에 대한 신뢰가 떨어지고 있다. 한미FTA 협상 당시 촛불집회나, 메르스 사태 등에서 나타난 혼란상은 사태의 본질적인 문제와 관련 없이 정부의 투명하지 못한 모습이 혼란을 부채질한 예이다. 결국 단기간에 해결하기 어려운 문제들이 많아졌다. 원전 건설이나 대규모 국토개발 사업, 이에 따른 환경보호 정책 등은 오랜 기간 지속해서 추진해야 하는 쉽지 않은 문제들이다. 하지만 각각의 정권들이 임기 내에 성과를 보겠다며 단기적인 마스터플랜을 반복하면서 중장기적 연속성은 미흡했다. 결국 우리 사회는 과거의 성장모델이 더 이상 작동하지 않는 전환기에 직면한 것이다. 산업화의 바탕인 기술과 자본은 모방할 수 있었지만, 민주화의 근본인 제도와 규범, 타협과 절제의 문화가 자리 잡기에는 짧은 기간이었다. 외환위기 때의 금 모으기 운동이나, 2002년 월드컵 때의 거리응원, 태안 기름유출 사고 이후 보여준 자원봉사 행렬은 우리 국민의 단합심을 보여준 좋은 예이지만 단발성에 그칠 뿐 건전한 공동체 문화를 형성하는 결과로 이어지지 못하고 있다.

마지막으로 계층 사다리가 무너지면서 사회적 역동성이 사라졌다. 열심히 한 만큼 잘살 수 있다는 믿음과 이를 뒷받침한 교육열은 한국 발전의 원동력이었다. 하지만 '개천에서 용 난다'는 말은 요즘 '강남에서 용 난다'는 말로 바뀌었다. 교육이 부와 계층이 대물림되는 통로로 전락한 것이다. 또 부족한 사회안전망 때문에 한번 실패한 사람은 좀처럼 다시 재기하기 어려운 상황으로 내몰리고 있다.

따라서 대한민국은 경쟁력을 다시 응집해 전환기의 위기를 넘어 재도약할 것이냐, 그렇지 못하고 쇠퇴할 것이냐 하는 기로에 서 있다. 그렇다면 재도약을 위해서는 무엇부터 어떻게 해야 할까? 이제부터 그 해답을 제시하고자 한다.

# 제2장

# 대한민국 위기의 근원

전환기 위기의 한복판에 있는 대한민국은 앞서 언급한 위기들을 극복해야 지속적인 성장을 이룰 수 있다. 양극화와 자영업 위기, 부러진 계층 사다리, 사회 갈등 등 위기의 원인은 여러 가지가 있지만, 그중에서 가장 중요한 원인은 일자리 부족과 비효율적인 경쟁, 낮은 투명성 등이라고 할 수 있다.

## 낮은 투명성과 저신뢰[1]

서해 페리호 침몰(1993), 성수대교 붕괴(1994), 삼풍백화점 붕괴(1995), 씨랜드 화재(1999), 대구 지하철 방화(2003), 그리고 세월호 침몰(2014)까지 우리 사회에서는 대형 참사가 되풀이되고 있다. 이것은 우연한 사고가 아니라 한국 사

---

**1** 이 절은 제12차 미래한국리포트에서 "재난은 왜 되풀이되는가"라는 주제로 이재열 서울대 교수가 발표한 내용을 재정리한 것이다.

회의 구조적 모순이 낳은 참사였다. 20년 전의 재난이 지금까지도 반복되고 있는 현실은 한마디로 우리가 과거의 재난에서 아무것도 배우지 못했다는 것을 보여준다. 어떤 위험 원인이 있을 때 이를 가볍게 여기고 지나치게 되면, 정책이나 제도가 다소 문제가 있어도 그냥 두게 되고 오히려 안전 관련 규제를 완화하게 된다. 그럴 경우 재난이 일어나면 피하지 못하게 된다. 우리는 이제 과거 재난으로부터의 경험을 통해 재난을 예방해야 한다. 이를 사전 학습이라고 한다. 위험을 더는 허용하지 않겠다고 하면 위험통제전략을 찾게 된다. 그런데 여기서 중요한 것은 내재화 전략을 쓰느냐, 아니면 외재화 전략을 쓰느냐 하는 것이다. '내재화 전략'이란 재난의 근본적인 해결책을 찾으려는 노력보다는 이 재난의 책임이 누구 탓인지 희생양을 찾는 노력에 집중한다. 그래서 주무 장관의 사표를 받고 실무자를 처벌하는 데 그친다. 결국 이렇게 사고가 종결되거나 백지화, 혹은 교착되면 다시 재난은 반복된다. 내재화 전략으로는 시스템의 변화 없이 희생과 재난 간 악순환의 고리가 만들어지는 셈이다. 이 때문에 위험을 더는 허용하지 않겠다고 할 경우 '외재화 전략'을 써야 한다. 그래야 악순환의 고리를 끊을 수 있다. '외재화 전략'이란 문제를 외부에 명백히 드러내는 것이다. 외부 전문가까지 참여하여 재난의 원인을 철저히 규명하고, 시스템이 전제해온 가정을 근본적으로 재검토하는 것이다. 그리고 그에 걸맞게 조직의 전략과 체질까지 바꾸어야 한다. 세월호 참사를 위의 공식에 대입해 보면, 세월호 참사는 과거의 경험으로 배우지 못했을 뿐만 아니라 내재화 전략만을 반복해서 사용했기에 생겨난 사고였다. 이를 다른 말로 '단일 순환 학습'으로 생겨난 '숙성형 사고'라고 할 수 있다. 곳곳에 널려 있는 위험 징후들을 간과했고, 최악의 경우를 가정하는 것을 기피했으며, 설령 개개인이 위험요소를 인지했다 하더라도 조직 차원에서 전체적인 양상을 종합해내지 못했다. 동일본의 원전사고도 전형적인 숙성형 사고의 사례라고 할 수 있다.

2011년 3월 14일 일본 동부를 강타한 지진해일은 일본 전역을 큰 충격에 빠뜨렸다. 그런데 더 심각한 문제는 지진해일 때문에 발생한 후쿠시마 원전 사고였다. 후쿠시마 원전 사고는 과연 불가피한 사고였을까? 도쿄전력에서 17년 동안 근무했던 기무라 씨는 원전 사고가 예고된 것이었다고 말한다. 그가 후쿠시마 원전에 근무할 당시부터 원전에 이미 심각한 문제가 있었다는 것이다. 실제로 터빈 건물 1층에서 냉각수가 통과하는 배관이 부식되어 해수가 누설되었고 1층에서 지하로 물이 들어갔다. 또 지하에 비상 디젤 발전기가 있는데 지하가 수몰되어 가동되지 않았다고 한다. 회사에 여러 번 위험 상황을 알렸지만, 회사는 번번이 경고를 무시했다. 도쿄전력의 이런 문제는 후쿠시마 현 전 지사의 증언을 통해서도 확인된다. 내부 고발이 있었을 때 그것을 속이고, 데이터를 고치고, 경제산업성이 내부고발 내용을 도쿄전력에 미리 흘렸다는 것이다. 특히 원전 회사의 지원을 바탕으로 이권을 나누던 이른바 원전 마피아들의 부패는 결국 후쿠시마 원전 사고로 이어졌다. 일본의 관료 시스템은 국민이 아닌 관료 자신들을 위해 일하는 결과를 낳게 된다고 전직 일본 관료도 인정한다. 사고가 난 이후, 도쿄전력과 정부의 대응방식도 문제였다. 간 나오토菅直人 당시 총리는 사고 직후 도쿄전력이 자신에게 보고한 내용도 엉터리였다고 했다. 지진 발생 직후 처음 받은 원전에 대한 보고는 지진 지역의 모든 원전이 무사히 정지되었다는 것이었다. 하지만 그로부터 40~50분이 지난 시점에서 다음 보고가 들어왔고 그 내용은 후쿠시마 제1원전의 모든 전원이 상실되었다는 것이었다. 사고 당시 도쿄전력 본사와 후쿠시마 원전 책임자 간의 영상회의록에는 관계자들이 우왕좌왕하는 무능하고 무기력한 모습이 고스란히 기록되어 있다. 원전 마피아들의 집단 이기주의와 부패, 비밀주의, 그리고 사고 대처에 무기력한 정부의 모습은 우리 세월호 사고와 너무도 닮은꼴이었다.

세월호 참사와 동일본 원전사고에서 보듯이 이런 시스템의 실패가 일어나는 근본적인 원인은 무엇일까? 흔히들 우리가 좋은 시스템을 안 들여와서 그렇다고 하는데, 정부의 정책이나 제도를 보면 전 세계에서 좋다는 것은 다 들여왔다. 문제는 제대로 작동을 안 한다는 것이다. 제도주의 경제학에서는 시장이 작동을 안 하면 정부로 풀고 정부 실패는 시장으로 푼다는 식의 트레이드 오프trade-off 관계를 이야기한다. 하지만 결정적으로 빠져 있는 것이 공정성이나 투명성에 대한 논의이다. 이 부분이 해결이 안 되면 모든 이상적인 제도들은 왜곡되고 변

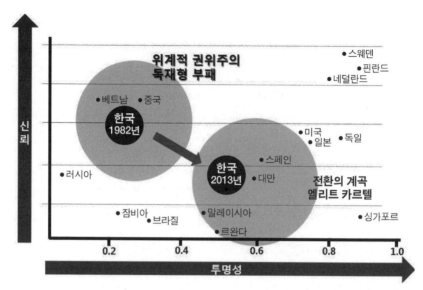

그림 1-1 신뢰와 투명성 국제비교

형된다. 예를 들어, 우리가 잘 작동할 수 있다고 생각하는 전통적인 모델이 왕
도정치 모델이다. 덕스럽고 지혜로운 지도자가 있고 그를 백성이 따라가는 식
인데, 이것도 공정성과 투명성이 결여되면 마피아처럼 되어버린다. 종국에는
공동체가 폐쇄적인 연고 집단으로 변해버리는 것이다. 그런 의미에서 보면 전
반적인 시스템의 이완이나 부패는 이런 숙성형 사고의 온상 역할을 한다고 볼
수 있다.

한국은 왜 이런 상황이 되었을까? 그림 1-1에서 수직축은 신뢰수준을, 수평
축은 투명성을 의미한다. 30년 전 권위주의 시대에 한국은 낮은 투명성에도 불
구하고 비교적 높은 일반적 신뢰와 제도적 신뢰를 유지했다. 지금의 중국이나
베트남에서 보는 바와 같은 위계적 권위주의 모델이 작동했다. 카리스마적 지
도자를 따라 의기투합하여 돌격 방식으로 고지탈환전을 하는 사회였다. 그러나
민주화 이후 제도에 대한 신뢰는 급속히 추락한 반면 투명성은 제자리이다. 서
로 신뢰하는 투명하고 개방적인 사회로 우리는 아직 나아가지 못하고 있다. 혁

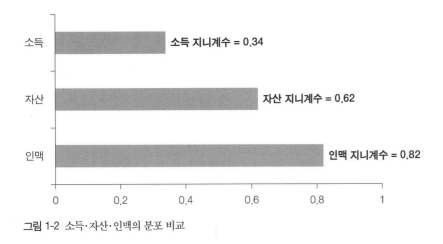

그림 1-2 소득·자산·인맥의 분포 비교

신적으로 투명성을 제고하지 못하면 헤어나오지 못할 전환의 계곡에서 헤매게 되는 것이다. 관피아 문제는 전환의 계곡에서 발생하는 부패의 전형이다. 과거 권위주의 시대와 같은 최고 정치지도자를 둘러싼 독점적인 부패사슬은 약해진 반면, '엘리트 카르텔'이 대두하며 사회 각 부문으로 확산하고 있는 것이다.

더구나 강한 연고주의는 문제를 악화시키고 있다. 한 조사에서 화학 공장에 일하는 근로자들에게 물어보니, 응답자의 2/3는 안전과 관련해서 엄격하게 규칙을 집행해야 한다고 응답했다. 그러나 정작 그렇게 답한 이들 중 절반은 원칙을 고집하면 인간관계에 문제가 생긴다고 답했다. '자신 없는 원칙론'이 다수인 것이다. 자신이 안전담당자라면 규정 위반자를 원칙대로 조치했을 것이라는 응답은 절반밖에 되지 않았다. 더구나 이들 중 30%는 상대가 아는 사람이면 봐주었을 것이라고 태도를 바꾸었다. 안전보다 연고가 더 중요한 것이다. 보통사람들에게 연고는 사회생활의 윤활제이다.

그런데 인맥의 분포는 **그림 1-2**에서 보듯이 소득이나 자산보다 훨씬 더 불평등하다. 더구나 대부분 활용 가능한 유효 인맥은 조직의 상층부에 집중된다. 리더들이 통제할 수 있는 정보나 자원이 방대하므로 이들이 약한 수준의 봐주기를 해도 조직에는 매우 치명적이 된다.

우리는 이중위험사회에 와 있다. 압축적 산업화의 후유증인 숙성형 재난의 위험을 미처 해결하지 못한 상태인데 새로운 형태의 위험이 몰려오고 있다. 결국 안전 불감증[2]으로 인한 위험의 일상화와 관리 감독 부실, 규정과 준칙 무시, '빨리빨리-대충대충' 문화, 근거 없는 낙관주의, 안전 교육과 훈련 부재, 실적 우선주의, 안전을 비용으로만 여기는 왜곡된 경제논리에다 재난 거버넌스의 실종이 참사를 만들어낸 것이다. 서구 국가들이 200여 년에 걸쳐 이룬 산업화를 우리나라는 1960년대 이후 50여 년 동안 빠른 속도로 이뤄냈다. 하지만 압축적 근대화로 다른 나라들의 몇 배나 되는 위험을 감수하게 되었다. 우리나라의 고도성장은 물질 만능주의, 결과지향주의, 생명 경시, 강자 우선, 약자 경시, 속도 지상주의라는 결과를 낳은 것이다.

이러한 재난에 제대로 대응하려면 어떻게 해야 할까? SBS가 서울대 사회발전연구소와 함께 그동안 수년간 고민해온 해답은 사회의 질을 높이는 것이다. 사회의 질이 높은 사회에서는 재난을 예방할 수 있고, 설사 재난이 발생하더라도 피해를 줄이고 빨리 복원할 수 있다. 예를 들면 도심에서 일어났던 일본의 한신-아와이 대지진(1995년, 진도 7.2에 사망자 6434명)보다 산간 지역에서 일어난 중국 쓰촨 성 대지진(2008년, 진도 8.0에 사망자 6만 9000명) 피해자가 열 배 이상 많았다. 한반도에 동일한 태풍이나 폭우가 지나갔는데도 남한보다 북한의 인명피해가 200배 이상 많았다. 실제로 1998년에서 2007년 사이 자연재해로 인한 사망자 수는 남한이 1851명이었지만 북한은 38만 2905명이나 되었다. 이는 모두 기술적이고 경제적인 자원뿐 아니라 사회적이고 조직적인 차원에서 중

2 한국인의 위험 인식 조사(정진성·이재열 외, 『위험사회 위험정치』, 서울대학교출판문화원, 2006)를 보면 한국인은 약 36%가 자신에게 위험이 발생할 가능성이 높은 것으로 자동차사고 등으로 인한 사고사를 꼽아 유럽 평균인 56%보다 현저히 낮다. 하지만 실제로 인구 10만 명당 교통사고와 사고사 건수를 비교해보면 한국이 각각 17.2명과 63명으로서 독일 7.4명과 40.4명, 영국 5.9명과 33명에 비해 심각하게 높은 수준으로, 결국 우리나라 사람들에게는 객관적 위험이 높음에도 자신이 겪을 위험 가능성은 작다고 보는 이중성이 존재한다. 오랜 기간에 걸쳐 위험을 감수하며 살아가는 생활을 내면화한 결과 운명론적 위험관의 비중이 높아졌다는 것이 학계의 분석이다.

국이나 북한의 대응역량이 매우 취약했기 때문이다. 자연재난이나 금융위기 같은 파국적 위험, 실업이나 빈곤과 같은 사회적 위험을 대비하려면, 그리고 인적 재난을 예방하고 실존적 불안을 줄이려면, 사회의 질을 높이는 것이 궁극적 처방일 것이다. 사회의 질을 높인다는 것은 제도의 공익성, 기회의 공정성, 규칙의 투명성과 신뢰, 시민의 역능성과 참여를 높인다는 것을 말한다.


## 강한 물질주의와 경쟁 사회[3]

사회학자 잉글하트$^{Ronald\ Inglehart}$는 세계 여러 나라의 가치관 조사자료를 분석한 결과 성장기에 궁핍과 동요를 경험한 나이 든 세대는 경제적 안정이나 질서 확립에 높은 가치를 두는 반면, 풍요와 안정을 경험한 젊은 세대는 삶의 질, 표현의 자유, 정치 참여 등 탈물질주의적 측면을 중시하는 경향이 있다고 주장해 왔다. 경제발전이 물질주의 가치에서 탈물질주의 가치로의 점진적 변화를 가져온다는 것이다. 그런데 한국은 압축적 근대화의 결과 다른 나라들의 몇 배나 되는 위험을 떠안아야 하는 상황을 맞게 되었다. 즉, 고속성장의 결과로 물질 만능과 결과지향, 생명 경시, 승자독식 만연, GDP를 위주로 한 양적 성장 중시의 결과가 대형 참사에 고스란히 반영된 것이다. 사회는 시장을 포함하는 훨씬 큰 실체인데도, 사회를 시장 운영하듯이 경영한 결과이다.

**그림** 1-3은 1인당 GDP와 물질주의 성향과의 관계를 나타내는데, 보통 다른 국가들은 GDP가 높아질수록 물질주의 성향이 줄어드는데 유독 한국만이 GDP가 올라가도 물질주의적 성향이 여전히 높다. 실제로 '직업 가치관'과 관련된 항목들(일의 동기, 이직에 대한 선호, 정리해고에 대한 견해, 능력별 보수체계 선호, 적절한 노동연령, 직업 선택 시 우선 고려하는 사항 등)에 대한 2007년 조사의 결과를

---

3 이 절은 제9차 미래한국리포트에서 "왜 경쟁인가? 치열한 경쟁의 이면"을 주제로 이정애 기자가 발표한 내용을 재정리한 것이다.

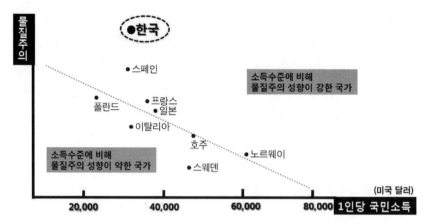

그림 1-3 물질주의 성향 비교

주 1) 물질주의: 2005년 세계가치관조사. 잉글하트 물질주의 척도를 물질주의자, 혼합형, 탈물질주의자로 분류했을 때 물질주의자의 %. 한국의 경우 55%
주 2) 1인당 국민소득: OECD 통계. 2004~2006년 1인당 GDP(미국 달러) 평균. 한국의 경우 약 1만 8499달러.

2003년의 동일 항목들에 대한 조사와 비교해보면 우리나라의 물질주의 동향(그림 1-4)을 알 수 있다. '일의 동기가 돈 때문'이라는 항목에 대해서는 2003년에 비해 2007년에 동의의 정도가 부쩍 커졌다. 이처럼 최근 금전적 노동 동기의 급증은 같은 기간에 응답자 다수가 금전적으로 더욱 압박을 받는 상황에 처하게 되었음을 방증해준다. 따라서 '가치관상 물질주의에서 탈물질주의post-materialism로의 이동'이라는, 경제적 발전단계에 따른 가치관의 이행에 대한 일반적인 경향이 한국 사회에서 오히려 역방향으로 나타난 것이다. 실업이나 비정규직화로 인한 소득의 감소, 그리고 이와 무관하지 않은 외환위기 이후 가계부채나 사교육비의 급속한 증가 등은 이러한 금전적 노동 동기의 증가와 긴밀한 상관관계를 가진다. 강한 물질주의는 결국 한정된 재화를 얻기 위한 치열한 경쟁으로 이어지고 이는 다시 강한 물질주의로 가면서 무한 경쟁사회가 된다.

여기에다 가치관의 혼란도 문제이다. 실제로 한국인은 OECD 국가 중 가장 비정형적이며 혼합적인 가치관을 따르고 있다.[4] 한국인은 비교 대상 20개국 중에서 가장 경쟁지향적이다. 그러면서 안전한 직업을 선택하려는 성향은 가장

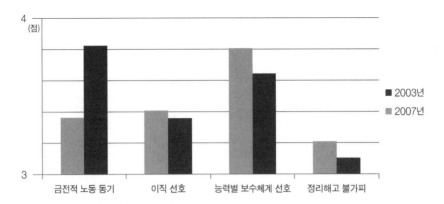

**그림 1-4 국민의식 조사(직업가치관 관련 의식)**

주: 서울대 사회발전연구소, 「한국사회 국민의식과 가치관에 관한 조사」(2003)와 「외환위기 10년 국민
의식조사」(2007) 비교.

높아서 20개국 중에서 위험감수 정도는 가장 낮다. 반면 차등적 임금 지급은 싫
어하는 편이어서 한마디로 일관성이 없다.

그렇다면 우리나라 발전의 원동력인 경쟁의 모습은 어떠한가? 치열한 경쟁
덕분에 한국은 20세기 최고의 성공 모델 국가 중 하나가 되었다. 하지만 우리가
그동안 앞만 보고 치열하게 경쟁해온 사이, 과연 우리 사회의 모습은 어떻게 변
했을까? SBS는 지난 2011년 갤럽에 의뢰해 우리 국민이 경쟁을 어떻게 인식하
는지 조사했다(그림 1-5).

먼저 우리 사회의 경쟁이 얼마나 치열한지 물었다. 2001년에는 58점 정도로
느꼈는데 2011년은 76점이라고 답했다. 게다가 지금처럼 경쟁할 경우 10년 후
에는 85점 정도로 지금보다 더 악화할 것으로 전망했다. 연령별로 보면 특히 40
대와 20대가 경쟁을 더 치열하게 느끼고 있는 것으로 나타났다. 83.4%는 평소
에도 경쟁 때문에 스트레스를 받는다고 한다. 그렇다면 어떤 분야의 경쟁이 가
장 치열하다고 느끼고 있을까? 입시경쟁, 취업경쟁, 직장 안에서의 경쟁 등 거

---

**4** 김병연, 「한국의 시장경제: 제도의 부정합성不整合性과 가치관의 혼란」, 이영훈 편, 『한국의 시장경제
체제』(서울대학교 출판부, 2014).

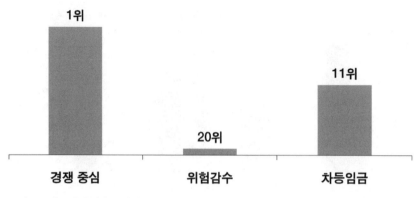

그림 1-5 한국인 가치관 국제비교

의 모든 분야에서 90점을 넘어설 정도로 한계치에 이른 것으로 받아들이고 있었다. 그래도 가장 치열한 것은 역시 취업경쟁으로 나타났다. 그리고 그 시작은 학교이다. 통계청 조사 결과 현재 초·중·고생의 열에 일곱이 사교육을 받는 것으로 나타났다. 이를 반영하듯이 사교육 경쟁에 대해서는 거의 모두가 "심하다"고 생각했다. 그렇다면 다른 사람이 사교육을 포기한다면 내 아이의 사교육도 포기할 수 있을까? 47.6%는 "포기하겠다"라고 답했다. 한국 사회의 사교육이 남들과의 경쟁을 의식한 것임을 보여주고 있다. 하지만 "그래도 계속하겠다"는 답도 40.2%였다. 이렇게 되면 앞서 포기하겠다고 답한 사람들도 결국은 포기할 수 없는 악순환이 될 수밖에 없다.

이런 과도한 경쟁은 대학이나 직장에 들어가서도 여전히 이어진다. 기본적으로 전문지식을 쌓는 것은 물론이고 온갖 자격증 취득과 외모 관리까지, 스펙쌓기 경쟁이 끝이 없다. 그렇다면 그 결과는 어떨까? 청년고용률은 재정위기를 겪고 있는 나라들을 빼면 앞서 언급했듯이 한국이 OECD 꼴찌 수준이다. 치열한 취업 경쟁을 피해서 창업을 하는 경우에도 어렵기는 마찬가지이다. 자기 사업을 하는 경우에도 절반은 3년 안에 문을 닫는 것으로 나타났다. 이렇다 보니 구직자들은 임금 사정이 나은 대기업을 선호하지만, 현실적으로 대기업에서 일할 수 있는 사람은 10명 가운데 1명에 불과하다. 나머지 90%는 중소기업에서 일할 수밖에 없는데, 대기업과 중소기업 간 임금격차는 좀처럼 좁혀지지 않고 있다. 지난 20년간 소득불평등은 더 심해졌다. 결국 우리 사회의 근간인 중간층은 줄어들고 하위층은 늘어났다.

인생의 가장 중요한 경쟁에서 당신은 이겼는지 물었을 때, 44%가 "나는 패자다"라고 답했다. 과도한 경쟁은 개인의 행복감을 떨어뜨릴 뿐 아니라 사회 불안과 불신을 낳고 있다. 이렇게 사회가 불안할 때는 누군가에게 기대고 싶지만, 우리 사회는 OECD 국가 가운데 도움이 필요할 때 기댈 사람이 가장 없는 삭막한 사회로 바뀌어가고 있다. 이뿐만이 아니다. 다른 OECD 국가들의 자살률은 계속 떨어지고 있지만, 우리나라의 자살률은 계속 늘어만 가고 있다. 더 충격적인 것은 10대에서 30대까지 사망원인의 1위가 자살이라는 점이다. 40대와 50대도 암 다음가는 사망원인이 자살일 정도로 우리 사회는 피폐해져 가고 있다. 이런 어두운 단면은 우리가 경쟁을 하면 할수록 경쟁의 효과는 사라지고 폐해만 커지는 단계에서 빠져나오지 못하고 있음을 보여준다. 동화 『이상한 나라의 앨리스』를 보면 붉은 여왕인 레드퀸과 앨리스가 함께 달리는데 아무리 열심히 뛰어도 제자리걸음이다. 우리 사회 역시 이런 레드퀸 효과에 빠지면서 동력도 잃고 효율성도 잃고 결국 경쟁의 딜레마에 빠진 것이 아닌지 생각해볼 대목이다.


## 일자리 부족[5]

일자리 문제는 무한 경쟁의 결과이면서 동시에 원인으로 작용한다. 우리 사회에 산적한 문제의 배경에는 일자리 문제가 있다. 고용불안은 소득 격차를 확대해 여유가 없는 가계들의 빚은 늘어날 수밖에 없다. 가계의 소비 여력이 줄어들면 자연히 내수가 부진해지고, 성장률은 추락할 수밖에 없다. 우리나라는 '재

---

**5** 이 절은 제11차 미래한국리포트에서 "일자리 무엇이 문제인가?"를 주제로 정호선 기자가 발표한 내용을 재정리한 것이다.

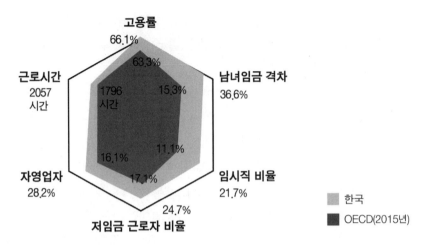

고용률
66.1%
63.3%

근로시간
2057
시간

1796
시간

15.3%

남녀임금 격차
36.6%

11.1%

자영업자
28.2%

16.1%

17.1%

임시직 비율
21.7%

24.7%

저임금 근로자 비율

한국

OECD(2015년)

그림 1-6 고용지표 비교
주: 자영업자 비율은 2012년 통계.

정'과 '세금'이란 수단으로 소득이 재분배되는 정도가 저조하다. 자연히 임금격
차가 벌어질수록 살림살이 양극화로 직결된다. 조기에 은퇴한 사람들은 이미
포화상태인 자영업으로 내몰려 노후를 위협받게 되고, 미래가 불안한 청춘들은
결혼과 출산을 미뤄서 저출산의 단초를 만든다. 대기업만을 좇아서 자발적 실
업상태에 머무는 구직자들, 인재 영입에 실패한 중소기업의 경쟁력은 떨어지고
청년 실업 문제가 심각해질수록 도전을 꺼리는 무기력함이 사회에 팽배하게 된
다. 양극화로 인해 걷히는 세금은 줄어드는데, 빈곤층이 늘면서 사회복지비용
지출은 더 많아진다. 재정은 이중고를 겪을 수밖에 없다.

그런데 이렇게 중요한 일자리 사정이 개선은커녕 더 악화하고 있다는 것이
문제이다. 한국과 OECD 국가들의 고용률을 비교해보면 '여성'과 '청년'에서 눈
에 띄게 격차가 벌어져 있음을 알 수 있다. 남성만 너무 오래 일하는 방식으로
굳어진 근로 형태는 여성이 비집고 들어갈 틈을 주지 않고, 한창 일해야 할 나
이의 청년들의 고용률은 10년 새 5%p나 하락했다. 그 결과로 나타난 우리 고용
의 곪아 터진 현실을 **그림 1-6**이 집약해서 단적으로 드러내주고 있다. 근로시
간, 저임금 근로자나 임시직의 비율, 남녀 임금격차 등의 주요 고용지표가 약속

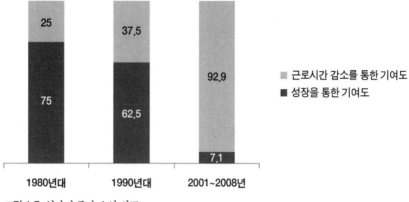

그림 1-7 일자리 증가 요인 비교

이나 한 듯 줄줄이 OECD 최하위권이다. 우리나라 경제 규모는 세계 10위권이라는데 이런 괴리는 어떻게 설명할 수가 있을까? 저임금 근로자는 빠르게 늘어나고 있는데 임금과 같은 근로조건 격차는 점점 더 벌어지고 있다.

하지만 대표성을 갖지 못한 노동조합, 잃을 게 없다며 애써 외면하고 있는 기업, 그리고 조정에 실패한 무기력한 정부, 노-사-정 조정 기능은 마비된 지 오래이다. '일자리가 최선의 복지'라는 말은 등장한 지 오래되었다. '좋은 일자리', '반듯한 일자리', '양질의 일자리'… 정권마다 수식어는 달리했지만 관통하는 문제의식은 같았다. 하지만 비정규직 보호를 위한 기간제 고용 2년 제한법은 비정규직에 불리하게 돌아가 취지와 다른 결과에 부딪혔다. 고졸 채용과 같은 열린 채용, 초임 삭감을 통한 일자리 나누기를 시도했던 정부정책 역시 법적·제도적 개선보다 캠페인성으로 전개되면서 지속 가능성에서 한계를 드러냈다. 모두 치열하게 고민하고 노력했지만, 결코 녹록지 않은 과제라는 뜻이다.

이런 가운데 일자리를 늘릴 수 있는 희망은 있다. 1980년대 이후 어떤 요인이 일자리를 늘리는지 분석을 해봤다. **그림 1-7**에서처럼 '성장'을 통해서 늘어나는 일자리는 주춤한 반면, 근로시간을 줄이니까 일자리는 생각보다 많이 늘었다. 저성장 시대에 결국 일자리 나누기라는 사회적 약속을 피하고서는 해법은 없다는 말이다. 그러나 우리나라는 강한 물질주의와 무한 경쟁 속에 사회적 신뢰마저 낮다 보니 일자리 나누기를 위한 사회적 합의가 매우 어려운 실정이다.


## 저출산의 덫[6]

한국은 2000년대에 들어 합계 출산율이 1.5명 이하로 떨어졌는데 한번 출산율이 1.5명 이하로 떨어진 나라들은 출산율을 1.5명 이상으로 회복하기가 매우 어렵다. 이런 상황을 인구학자들은 저출산의 덫이라고 한다. 저출산 고령화는 경제적으로는 저성장과 불안한 미래를 가져오고, 사회적으로는 가족생활의 경험과 규범을 바꾼다. 젊은 세대가 원하는 미래 삶과 현실의 격차가 점점 벌어질 경우 젊은 세대는 이 상황에 결혼과 출산을 연기하는 것으로 대응한다. 그리고 형제 없이 혼자 자란 젊은 세대는 자녀와 가족의 필요를 덜 느낀다.

저출산의 덫 메커니즘을 한국의 현실에 적용하면 우리는 **그림 1-8**에서 보는 가족-일-교육의 삼각관계 모형을 갖고 설명할 수 있다. 출산을 위해서는 결혼을 통해 가족을 이루어야 한다. 그런데 가족의 경제적 기반을 마련하려면 가족들이 일을 통해 소득을 얻어야 한다. 이것이 바로 일과 가족의 관계이다. 일자리를 얻으려면 교육이 필요하다. 교육을 통해 일에 필요한 능력을 얻기 때문이다. 그런데 교육에 대한 투자는 가족에서 이루어진다. 이것이 가족과 교육의 관계이다. 일단 교육을 받고 나면 일자리를 구해야 한다. 일을 통해 자신이 획득한 능력을 발휘할 수 있기 때문이다. 이것이 교육과 일의 관계이다. 1990년대까지 가족-일-교육의 삼각관계는 가부장적 가족, 안정적 직장, 경쟁적 교육열의 수직적이고 경직된 체계로 짜여졌다. 고도 경제성장 시기에는 고용이 계속 늘어났고 경쟁이 지배하는 세상에서 앞서가기 위해 자녀의 교육에 아낌없이 투자했다. 성장과 경쟁이 주도하는 환경에서 살아남기 위해 남성 가구주는 직장

---

**6** 이 절은 제14차 미래한국리포트에서 "'가족-일-교육'의 선순환"을 주제로 한준 연세대 교수가 발표한 내용을 재정리한 것이다.

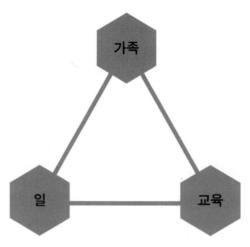

그림 1-8 가족-일-교육의 관계 모형

에서, 자녀는 학교에서, 주부는 가정에서 각자 대부분의 시간을 보냈다. 경제성장이 지속하여 충분한 일자리와 소득을 주고 가부장적 제도와 문화에 큰 반발이 없는 한, 이러한 가족-일-교육의 삼각관계는 잘 유지되면서 한국의 경제성장을 이끄는 사회적 기반이 되었다.

하지만 인구보너스가 끝나고 가부장주의가 약해지면서 이 삼각관계는 유지되기 어렵게 되었다. 우선 맞벌이 부부가 늘고 가족 내 돌봄의 문제가 심각해지면서 일과 가족 간의 긴장이 커진다. 둘째로는 적은 수의 자녀에 대한 과잉 교육 투자로 교육비 부담이 증가하면서 가족과 교육 간에도 갈등이 발생한다. 셋째로 높은 수준의 교육을 받은 젊은이들이 일자리를 찾기 어렵게 되면서 교육과 일 사이에 갈등이 발생한다. 가족-일-교육의 삼각관계를 통계자료를 통해 국제적으로 비교했다. 한국은 노동시간이 OECD 국가 중에서 두 번째로 길고 남녀 간 고용률의 격차는 세 번째로 크다. 일과 가족 간 관계가 바람직하지 못하다는 것이다. 한국은 공교육비를 정부가 부담하는 비율과 특히 대학 교육비를 정부가 부담하는 비율이 최하위권에 속한다. 가족과 교육의 관계가 가족에게 일방적으로 불리하다. 한국은 청년실업률은 중하위권에 속하지만 최근 5년

| | 종합순위 | 출산율(명) |
|---|---|---|
| 독일 | 7 | 1.47 |
| 아일랜드 | 21 | 1.95 |
| 일본 | 28 | 1.42 |
| 한국 | 31 | 1.21 |
| 대만 | 한국과 비슷 | 1.16 |

그림 1-9 가족-일-교육의 연계 종합순위(OECD 국제비교, 2014년)

간 청년실업률의 증가 면에서는 OECD 나라들보다 상대적으로 높은 편이다. 교육과 일의 관계가 순조롭지 못한 것이다.

OECD 국가 중 31개 나라의 노동 시간, 남녀 고용률 격차, 공교육비 비율, 청년실업률 등의 통계자료를 이용해 종합 순위를 보면 우리나라는 31개국 중 31위로 꼴찌이다. 분야별로 보면 노동시간, 남녀 고용률 격차, 공교육비 비율은 30위에서 29위를 기록했고, 청년실업률과 청년실업률 변화가 각각 18위와 24위를 기록해 그나마 나은 편이었다. 결국 가족-일-교육의 연계의 균열이 세계 최저 출산율로 이어진 것이다. 인구 문제를 겪고 있는 5개국(그림 1-9)을 살펴보면 독일이 7위, 아일랜드가 21위, 일본이 28위이고, 대만은 OECD 국가는 아니지만 한국과 비슷한 수준으로 평가된다. 이를 2014년 각국 출산율과 비교하면 독일 1.47명, 아일랜드 1.95명, 일본 1.42명, 대만 1.16명, 한국 1.21명으로 가족-일-교육의 삼각축이 선순환하는 국가일수록 출산율이 높았다. 독일의 경우 아직 저출산 국가이지만 90년대 이후 꾸준히 출산율이 증가하고 있다. 이는 통일이라는 큰 사회적 충격에도 불구하고 가족-일-교육의 선순환 구조를 회복했기 때문에 가능한 것이다. 독일은 어떻게 삼각축이 작동하는지 보자.

결혼 5년차 모하메드 씨는 바쁜 요리사를 그만두고 최근 하루 7시간만 일하는 식자재 납품 업체로 이직했다. 그 이유는 가족과 더 많은 시간을 보내기 위해서였다. 덕분에 부인도 직장을 다니는 데 부담이 없다. 선진국의 경우 여성 고용률이 높을수록 출산율도 동반 상승한다. 물론 이를 뒷받침하는 제도들이 있어야 가능하다. 육아휴직 후 시간제 일자리로 복귀한 라우라 씨는 출산 후 1년 동안 급여의 65%를 수당으로 받았고, 한 달에 200유로의 자녀 수당도 받고 있다. 남편도 출산 이후 3개월 휴직했고, 일주일에 30시간만 일을 한다. 가족 형성의 배경에는 안정적 일자리가 있다. 독일은 직업교육과 인문교육이 이원화된 학제여서 교육에서 노동시장으로의 이행이 원활하다. 16살 때 자동차 정비 직업교육을 선택한 세밀 씨는 대학 갈 성적은 충분했지만 자신의 적성을 따라 직업학교를 택했고 졸업 후 곧바로 관련 분야에 취직해 30대 초반에 마이스터가 됐다. 이처럼 교육에서 일자리로의 전환이 원활한 나라일수록 출산율은 확연히 높다. 여기에다 독일의 경우 교육비에 대한 부담도 거의 없다. 베를린 전 지역에서 유치원은 무료이다. 이를 학부모가 부담했다면 월 680유로를 내야 한다. 대학교육도 무상이고, 대학 대신 직업훈련을 선택했다면 오히려 한 달에 500유로 안팎의 수당을 받으며 교육을 받는다. 통상 교육비가 높아지면 자녀 수를 줄이려는 경향이 있는데, 독일에서는 최소한 교육비 때문에 출산을 고민하거나 포기하는 일이 드물다. 가족과 일, 교육이라는 인생의 중요한 요소들이 서로 적절하게 균형을 유지하면서 독일 젊은이들은 결혼이나 출산 같은 인생의 중대한 결심을 내릴 때 상대적으로 적은 부담을 느낀다. 그리고 여기에는 국가가 가정을 지원하는 시스템이 있다. 결국 이런 삶의 균형이 가능한 것은 독일 국민이 유난히 자기 관리를 철저히 해서라기보다는, 가족-일-교육이 선순환할 수 있도록 제도가 뒷받침해주기 때문이다.

낮은 출산율은 사회통합에서도 문제를 드러낸다. 결혼과 출산은 세대와 세대를 이어주는 바통과 같다. 앞세대와 뒷세대는 양육과 부양을 매개로 의존관계를 형성하게 된다. 이 관계는 수적 균형을 바탕으로 형평성 있게 유지되어야 하는데 저출산 고령화로 수적 균형이 깨지면서 형평성이 훼손됐다. 젊은 층인 에코 세대가 짊어져야 할 부담은 늘어나는데 자신들이 돌려받는 몫은 도리어

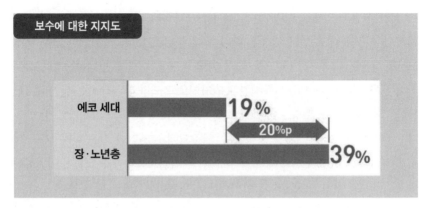

보수에 대한 지지도

에코 세대 **19%**

20%p

장·노년층 **39%**

그림 1-10  정치·사회의식 조사
자료: 한국행정연구원 사회통합조사(2014).

줄어드는 상황이 됐다는 뜻이다. 이 때문에 세대 간 갈등이 빚어질 수 있는데, 우리나라는 세대갈등이 이미 현실로 나타나고 있다. 의식조사를 통해 에코 세대와 장·노년층의 생각을 비교해보면 정치사회적 의식의 차원에서는 이미 갈등의 골이 깊어졌다고 할 수 있다.

에코 세대는 진보적인 성향이 우세하게 나타난다. **그림 1-10**에서 보듯이 에코 세대와 장·노년층 사이의 보수에 대한 지지 격차는 20%p를 넘는다. 만약 고령화 사회에서 다수의 고령층이 투표를 통해 자신들의 선택을 강요하게 되면 정치적으로 세대 간 갈등은 첨예해질 수 있다. 최근 영국에서 브렉시트를 둘러싸고 EU에 남기를 원한 젊은 세대와 탈퇴를 원한 고령 세대가 서로 엇갈린 선택을 한 것이 대표적인 예이다. 한국의 젊은 층에서도 78%가 장년층과 노년층의 목소리와 영향력이 너무 크다고 생각하는 것으로 조사됐다. 일자리를 둘러싼 문제에서도 갈등 조짐을 보인다. 일자리를 양보하지 않는 기성세대 때문에 취업난이 발생한다는 주장에 에코 세대 남성 55.2%가 찬성한 반면, 베이비붐 세대 남성은 68.2%가 반대했다. 일자리를 둘러싸고 두 세대의 시각이 충돌하고 있다. 또 한국의 20대 청년층 79%가 부모 세대에 비해 나은 삶을 살지 못할 것으로, 20대 청년층 70%는 자신의 자녀가 자신에 비해 경제적으로 나은 삶을 살지 못할 것으로 생각한다. 복지혜택에 대해서도 에코 세대와 베이비붐 세대는 대립된 시각을 갖는 것으로 나타났다. 노년층보다 청년층에 더 많은 복지혜택을 주어야 한다는 주장에 대해 에코 세대 남성 57%가 찬성한 반면, 베이비붐 세대 남성 69%가 반대한다고 응답했다. 본인들이 은퇴할 때 받게 될 연금에 대해 젊은 세대의 28%는 거의 없을 것으로 생각했고 현재보다 줄어들 것이라는 의견까지 합치면 81%가 연금 혜택에 대해 비관적 전망을 갖는 것으로 조사되었다. 젊은이들이 현재의 어려움에 좌절하고 미래의 불확실성을 비관하면 사회적 통합이 어려워질 뿐 아니라 저출산에서 벗어나기도 어렵다. 결혼해서 아이를 낳는 주된 연령대의 사람들이 바로 젊은이들이기 때문이다. 그런데 N포 세대란 표현에서 알 수 있듯이 지금 젊은이들은 결혼과 출산이 자신의 처지에서 어렵다고 생각하거나 더 나아가서는 불필요하다고 생각한다. 따라서 악순환에 빠진 일-가족-교육의 삼각관계를 새로운 선순환으로 바꾸는 일이 무엇보다도 시급한 과제이다.

제 2 부

# 전환기와 사회의 질

---

# 제3장

# 왜 사회의 질인가?*

한국은 짧은 시간에 성공적으로 고도성장을 이룬 나라이다. 가난하지만 평등한 사회에서 상승이동의 열망에 가득찬 부모들이 자녀 교육에 아낌없이 투자하며 치열한 경쟁을 벌인 결과, 한 세대 만에 놀라운 성장을 이루었다. 1인당 국민소득이 1만 달러에 접어들 때까지만 해도 치열한 경쟁은 성장의 원동력이었고 국민의 행복감도 높아졌다. 굶주림에서 해방되었고, 생활은 편리해졌기 때문이다. 그러나 2만 달러를 넘어선 현재는 전혀 다르다. 성장이 자동으로 더 많은 행복을 가져오지 않는다. 절대적 빈곤보다 상대적 박탈감이 더 문제가 된다. 그 이유는 교육이나 환경처럼 남들과 대비해 희소성을 갖는 위치재positional good가 매우 중요해졌기 때문이다. 그래서 '풍요의 역설', '성장의 역설'이 넘쳐난다. 예를 들면, 대학진학률은 70~80%이지만 '명문대학' 졸업장을 둘러싼 경쟁은 더 치열해졌

---

* 이 장은 제9차 미래한국리포트에서 "경쟁과 사회의 질"을 주제로 이재열 서울대 교수가 발표한 내용을 재정리한 것이다.

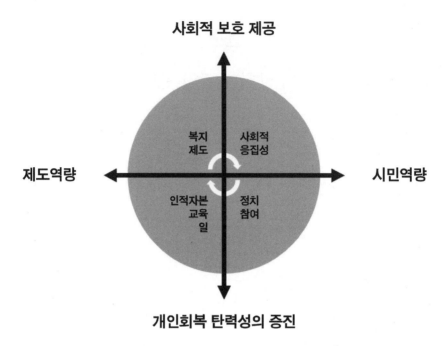

사회적 보호 제공

복지
제도

사회적
응집성

제도역량

시민역량

인적자본
교육
일

정치
참여

개인회복 탄력성의 증진

그림 2-1 사회의 질 분석 체계

다. 전국 주택보급률이 110%를 넘지만, 서울에서 내 집 장만하는 일은 젊은이
들에게 거의 불가능한 꿈이다. 제한된 지위재를 둘러싼 과잉경쟁의 문제를 해
결하지 못하면 성장과 풍요에도 불구하고 국민의 행복감은 더 떨어지게 된다.

　그렇다면 과잉경쟁의 문제를 선진국들은 어떻게 해결했을까? 이들의 공통점
은 사회의 질이 높다는 점이다. 사회의 질이란 GDP 같은 경제지표로는 잡아낼
수 없는 사회발전의 척도로서, 전체 사회의 발전이 개인의 역량개발과 얼마나
조화를 이루는지를 보여주는 지표이다.

　사회의 질이 높은 사회는 제도역량과 시민역량이 균형적으로 잘 발달한 곳
이다. 그림 2-1을 보면 제도역량은 정부가 주도하여 사회적 위험에 대한 합리적
이고 체계적인 보호를 제공하는 복지역량, 그리고 개인의 능력을 극대화할 수
있는 교육 및 일자리 제공 역량으로 구성된다. 시민역량은 공동체의 문제를 풀

표 2-1 OECD 30개 국가 사회의 질 순위(2011년)

| 국가 | 전체 순위 | 제도역량 | 시민역량 | 인적자본 | 복지와 안전망 | 사회응집성 | 정치참여 |
|---|---|---|---|---|---|---|---|
| 덴마크 | 1 | 1 | 1 | 2 | 1 | 1 | 1 |
| 아이슬란드 | 2 | 2 | 3 | 1 | 3 | 5 | 3 |
| 스웨덴 | 3 | 3 | 4 | 6 | 2 | 2 | 6 |
| 노르웨이 | 4 | 4 | 2 | 3 | 7 | 4 | 4 |
| 핀란드 | 5 | 5 | 6 | 7 | 4 | 3 | 9 |
| 네덜란드 | 6 | 7 | 8 | 14 | 9 | 6 | 8 |
| 오스트리아 | 7 | 8 | 7 | 19 | 5 | 15 | 5 |
| 룩셈부르크 | 8 | 14 | 5 | 28 | 6 | 11 | 2 |
| 스위스 | 9 | 6 | 10 | 5 | 15 | 7 | 11 |
| 뉴질랜드 | 10 | 9 | 11 | 4 | 22 | 8 | 12 |
| 호주 | 11 | 20 | 9 | 12 | 23 | 10 | 7 |
| 벨기에 | 12 | 12 | 12 | 22 | 8 | 13 | 10 |
| 영국 | 13 | 11 | 15 | 10 | 18 | 14 | 16 |
| 독일 | 14 | 19 | 13 | 17 | 17 | 12 | 13 |
| 캐나다 | 15 | 18 | 14 | 13 | 21 | 9 | 18 |
| 아일랜드 | 16 | 22 | 17 | 9 | 26 | 17 | 17 |
| 프랑스 | 17 | 23 | 18 | 27 | 13 | 18 | 21 |
| 스페인 | 18 | 21 | 19 | 20 | 16 | 19 | 19 |
| 미국 | 19 | 27 | 16 | 15 | 27 | 16 | 14 |
| 포르투갈 | 20 | 10 | 24 | 8 | 20 | 21 | 27 |
| 체코 | 21 | 15 | 21 | 16 | 14 | 22 | 22 |
| 이탈리아 | 22 | 16 | 23 | 23 | 11 | 27 | 15 |
| 일본 | 23 | 24 | 20 | 11 | 25 | 20 | 23 |
| 헝가리 | 24 | 13 | 26 | 21 | 10 | 26 | 28 |
| 슬로바키아 | 25 | 25 | 22 | 26 | 19 | 24 | 20 |
| 그리스 | 26 | 17 | 28 | 25 | 12 | 28 | 26 |
| 폴란드 | 27 | 26 | 25 | 24 | 24 | 25 | 25 |
| 한국 | 28 | 28 | 27 | 18 | 29 | 23 | 29 |
| 멕시코 | 29 | 29 | 30 | 29 | 30 | 29 | 30 |
| 터키 | 30 | 30 | 29 | 30 | 28 | 30 | 24 |

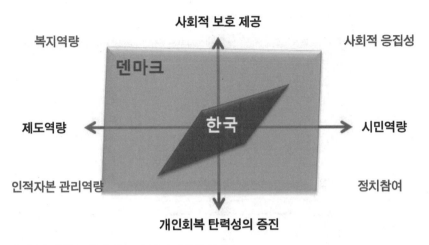

**그림 2-2** 한국(28위)과 덴마크(1위)의 사회의 질 비교
자료: 서울대 사회발전연구소(2011).

어나가는 사회적 응집성, 그리고 시민 정치참여로 구성된다. 한국 사회의 질은 비교 대상 30개 OECD 국가 중에 28위에 불과하다. 하위 영역별로 보면, 교육과 일자리 제공 능력 등 인적자본은 18위로서 조금 양호하지만, 사회적 응집성은 23위, 그리고 복지역량이나 시민 정치참여는 모두 29위로 최하위권에 머물고 있다.

**표 2-1**에서 보듯이 OECD 국가에서도 사회의 질이 높은 국가들은 스웨덴 등 북유럽과 독일 등 중부 유럽국가들로 세계 금융위기 속에서도 건실한 성장을 하고 있다. 전 세계에서 가장 질 높은 사회인 덴마크와 비교해보면 한국이 얼마나 개선의 필요성이 많은지가 적나라하게 드러난다. **그림 2-2**에서 보는 두 사각형 간의 면적 차이가 두 나라 간의 질적 격차를 의미한다.

그렇다면 이러한 질적 차이는 경쟁에 어떤 영향을 미칠까? 먼저 뛰어난 복지역량을 갖추고 풍부한 교육기회와 일자리를 제공하는 덴마크에서는 실패한 이들에게도 재도전의 기회가 많다. 그래서 청년들은 과감하게 창의적인 일에 도전한다. 반면에 복지역량이 취약한 한국의 젊은이들은 위험을 회피하기 급급하다. 실패가 용인되지 않다 보니 혁신적인 기업가정신이 위축되고 있다. 두 번째

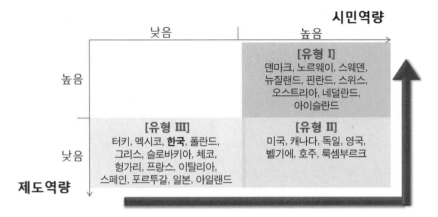

**그림 2-3** 시민역량과 제도역량의 관계
자료: 서울대 사회발전연구소(2011).

로, 사회적 응집성이 높고 시민 정치참여도가 높은 덴마크나 스웨덴에서는 공
동의 문제에 대한 시민적 해결 의지가 높고, 또 문제를 풀어나갈 제도권 정치도
잘 작동한다. 그래서 사회적으로 적정한 수준의 실력경쟁이 이루어진다. 반면
에 한국은 투명성이 낮고 각종 기관과 제도에 대한 불신이 높다. 그래서 수치화
된 객관적 평가에 매달리는 과도한 간판경쟁의 폐단이 나타난다. 세 번째로, 사
회의 질이 높은 사회에서는 조화로운 공생발전이 가능하다. 불평등이 적고 구
성원 간의 신뢰도 높기 때문이다. 반면에 상대적 불평등이 심각하고 불신도 높
은 한국은 약육강식의 승자 독점에 가깝다.

　이제는 이러한 문제를 풀어나가야 할 시점이 되었다. 위험회피 경쟁 대신 창
의성 경쟁을, 과도한 간판경쟁보다 적정 수준의 실력경쟁을, 약육강식의 승자
독점보다는 평화로운 공생발전을 이루어나가야 한다. **그림 2-3**은 사회의 질이
높은 사회로 가는 경로를 보여주고 있는데, 선진국들은 지금 우리보다 훨씬 낮
은 소득 수준이었을 때 이미 높은 수준의 시민역량을 갖추었다. 그리고 그 토대
위에서 복지역량도 높이고, 결과적으로 공생발전의 뿌리를 내릴 수 있었다. 따
라서 한국 사회의 산적한 문제들은 사회의 질을 획기적으로 높여야 해결이 가
능할 것이다.

제4장

# 성장을 위한 사회의 질*

앞의 내용에서 본 바와 같이 우리나라의 산적한 문제 해결을 위해서는 사회의 질을 높여야 한다는 것을 알 수 있다. 그렇다면 사회의 질에 중요한 요인인 신뢰와 부패, 사회적 합의 등이 경제성장에 어떤 영향을 주는지 살펴보자. 아직 한국에서는 경제성장을 하려면 투자를 많이 하고 더 많은 교육을 하며 더 좋은 기술을 개발해야 한다고만 이해하는 경향이 있다. 그런데 사실 한국은 다른 나라에 비해 상대적으로 GDP 대비 투자율과 고등교육 진학률도 높으며 연구투자지출의 비중도 높다. 그런데 이 효과가 반드시 다른 나라보다 더 높은 성장률로 이어지지는 않고 있다.

이를 알아보기 위해 한국의 1인당 GDP(2만 6000달러, 2013년)와 큰 차이가 나지 않고 최근의 경제위기에 직접 타격을 받지 않은 국가인 이스라엘, 슬로바키아와 비교해보자. 이들 국가의 1인당 GNI는 각각 3만 6000달러, 1만 7000달러

* 이 장은 제12, 13차 미래한국리포트에서 김병연 서울대 교수가 발표한 내용을 재정리한 것이다.

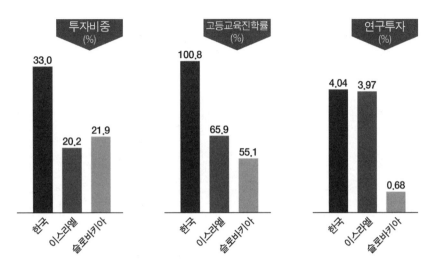

그림 2-4 한국·이스라엘·슬로바키아 3국의 경제지표 비교
자료: SBS/미래한국리포트(2014).

이다. 그리고 2007년부터 2013년까지 연평균 경제성장률은 한국이 3.5%, 이스라엘은 4.2%, 슬로바키아는 3.1%였다. 그런데 **그림 2-4**의 2011년 자료를 보면한국은 물적, 인적, 기술개발 투자 모든 지표에서 이 세 나라보다 높다. 특히 슬로바키아보다는 압도적으로 높다. 그런데도 불구하고 한국의 성장률은 이스라엘에 뒤지고 슬로바키아에 비해 크게 높지는 않다. 다른 말로 하면 한국의 투자, 교육, 기술개발이 성장에 미치는 효과가 다른 나라에 비해 떨어진다는 것이다. 왜 그럴까?

**그림 2-5**는 경제성과가 어떻게 결정되는지 그 요인들을 나타낸 도표이다. 최근 경제성장에 영향을 미치는 근본 요인으로 신뢰, 부패, 사회적 합의의 중요성이 부각되고 있다. 전통적인 경제학에서 강조해온 투자, 교육, 기술 등은 성장의 근본 요인이 아니라 매개 요인, 즉 근본 요인에 의해서 영향을 받는 성장의 경로에 불과하다는 것이다.

먼저 신뢰가 경제에 미치는 영향을 보자. 예를 들어, 사회 구성원 사이의 신뢰가 약하다면 서로 믿지 못하기 때문에 거래할 때 여러 증빙 서류를 요구할 가

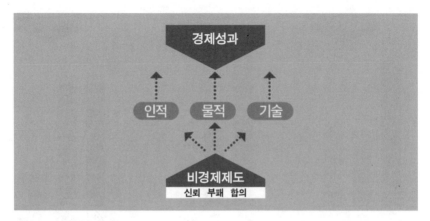

**그림 2-5** 경제성과 결정 요인
자료: SBS/미래한국리포트(2014).

능성이 높다. 이런저런 서류를 준비하느라 시간과 자원을 더욱 생산적으로 사용하지 못한다. 신뢰가 매우 낮으면 경제 거래 자체가 성립되기 어렵다. 연구 결과에 따르면 신뢰가 높은 나라에서는 그렇지 않은 나라에 비해 기업가들이 많은 것으로 나왔다. 기업가들이 많으면 경제성장률이 높아지는 것은 당연하다. 한국의 신뢰 수준은 다른 국가에 비해서 낮은 편이다. 세계 가치관 조사에서 한국의 낯선 사람에 대한 신뢰 정도는 2010년 26.5%로 나타났다. 반면 일본과 미국은 한국보다 10%p 이상 높다. 더 큰 문제는 한국인의 신뢰 수준이 정체 혹은 하향 추세를 보인다는 점이다. 한국인의 낯선 사람에 대한 신뢰 수준은 80~90년대 30%대에서 그 이후 20%대로 하락했다. 신뢰가 경제성장에 미치는 효과를 측정한 결과, 낯선 사람에 대한 신뢰도가 10%p 증가하면 경제성장률은 0.88%p 상승한다.[1] 이는 거래비용이 줄고 사람들의 시간과 자원을 보다 생산적인 데 활용할 수 있기 때문이다. 이럴 경우 만약 2010년 한국의 신뢰수준이 일본이나 미국의 수준으로 상승했다면 한국의 경제성장률은 0.8%p 추가 상승

---

**1** Stephen Knack and Philip Keefer, "Does Social Capital Have An Economic Payoff? A Cross-Country Investigation", *The Quarterly Journal of Economics*, Vol. 112, No. 4(1997), pp. 1251~1288.

할 수 있었을 것이다.

둘째, 부패가 경제성장에 미치는 영향도 분명하다. 부패는 투자와 무역, 교육 지출 모두에 부정적인 영향을 주는 것으로 나타났다. 실제로 부패가 1단위 변할 때 연평균 성장률은 0.4%p 변한다.[2] 기업을 경영하려는 사람들이 관료의 부패에 시달리면 기업을 하지 않을 것이다. 그리고 자녀들에게 절대 기업을 경영하지 말고 공무원이 되라고 가르칠 것이다. 당연히 이런 나라의 경제성장률은 떨어질 것이다. 그런데 한국은 1인당 국민소득을 고려할 때 부패 수준이 높은 국가이다. 세계은행의 자료에 따르면 투명도 순위가 지난 15년 넘게 계속 세계 40~50위권에 머물고 있다. 만약 한국이 2013년 국제투명성기구의 지수로 측정한 투명성 수준을 55점에서 공공성이 비슷한 일본 수준의 74점으로 높인다면 경제성장률은 0.5%p 상승할 수 있다. 즉, 한국이 신뢰와 부패를 일본 수준으로 개선한다면 한국 경제는 연평균 최대 1.3%p 추가로 상승할 수 있다는 결론이다. 이렇게 되면 2013년 한국의 경제성장률은 3%가 아니라 4.3%가 될 수 있었다는 의미이다. 이는 일자리가 추가로 8만 개가량 늘어날 수 있는 성장률이다.

마지막으로 사회통합이 성장에 미치는 효과이다. 구 사회주의 국가의 경우, 사회주의 경제의 붕괴 이후 시장경제로 이행하는 과정에서 국민의 합의가 잘 이루어진 국가는 개혁적인 정책을 잘 도입하여 성공할 수 있었다. 하지만 그렇지 못한 국가는 시간만 허비하면서 경제가 크게 침체했다. 예를 들어 폴란드, 체코나 헝가리는 체제이행 이후 GDP가 15% 이내에서 하락한 이후 바로 성장한 반면 사회 갈등이 심했던 러시아는 체제이행 이후 8년 동안 GDP가 40% 이상 하락했다. 러시아가 체코만큼 시장경제에 대한 합의를 이루었으면 러시아의 연평균 경제성장률이 1.5%p 증가했을 것이라는 연구 결과도 있다.[3]

**2** Paolo Mauro, "Corruption and Growth", *The Quarterly Journal of Economics*, Vol. 110, No. 3 (1995), pp. 681~712. Byung-Yeon Kim and Min-Jeong Kim, Corruption and Economic Growth, mimeo(2012).

**3** Byung-Yeon Kim and Jukka Pirtilla, "The Political Economy of Reforms: Empirical Evidence from

사진 2-1 일본 오보로오 다리

한국도 높은 사회 갈등으로 인해 사회가 나가야 할 방향을 정하지 못함으로써 경제성장에 큰 타격을 주고 있다. 노동시장 개혁, 조세와 복지 문제, 교육 개혁 어느 하나 제대로 진행되는 것이 없다고 할 정도이다. 이것이 성장을 크게 훼손하고 있다. 실제로 제도가 제대로 작동하지 않을 경우 국가의 방향이 어떻게 달라지는지 일본의 사례를 보자.

일본 후쿠오카 시내에서 좁은 산길을 따라 차로 1시간 반 남짓 달리면 '오보로오' 다리(사진 2-1)가 나온다. 길이 293m, 높이 70m의 이 다리를 짓는 데 43억 엔, 우리 돈으로 430억 원 가까이 들어갔다. 하지만 한낮에도 다리를 지나는 차량은 거의 눈에 띄지 않는다. 건설 당시에는 하루 평균 2천 대의 차량이 이 다리를 지날 것으로 예측했다. 하지만 실제 교통량은 예측치의 10분의 1 수준에도 미치지 못하고 있다. 이 지역을 기반으로 하는 자민당 의원 고가 마코토古賀誠가 지역구 건설업자들로부터 후원을 받기 위해 무리하게 사업을 벌인 것이다. 그래서 주민들은 이 다리를 '마코토 다리'라고 한다. 업계 이익을 대변하는 족族

Post-communist Transition in the 1990s", *Journal of Comparative Economics*, Vol. 34, No. 3(2006), pp. 446~466.

의원과 관료, 토건업자가 유착하는 이른바 '철의 삼각형'이 빚은 대표적인 예산 낭비 사례이다. 삼각 동맹을 통해서 토건업자들은 정치헌금과 선거 지원의 대가로 정치권으로부터 공공사업 유치와 보조금, 세제 혜택을 얻어냈다. 관료들도 퇴직 후 낙하산 자리를 보장받는 대신 인허가 등에서 업자들의 편의를 봐줄 수 있었다. 일본 경제가 호황이던 시절에는 이런 '철의 삼각형'이 낙후된 지역의 기반시설 확대와 지역경제 활성화를 통한 균형 발전이라는 긍정적인 역할을 하기도 했다. 하지만 거품이 꺼진 90년대 이후에도 이런 관행이 그대로 이어지면서 비효율이 발생하기 시작했다. 일본 정부는 경제위기 극복을 위해 90년대에 9차례에 걸쳐 124조 엔이라는 천문학적인 돈을 쏟아부었다. 그러나 이 돈 중 상당수가 '철의 삼각형'에 갇혀 지역 토건사업에 투입됐다. 실제로 1994년 일본 내 콘크리트 제조량은 9160만 톤으로 국토 면적이 25배나 넓은 미국의 7790만 톤보다 18%나 더 많았다. 하지만 견제와 감시의 목소리는 들리지 않았다. 한정된 재정이 제대로 쓰이지 못하면서 일본의 90년대 연평균 성장률은 1.2%에 그쳤다. 결국 지난 1981년 GDP의 55.4%였던 국가부채 규모는 1997년 GDP의 100%를 넘어선 데 이어 2009년에는 200%마저 돌파했다. 그런데도 200년 만에 한 번 올까 말까 한 대홍수에 대비한다며 12조 엔을 들여 슈퍼제방을 쌓고, 바다를 매립해 인공섬을 지어놓고도 입주자를 찾지 못해 땅을 놀리는 등 '철의 삼각형'은 오늘도 되풀이되고 있다. 정부 정책이 효과를 내기 위해서는 제도의 함정을 뛰어넘어야 한다는 사실을 일본 사회는 지난 20년의 아픈 경험을 통해 배우고 있다.

그렇다면 신뢰와 투명성이 높고 사회통합을 이룬 국가는 어떻게 사회적 재난과 경제위기를 극복했는지 네덜란드 사례를 보자.

하원의원인 한 텐 브로케Han ten Broeke 씨는 국회 상임위원장이지만 매일 아침 자전거를 타고 출근한다. 벌써 8년째이다. 동료의원들도 마찬가지이다. 사정이 이렇다 보니 네덜란드 국회의사당 곳곳에는 의원과 직원들의 자전거가 보관되어 있다. 의원 사무실 넓이도 우리나라의 절반이 채 안 되고 그나마 보좌관과 책상을 마주하고 같이 일을 한다. 검소하고 청빈하게 사는 것이 생활화된 이 나라에서는 우리나라 같은 부정부패 사건은 상상조차 못한다. 의원들의 사소한 출장 내역조차 모두 공개된다. 모든 비용 또한 나라, 의회, 국민을 위해 쓰인 것이므로 필요할 경우 그 내역을 찾아볼 수 있다. 국제투명성기구 조사에 따르면 네덜란드는 부패인식지수가 177개국 중 8위(2014년)를 기록해 말 그대로 투명한 사회이다. 이처럼 깨끗하다 보니 네덜란드의 정부 신뢰 수준은 13위로 미국이나 독일보다 높다. 높은 정부 신뢰는 정부 정책 지지로 이어져 네덜란드에서는 10년 주기로 노사정을 통한 사회적 협약을 맺고 있다. 시민 참여 역시 활발하다. 시내 양로원에서는 자원봉사를 하는 대학생들을 쉽게 찾아볼 수 있다. 사회봉사의 배경에는 사회 투명성이 있다. 사회가 깨끗할수록 남을 도우려는 이타주의 성향과 사회 참여 의사가 높게 나타나기 때문이다. 이처럼 사회의 투명성과 참여는 공공성을 높였고, 이는 네덜란드가 재난 등 사회경제적 위기를 극복할 수 있는 동력이 되었다. 네덜란드는 지난 1953년 대홍수로 1800여 명이 희생되고 10만 명 이상의 이재민이 발생해 국가적 위기를 맞았다. 이를 겪은 후 네덜란드 정부가 세운 계획이 60여 년 동안 진행된 델타 프로젝트이다. 이를 통해 라인 강과 뮤즈 강 하류의 로테르담과 제일란트 등 델타 지역에 1만 6400여 km의 제방이 건설됐다. 복구 과정에서 무너진 방조제 보수를 위해 수만 명의 시민이 자원봉사자로 등록해 적극적으로 참여하는 등 높은 시민 역량을 발휘했다. 현재 네덜란드는 탄탄한 시민 사회를 가지고 있으며 조직화된 교회 집단과 비교회 집단 또한 서로 유대감을 가지고 교류하고 있다. 또한 지난 70~80년대에 네덜란드는 물가와 임금 상승, 과도한 복지 지출로 이른바 '네덜란드 병'이라는 경제위기를 겪었다. 하지만 1982년 노사정 대타협을 통해 임금 인상 자제와 일자리 분배를 통한 고용 창출 등 78개 항의 바세나르 협약을 맺었다. 네덜란드는 1인당 국민소득이 5만 달러, 무역 규모가 1조 달러에 달하는 세계 5위의 무역 대국이다. 결국 네덜란드의 강한 공공성과 시민성이 사회적 위기를 성장의 기회로 만들었다.

반면 한국은 어떻게 낮은 신뢰, 높은 부패, 높은 사회 갈등의 문제를 해결할 수 있을까? 신뢰, 부패, 갈등과 같은 문제를 일으키는 근원적 이유를 생각해볼

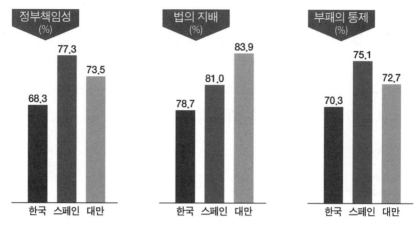

그림 2-6 비경제제도 질의 비교
자료: SBS/미래한국리포트(2014).

필요가 있다. 특히 그동안 많이 논의됐던 경제적 요인 이외의 비경제적 원인을 봐야 한다. 가장 중요한 것이 제도의 부정합성이다. 한국의 제도는 하이브리드, 즉 혼합이다. 어떤 제도는 오래전 우리의 전통 인식에 기초했고 어떤 제도는 경제개발시대에 도입했으며 또 어떤 제도는 외국으로부터 수입해온 것이다. 이것들이 일관성 없이 뒤섞여 있다. 객관적 자료를 보더라도 한국의 비경제제도의 질은 낮을 뿐만 아니라 일관성도 부족하다. 그림 2-6에서 소득이 비슷한 국가인 한국과 스페인, 타이완, 세 나라의 비경제제도의 질을 비교해보면, 모든 지표에서 한국은 타이완보다 낮은 수준이며 스페인과 비교해서는 정부 책임성, 법의 지배, 부패의 통제 등이 낮다.

이런 결과 OECD 국가 중 한국보다 비경제제도의 질이 낮은 국가는 터키, 멕시코, 그리스 등에 불과하다. 특히 우리와 같은 중간 소득 저제도국가인 그리스, 스페인, 이탈리아는 모두 재정위기를 경험하고 있다는 점에서 제도의 질과 제도 간의 정합성이 매우 중요함을 알 수 있다. 결론적으로 우리나라가 착한 성장사회로 나아가기 위해서는 경제성장의 기제를 바꿔야 한다. 그렇지 않다면 장기 저성장을 벗어나기 어려울 것이다. 단기성과를 목적으로 한 과도한 정부

개입이 없어지고 개인의 양식과 균형 잡힌 판단을 기초로 사회 각 부문의 자율성이 증가해야 창의와 혁신이 가능하다. 그래야 제도의 부정합성도 감소하고 신뢰와 같은 사회적 자본이 증가하며 부패수준도 감소할 것이다. 우리 정부와 국민은 정부 주도의 경제와 사회에 익숙해져 있다. 그 굴레와 환상에서 벗어나야 우리 경제도 살아나고 우리 사회도 건강해질 수 있다.

# 제5장

# 사회의 질을 위한 선택*

지금까지 연구 결과들을 보면서 한국은 제도의 부정합성과 가치관의 혼란을 극복하지 않고서는 사회의 질을 높이고 성장을 이어가기가 불가능하다는 점이 드러났다. 그리고 한국 사회가 이러한 사회적 문제와 갈등에 부딪혔을 때 이 문제를 "어떤 방식으로 해결한다"는 합의가 필요한 상황이다. 그렇다면 우리 사회에 맞는 사회적 합의 체제인 거버넌스는 과연 무엇인가? 거버넌스, 즉 '사회적 합의의 틀'은 복지지출과 정치체제, 그리고 협의의 성격이라는 세 가지 요인이 기둥이다. 복지지출을 얼마나 할 것인지, 정책결정은 어떤 규칙에 따라 할 것인지(정치체제), 협의는 누가 어느 수준에서 할 것인지(협의 성격)는 항상 논쟁의 대상이 되기 때문이다.

　**그림 2-7**에서 세로축에 있는 것은 복지지출을 얼마나 하는가이다. 가로축 아

---

\* 이 장은 제11차 미래한국리포트에서 "어떻게 사회적 합의를 이룰 것인가"를 주제로 장덕진 서울대 교수가 발표한 내용을 재정리한 것이다.

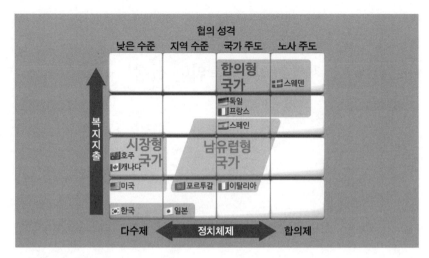

그림 2-7 거버넌스 국제비교

래는 정치체제가 다수제인지 합의제인지, 가로축 위쪽은 협의의 성격이 어떠한
지를 나타낸다. OECD 국가들은 크게 보아 세 가지 유형의 사회적 합의의 틀을
가지고 있다.

하나는 미국, 캐나다, 호주 등이 속하는 형태로서 복지지출이 낮은 자유방임
주의적 시장과 다수제 민주주의 정치체제라는 특징을 가진다. 이 그룹을 '시장
형 국가'라고 할 수 있다. 두 번째 유형은 포르투갈, 이탈리아, 스페인 등이 속
하는 형태로서 국가 주도적인 시장경제를 가지고 있으며 정치체제는 다수제와
합의제 사이를 왔다 갔다 한다. 이 국가들은 '남유럽형 국가'라고 할 수 있다. 세
번째 유형은 스웨덴, 독일, 프랑스 등이 속하는 형태로서 복지지출이 높은 조정
시장경제와 합의제 민주주의라는 특징을 가진다. 이 국가들은 '합의형 국가'라
고 한다. 한국과 일본은 이 세 유형 중 어디에도 속하지 못하고 아래쪽에 따로
떨어져 있는 것을 볼 수 있다. 우리는 아직 거버넌스라고 할 만한 사회적 합의
의 틀을 만들지 못했다는 것을 분석 결과가 확인해주고 있는 셈이다.

그러면 이 세 가지 유형 중에서 우리는 어떤 선택을 해야 할까? 한 가지 기준
은 '셋 중 어느 유형이 더 높은 성과를 보이느냐'일 것이다. **그림 2-8**에서 양극화

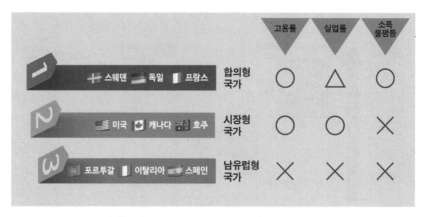

**그림 2-8** 거버넌스 형태에 따른 양극화 해소 및 고용창출 성과 비교

해소와 고용 창출에 대해 세 가지 유형에 속하는 국가들이 각각 보여준 부문별 성과를 보면, 합의형 국가들의 성과가 가장 높고 그다음이 시장형, 가장 낮은 성과를 보인 것이 남유럽형 국가들이다.

성적을 구체적으로 보면, 합의형 국가들은 고용률이 높고 소득불평등 정도는 낮았지만 실업률에서는 중간 정도의 성적을 올렸다. 반면 시장형 국가들은 고용률과 실업률에서는 괜찮은 성과를 올렸지만 소득불평등은 심화하는 결과를 낳았고, 남유럽형 국가들은 세 가지에서 모두 실패했다. 성과를 기준으로 판단할 때 우리는 가능하다면 합의형으로 가야 하고 남유럽형으로 가는 것을 최대한 피해야 한다는 뜻이다. 성과만 좋다고 무조건 그것을 따라가야 하는 것은 아니다. 한국의 체질과 잘 부합하느냐가 또 하나의 판단 기준이 되어야 할 것이다.

그리고 **그림 2-9**에서는 착한 성장사회에 이르는 수준을 '소득불평등 정도'와 '무역의존도', 두 지표를 통해 분석해보았다. 세로축에 무역의존도는 착한 성장의 '성장'을 나타내는 지표이다. 무역은 우리 경제의 성장 토대를 반영하면서도 국제 비교가 가능하다. 가로축은 소득불평등 정도를 나타내는 지니계수이다. 오른쪽으로 갈수록 소득불평등 정도가 높다. 이렇게 만들어진 '착한 성장' 좌표

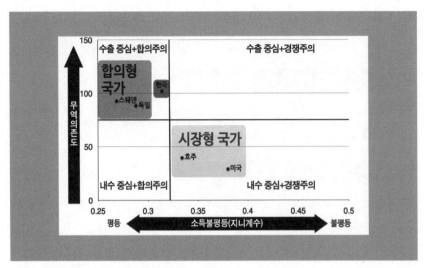

**그림 2-9** 거버넌스 유형 분석(무역의존도와 지니계수)

에서 '한국'의 위치는 좌상이다. 무역의존도가 상당히 높은 것이 특징이다.

지난 수년간 우리가 마치 모범 답안인 것처럼 본받으려 한 '시장형' 국가들은 우리의 오른쪽 아래에 위치한다. 이들은 내수시장 규모가 커서 글로벌 경쟁에 상대적으로 덜 노출된 반면, 자유방임적 경쟁체제 탓에 소득불평등이 심한 나라들이다. 경제 규모의 차이 때문에 한국에는 그리 잘 맞는 모델은 아닌 것 같다. 그림 좌측 상단에는 스웨덴, 독일 같은 합의형 국가들이 모여 있고, 한국도 여기에 속한다. 이들은 규모가 한국과 비슷하고, 높은 무역의존도가 보여주듯이 세계시장에서 수출로 먹고사는 나라들이다. 이들은 험난한 세계시장의 충격을 '조정시장경제'라는 거버넌스를 통해 완화하고 따라서 소득불평등의 정도는 낮은 편이다. 이렇게 본다면 우리의 체질에 잘 맞는 사회적 합의의 틀은 시장형보다는 합의형에 가깝다고 할 수 있다. 지난 30년간 OECD 국가들의 경험을 바탕으로 한 분석 결과는 성과를 기준으로 보든 아니면 한국의 특성을 기준으로 보든 간에 합의형의 거버넌스가 바람직한 것으로 나타난다.

자본주의 유형을 보더라도 이를 확인할 수 있다. **표 2-2**에서 보듯이 자본주

표 2-2 자본주의 유형

| 구분 | 자유시장경제체계 | 조정시장경제체계 |
|------|----------------|----------------|
| 대표 국가 | 미국, 영국 | 독일, 북유럽 |
| 금융체계 및 기업지배 구조 | • 단기 자본/주식시장<br>• 주주 중심의 자본시장<br>　(주주가치를 존중)<br>• 기업 간의 제한된 조정<br>• 독점금지법 | • 은행 중심의 장기투자 자본<br>• 차입 중심의 자본조달<br>　(이해당사자 가치를 존중)<br>• 강한 기업연합조직<br>• 기업 간 연결망이 강함 |
| 생산체계 | • 저숙련 생산<br>• 대량생산 상품<br>• 수량적 유연화 | • 고숙련 생산<br>• 고급 품질 상품<br>• 유연적 전문화 |
| 노사관계 | • 분권적 협상<br>• 기업별 분쟁적 노사관계 | • 조정된 협상<br>• 산업별 조합주의적 노사관계 |
| 숙련형성 및 고용 | • 일반교육 중심<br>• 단기 고용<br>• 높은 이직과 기업 간 이동 | • 직업기술훈련 중심<br>• 장기 고용<br>• 낮은 이직과 기업 내 이동 |

자료: Bernhard Ebbinghaus and Philip Manow(eds.), *Comparing Welfare Capitalism* (London: Routledge, 2001), p. 6, Table 1.1.

의는 크게 자유시장경제LME와 조정시장경제CME의 두 유형으로 나뉜다. 대표적인 자유시장경제국가는 미국, 영국이다. 이들 국가는 정부개입을 최소화하고 경쟁을 촉진해 효율성과 자유를 강조한다. 성장을 중시하며, 노동정책 또한 기업 위주로 탈규제 유연 노동시장의 성격을 가지고 있다. 회사법은 주주의 이익 보호를 기업의 주된 목표로 하고 있으며 주주가치의 극대화의 중요성을 강조한다. 상품생산체계에서도 저숙련 생산, 소품종 대량생산, 첨단 혁신 상품 등을 중심으로 단기 고용에 의한 노동시장 운영방식과 맞물려 있다. 사회적 합의가 잘 이루어지지 않아 분쟁적 작업장 관계를 가지게 되며 높은 이직과 기업 간 이동이 주를 이루게 된다. 반면 조정시장경제의 대표인 북유럽과 독일은 분배와 사회형평성이 정책의 우선이며 고용연계 사회보장제도를 채택하고 있다. 노동자 위주의 노동정책과 노사정 합의가 존재하고 이해관계자 자본주의 유형의 기업지배구조를 가진다. 이는 고숙련 생산, 다품종 소량생산, 맞춤형 대량생산의 상품생산체계와 직업훈련 중심의 교육훈련체계 그리고 사민주의, 조합주의형 복지국가 유형을 띠고 있다. 지금까지의 논의를 종합해보면, 자유시장경제는 미국처럼 넓은 내수시장을 바탕으로 정부개입을 최소화하고(시장 중심), 서비스업 위주의 산업구조와 경쟁 중심의 특성을 갖는다. 반면 조정시장경제는 제조업 위주의 산업구조와 수출 장려를 위한 정부의 적극적인 개입이 나타나고 평등 의식이 강한 특징을 보인다.

우리나라는 어떤가? 정부의 적극적인 개입과 강한 제조업, 수출 위주 체제, 평등 의식은 누가 보더라도 우리의 특징이다. 따라서 경제 체제에 맞는 사회적 합의 체제를 형성하는 것이 중요하다. 하지만 우리나라는 미군정의 경험과 안보, 경제적 중요성 등 때문에 미국의 강한 영향을 받았고 이는 우리 체질에 맞지 않는 자유시장적 경제, 사회 정책으로 이어졌다. 일례로 교육 정책만 보더라도 조정시장경제체제에서는 수출을 위한 제조업 육성이 중요하고 이를 위해서 숙련된 기술 인력이 필요한 만큼 직업교육 위주의 교육제도를 유지하고 있다. 독일의 마이스터 제도 등 직업교육이 대표적인 예이다. 반면 미국은 직업교육 보다는 일반교육 위주여서 높은 대학진학률을 보인다. 이는 넓은 내수 시장을 바탕으로 주로 IT와 금융업 분야에서 혁신형 아이디어를 통해서 생산성을 높여 성장을 이어가는 방식이다. 애플의 스티브 잡스<sup>Steve Jobs</sup>가 공대생이 아니었듯이 말이다. 상황이 이런데도 우리나라는 5·31 교육개혁을 통해 대학진학을 확대하다 보니, 직업교육은 약해지고 대졸 실업자를 양산하게 되는 결과를 낳았다. 이를 보면 우리 경제 체질에 맞는 정책이 얼마나 중요한지를 알 수 있다. 더 나아가 거버넌스 역시 우리 체질에 맞는 체제를 선택해야 할 것이다. 일반적으로 경쟁적 자유시장경제에서는 미국처럼 다수제 민주주의를 지향하지만, 평등적 조정시장경제에서는 합의제 민주주의를 지향하고 있다. 이제 어떤 정책 결정 체제를 선택할지 깊게 살펴야 할 것이다.

# 제6장

# 방황하는 한국 교육

대한민국이 해방 이후의 혼란기와 전쟁의 참화를 극복하고 1960년대 이후 유례
없는 고속 성장을 이룩할 수 있었던 배경에는 교육이 있었다. 특히 정부수립 이
후 초등교육에 대한 의무교육이 시작되면서 교육인구가 늘어났고 산업화가 급
속도로 진행된 지난 60~80년대에 양질의 인적자원을 제공했다. 국제학업성취도
평가인 'PISA[1] 2012'를 보면 우리나라는 국제적으로 최상위 성취수준을 보여,
교육성과가 우수함을 확인할 수 있었다. 우리나라는 OECD 34개국 중에서 수
학 1위, 읽기 1~2위, 과학 2~4위였고 OECD 회원국을 포함한 전체 65개국 중에
서 수학 3~5위, 읽기 3~5위, 과학 5~8위로 최상위의 성취를 보였다. PISA 2012
에서 최초로 실시한 컴퓨터 기반 수학 평가[CBAM]와 두 번째로 실시한 디지털 읽
기 평가[DRA]에서 우리나라는 전체 32개 참여국 중 수학 3위, 읽기 2위를 차지했

---

[1] PISA는 OECD가 주관하는 국제 학업성취도 평가로, 만 15세 학생들의 수학·읽기·과학 소양 수준과
추이를 국제적으로 비교하고 교육맥락 변인과 성취도 사이의 관계를 파악하기 위해 3년 주기로 시
행된다.

고 OECD 회원국 중에서는 모두 1위를 차지했다. 이런 성과 덕분에 한국교육개발원 등 교육연구기관들에 한 해 60여 개국에서 방문할 정도로 OECD 국가와 개발도상국 사이에서 한국의 교육성과와 교육열은 항상 관심의 대상이다.

놀라운 학업 성취와 함께 입시 열풍도 1960년대부터 시작되었다. '개천에서 용 난다'는 말처럼 어려운 환경 속에서 공부를 통해서 신분 상승의 기회를 잡을 수 있었기 때문이다. 따라서 좋은 학교에 가기 위한 사교육도 기승을 부렸다. 이 때문에 1968년 중학교 무시험 입학제와 1973년 고교 평준화가 실시되었다. 1980년대에는 대학 본고사 폐지와 과외 금지령이 내려졌다. 이후로도 교육은 양적으로 더욱 확대되었는데, 고등교육이 확대되고 이를 대중화하기 위한 통신대학이나 산업대학 등 다양한 형태의 대학들이 설립되었다. 대학교육이 확대되고 본고사에서 학력고사로 바뀌고 이후 수능과 수시입학이 도입되는 등 입시정책이 쏟아졌지만, 사교육 열기는 수그러들지 않았다.

이처럼 한국 교육이 치열한 경쟁을 띠게 된 데는 오랜 제도적 특징이 있다. 먼저, 학생평가제도를 들 수 있다. 일제강점기 학생평가의 가장 큰 특징은 초중등학교에서 학생들의 전 과목 평균점수에 따라 석차(혹은 학년 석차)를 매기는 상대평가를 도입하여, 그 '석차'를 진급, 진학, 취업 등에 활용한 것이었다.[2] 하지만 이 같은 평가제도는 일본에서도 시행되지 않았다. 따라서 이러한 석차 중심 제도를 도입한 것은 학력學歷에 따른 민족분할정책에 의거한 것이었다. 즉, 학생 개개인의 소질과 특성을 신장하고 발전시키기 위해서 지도, 조언, 충고하는 교육적 기능보다 학생의 능력을 변별하여 선발, 분류, 배치하는 사회적 선발 기능을 더욱 강화한 것이다. 이는 학생들의 경쟁 혹은 투쟁 대상이 곧 함께 지내는 동료 학생이 되도록 만들어 반일, 항일운동에 대한 관심을 약화하기 위한 것이었다. 일제강점기에 상대평가제도가 도입될 때까지 우리나라에는 이러한 제도가 없었다. 여기서 '학력에 따른 민족분할정책'이란 식민지 지배의 전형적

---

2 백순근, 「일제강점기의 교육평가에 대한 연구」(서울대학교 교육연구소, 2002).

전략의 하나이다. 즉, 학력에 따라 민족의 분할을 도모하여 높은 학력을 가진 자가 낮은 학력을 가진 자를 대리 통치함으로써 식민 지배를 용이하게 하는 것이었다. 그리하여 '너의 성공이 곧 나의 실패'를 의미하는 서열 위주의 상대평가는 동료 학생들 간의 협동학습을 저해하고 민족공동체 의식을 파괴하여 기회주의적이고 이기주의적인 개인을 양산하기 위한 것이었다. 그럼에도 불구하고 해방 이후에 석차 중심의 평가제도가 유지됨으로써 학생 간 경쟁이 더욱 심화했다.

또 하나는 학제 개편이다. 앞서 보았듯이 교육 제도에서 미군정은 일제 식민지 시기 인문학교와 실업학교의 학제가 완전히 분리되어 있던 복선형 학제를 미국식의 단선형 학제로 바꿨다. 종전의 인문교육과 실업교육의 제도적 분리로 빈부에 따른 학교 진학의 차이를 없애려 한 의도였다. 하지만 교육 목표가 대학 진학에 치우치면서 교육이 학문적 지식에 한정되고, 이로 인해 국·영·수 중심으로 교과목 간의 위계서열이 생겨 표준화 시험에 의존하는 방식으로 학생평가가 이뤄졌다. 이는 결과적으로 대학 입시가 과열되는 단초를 제공하게 되었다. 반면 복선형 학제를 채택한 국가들은 학생들에게 조기에 인문교육과 실업교육 학교를 선택하도록 한다. 대표적인 복선형 학제 국가인 독일의 25~34세 대학 이수율(2012년)은 29%로, 66%인 우리나라의 절반도 안 된다. **그림 3-1**을 보면 독일은 6세부터 의무교육을 시작해 초등학교 4년 과정을 거쳐 10세부터 중등교육 과정에 들어간다. 초등학교 과정을 마친 학생들은 학업성적에 따라 대학진학을 위한 인문계 학교와 직업교육을 위한 실업계 학교를 선택하게 된다. 중등학교에는 대학진학을 목표로 하는 학생들을 위한 학교인 김나지움(인문학교)이나 6년 과정의 실업학교인 레알슐레(실업학교), 중등학교에 진학하지 않는 학생들을 위한 초등교육 연장 과정인 하우프트슐레(보통학교), 그리고 김나지움과 레알슐레, 하우프트슐레가 합쳐진 학교로 진로 결정을 9학년까지 유보할 수 있는 게잠트슐레(종합학교)가 있다. 중등과정을 마친 학생 중 60% 이상이 직업학교에 진학한다. 베르푸스슐레(직업학교)는 학생들이 일주일에 3~4일은 기업체에서 임금을 받으며 실습을 하고 1~2일은 학교에서 이론 교육을 받는 이원화

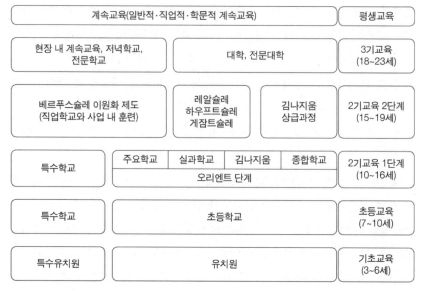

| 계속교육(일반적·직업적·학문적 계속교육) | 평생교육 |

| 현장 내 계속교육, 저녁학교, 전문학교 | 대학, 전문대학 | 3기교육 (18~23세) |

| 베르푸스슐레 이원화 제도 (직업학교와 사업 내 훈련) | 레알슐레 하우프트슐레 게잠트슐레 | 김나지움 상급과정 | 2기교육 2단계 (15~19세) |

| 특수학교 | 주요학교 실과학교 김나지움 종합학교 오리엔트 단계 | 2기교육 1단계 (10~16세) |

| 특수학교 | 초등학교 | 초등교육 (7~10세) |

| 특수유치원 | 유치원 | 기초교육 (3~6세) |

그림 3-1 독일의 교육제도

제도로 학생들을 교육한다. 직업학교 졸업 후에는 사회에서 경력을 쌓아 시험을 통해서 마이스터가 될 수 있다. 이런 교육 시스템을 통해서 독일은 낮은 청년 실업률, 숙련 기술자 양성, 기술인의 지위 향상 등을 이루었고 제조업 강국으로 성장할 수 있었다.

## 실속 없는 세계 최고

한국 교육은 양적으로나 질적으로 엄청나게 성장했음에도 불구하고 이에 대한 불만이 매우 높다. 그렇다면 한국인이 느끼는 '교육 불만'은 근거 없는 것일까? 제3차 미래한국리포트(2005년)에서 지적한 불만을 10가지 유형별로 짚었다.

첫 번째 교육 불만은 학년이 올라갈수록 경쟁력이 떨어진다는 것이다. OECD가 44개 국가 만 15세 학생들을 대상으로 시행한 학업성취도 국제비교, 즉 PISA

에서 한국의 종합성적(2003년)은 핀란드에 이어 세계 2위이다. 하지만 이 놀라운 성과는 대학으로 가면 급전직하한다. 스위스 국제경영개발원, 즉 IMD가 내린 한국 대학의 랭킹은 60개국 중 52위이다. 대학이 국가경쟁력 향상에 기여하는 정도는 꼴찌 수준이다. 정상에서 바닥으로 올라갈수록 추락하는 한국 교육의 경쟁력에 대해 OECD 관계자는 '국제적인 미스터리'라고 부른다. 25세에서 34세까지 한국의 고등교육 이수율은 세계 3위, 대학진학률은 세계 1위에 달할 정도로 양적으로는 세계 최고이다. 하지만 세계 100대 기업은 있어도 세계 100대 대학은 없는 것이 우리 고등교육의 자화상이다. 이런 상황에서 중국과 인도가 교육 대국으로 떠오르고 있다. 인구 감소 위협에 놓인 한국과 달리 인구보너스를 만끽하고 있는 중국과 인도는 앞으로 15년 동안 교육의 혜택을 가장 많이 받는 국가가 될 것이라고 도이체방크 연구소는 전망하고 있다. 우리가 과거에 그랬듯이 말이다.

두 번째는 개인 호주머니에 너무 의존한다는 것이다. 한국의 GDP 대비 교육비 지출 비중은 7.1%로서 아이슬란드, 미국에 이어 세계 3위이다. OECD 평균은 5.76%이다. 이 자체로만 보면 한국은 미래에 투자를 아끼지 않는 초우량 국가이다. 그러나 문제는 공교육비의 절반 가까운 41%가 개인 주머니에서 나온다는 점에 있다. 특히 대학교육의 경우 한국은 교육비에서 차지하는 민간 부담 비중이 84%로 OECD 국가 중 가장 높다. 13조 원(2005년)으로 추정되는 사교육비까지 포함하면 한국인의 교육비 부담은 다른 나라와 비교조차 하기 어렵다. 국가가 할 일을 개인이 도맡은 나라가 한국이다. 이쯤 되면 교육 불만의 차원을 넘어 '교육 고통'이 되고 만다. 제대로 교육할 자신이 없어 아이 낳기를 꺼린다는 얘기가 결코 엄살은 아니다.

세 번째는 학교가 싫다는 것이다. 성적은 최상위, 소속감은 최하위이다. 앞서 언급했듯이 만 15세 학생들의 학업능력은 세계 1, 2위를 다툰다. 그러나 같은 조사(PISA 2003)에서 나타난 우리 학생들의 학습 동기는 44개 국가 중 38위, 학교소속감은 35위, 교사 헌신도는 35위이다. 성적 좋은 한국 청소년은 알고 보면 싫어도 억지로 만들어진 경우가 많다는 이야기와 그리 다르지 않다.

네 번째는 실력이 아니라 학벌이 신분을 만든다는 것이다. 한국에는 350여 개의 대학이 있다. 하지만 이른바 SKY로 불리는 3개 대학 졸업생이 각계 고위 직의 절반 안팎을 차지하고 있다(KEDI 조사). 그러나 정작 대학과 대학생의 실력을 객관적으로 평가하는 시스템이 선진국에는 있지만 우리에게는 없다. 실력이 아니라 학벌이 신분과 서열을 만든다는 비판은 충분히 근거가 있다. OECD 국가 중 유례를 찾기 힘들 정도로 특정 지역이 특정 대학에 집중 입학하는 경향이 관찰되고 있다. 월소득 500만 원 이상 강남 가구의 총 사교육비는 평균 172.3 만 원으로 나타나 비강남의 3배, 지방 광역도시의 5.5배라는 조사(한국노동연구원, 2002)도 이와 무관치 않다. 모 사립대의 경우 선발의 중요 기준은 소득과 지역이라는 말까지 나온다. 부모의 소득 수준이, 학생의 출신 지역이 입학의 주된 변수가 된다면 사회는 물론 해당 대학에도 좋지 않은 영향을 주게 된다는 것이 OECD 국가들의 공통된 경험이다.

다섯 번째는 모두가 붕어빵으로 특성이 없다는 것이다. 최근 10년간 수많은 대학이 생겼다. 입학정원도 대학별로 20~40%가 늘었다. 그러나 내면을 보면 학교당 평균 학과 수는 1990년 37개에서 2004년 56개가 넘는 수준에 그쳤다. 200 개 4년제 대학 중 박사학위를 주는 대학은 70%에 달한다. 그 결과 일부 지역에서는 신입생 충원율이 절반 수준으로 떨어지고 있다. 똑같은 대학의 대학생을 당연히 기업도 외면한다.

여섯 번째는 학력 인플레이션으로 20년 공부해 남는 것이 없다는 것이다. 초등학교 6년, 중학교 3년, 고등학교 3년, 대학 4년으로 구성된 지금의 6-3-3-4 학제는 아이들의 성장 추세나 변화하는 노동시장을 제대로 반영하지 못한다는 비판에도 불구하고 50년이 넘도록 바뀌지 않고 있다. 특히 80% 이상이 대학에 진학하는 요즘에 대부분 16년을 학교에서 보내는 것도 짧지 않은데 전공 변경, 어학연수, 취업교육, 군 복무 등으로 사회에 진출하는 시기는 평균 28.8세로 늦어지고 있다. 반면 평균 퇴사 시기는 50대 초반으로 앞당겨지고 평균 수명은 계속 늘어나고 있다. 20년 공부해 20년 일하고 30년 놀게 된다는 말이 그다지 과장은 아니다. '학력 과잉' 풍조 속에서 대졸 출신 미취업자의 사회적 비용은 20조

원이 넘는다는 분석까지 나오고 있다.

일곱 번째는 졸업하면 끝이고 더 이상 배우는 것이 없다는 것이다. 교육예산 중 평생교육 예산이 차지하는 비중은 한국의 경우 0.8%에 불과하다. 미국의 30분의 1에도 못 미치며 일본에 비교해도 8분의 1 수준이다. 평생학습 참여율 역시 부끄러운 수준이다. 학교는 누구보다도 오래 열심히 다니지만, 졸업만 하면 끝인 것이 우리의 현실이다. 한번 퇴사하면 그래서 끝이란 얘기가 나오는 이유이다.

여덟 번째는 변화에 너무 둔감하다는 것이다. 한국의 출산율은 세계 최저이다. 이에 따라 신생아 수는 1995년 72만 명에서 2004년 48만 명으로 급감했다. 하지만 정부의 초등학교 신설정책은 그대로 추진됐다. 계획대로 교실을 늘린다면 현재(2005년) 초등학교 학급당 32.9명의 학생 수가 2011년으로 가면 20명이 채 안 된다. 과밀학급이 아니라 오히려 교실 공동화가 문제가 될 수 있다는 얘기이다. 실제로 경기도 용인시 모 초등학교에서는 153억 원을 투입하여 36개 학급을 지어놓고도 8명만 등교하는 촌극이 벌어졌고 결국 이 학교는 폐교의 운명을 맞이했다. 저출산 시대에 무작정 교실을 늘릴 것이 아니라 교사의 질을 높이는 데 주력하라는 권고가 정부 내에서도 나온 배경이다.

아홉 번째는 변덕스러운 행정으로 한 치 앞을 예측할 수 없다는 것이다. 교육은 백년대계라 했다. 나라의 미래가 달린 일이자 학생과 학부모가 충분히 준비할 수 있도록 해야 한다는 뜻이 여기 담겨 있다. 그러나 한국의 경우 교육은 백년대계가 아니라 정권이 바뀔 때마다 수술대에 오르는 정권대계였다. 입시제도만 해도 지난 50년간 무려 13번이 바뀌었다. 평균 4년이 되기도 전에 입시제도가 바뀐다면 학생과 학부모로서는 어떤 건물이 들어설지도 모른 채 공사현장에 있는 것과 마찬가지이다. 지난 1808년 나폴레옹 시대에 법령으로 제정된 프랑스의 바칼로레아 대입제도는 200년이 지난 지금도 그 틀을 고스란히 유지하고 있다. 한국 교육의 변덕스러움은 교육부 장관과 대학 총장의 '단명' 현상에서도 쉽게 발견된다. 대한민국 정부수립 후 역대 교육부 장관의 임기는 평균 1.2년이다. 대학 총장도 마찬가지이다. 하버드 대학 총장의 평균 재임 기간은 21년이지만 서울대학교 총장은 고작 2.6년이었다.

열 번째 교육 불만은 누가 교육 주체인지 알 수가 없다는 것이다. 교육 현안이 발생할 때마다 한국은 마치 전쟁을 치르듯 한다. 곳곳에서 싸움이 나고 목소리가 큰 쪽이 이기지만 정작 학생은 소외되고 일자리를 만드는 이들의 발언권도 찾기 어렵다. 과연 우리의 교육 불만을 해소하고 미래를 설계하고 비전을 실천해나갈 주체는 누구인가?

자, 어떤가? 10여 년 전에 교육 불만 10가지를 지적했는데, 이 가운데 한 가지라도 제대로 개선된 것이 있는가? 오히려 상황만 더 악화하고 있는 것은 아닌지 의문이 드는 것이 사실이다.


## '승자독식' 체제[3]

한국인의 교육 가치관에다가 교육의 효과를 경험한 결과, 한국 교육은 세계에서 유례가 없는 치열한 현장이 되었다. 한국의 교육경쟁은 크게 두 가지 양상을 띠고 있다. 첫째는 조기 경쟁이다. 학교 입학 전인 유아 때부터 교육경쟁이 치열하게 전개되는 것이다. 2010년 유아 사교육 참여율을 살펴보면 99.8%로서 대부분의 유아가 사교육을 받는 것으로 나타났다. 초등학교, 중학교, 고등학교와 비교할 때 최고 수준이다. 둘째는 치열한 경쟁이다. 경쟁의 원인은 크게 두 가지 측면에서 찾을 수 있다. 하나는 대부분의 학생이 원하는 것이 비슷하다는 점이다. 명문대에 입학하고, 좋은 직장에 취직하고, 성공하는 것이 대부분의 학부모와 학생이 원하는 것이다. 그러나 명문대에 입학할 수 있는 학생은 3~5%에 불과하다. 다른 하나는 순위경쟁을 한다는 것이다. 스케이트 경주로 비유하면 경쟁에는 스피드 스케이팅과 같은 기록경쟁이 있고, 쇼트트랙과 같은 순위

---

**3** 이 절은 제9차 미래한국리포트에서 김창환 한국교육개발원 연구위원이 발표한 내용을 재정리한 것이다.

경쟁이 있다. 한국의 학생은 쇼트트랙 같은 순위 경쟁을 12년 이상 지속해서 한다고 비유할 수 있다.

2009년 국제학업성취도평가인 PISA 전체 성적[4]은(읽기 1위, 수학 2위, 과학 2위) 우수하지만, PISA 고수준 학생top performers 비율은 24개국 가운데 13위(읽기 17위, 수학 2위, 과학 24위)로 나타났다. 2010년 IMD 조사에 따르면 한국의 전체 교육경쟁력은 59개국 중 35위, 교육시스템 경쟁력은 31위로 중간 이하로 나타났다. 대학평가 순위를 살펴보아도 한국은 미국, 유럽, 일본 등 선진국보다 매우 낮은 경쟁력을 보이고, 대학생 기초학력이 저하되고 있다는 조사 결과[5]도 있다. 학생들의 학업성취도는 높으나 인성, 시민성, 사회성이 매우 낮은 수준이다. 한국 청소년들의 사회적 상호작용 역량 수준[6]은 조사대상 36개국 가운데 35위(조사대상 OECD 22개국 가운데 22위)로 나타났다. 2010년 IMD 조사 결과, 우리나라 대학교육의 경제사회 요구 부합도는 59개국 가운데 39위로 나왔다. 언어능력은 31위, 경영교육은 35위, 수준급 엔지니어 공급 정도는 41위로 중하위권을 차지하고 있다. 효율성의 관점에서도 한국 교육의 경쟁력을 평가할 때 미흡하다고 평가할 수 있다. PISA 결과를 분석하면, 한국 학생들의 학습시간 대비 학업성취도, 즉 학업 생산성은 낮은 수준으로 나타났다. 이것은 근로시간 대비 노동생산성(근로시간은 OECD 최고이지만, 노동생산성은 OECD 23위/31개국)이 낮은 것과 유사하다. 주입식, 암기 위주의 교육이 저생산과 저효율을 낳고 있다. 과도하게 지출되는 사교육비 역시 자기 주도 학습보다 비효율적이고, 교육 생산성 신장에 기여하지 못하는 것으로 조사됐다. 교육시장에서 노동시장으로의 이행과정에서 미스매칭(특히 하향취업) 문제는 한국 고등교육 및 직업교육의 딜레마이다.

---

4 PISA 2012년은 수학 1위, 읽기 1~2위, 과학 2~4위.
5 대학생 기초학력 조사 결과(2006년 이주호 의원). 전국의 15개 국, 공립 및 사립대 경제학과, 수학과 등 신입생 757명을 대상으로 조사. 초등학교 수준 수학 문제의 정답률은 68.1%, 중학교 수준 문제의 정답률은 58.2%, 고교 1학년 수준 문제의 정답률은 45.1%에 불과했다.
6 김기헌, 「2010 한국 청소년 핵심역량진단조사 기초분석 보고서」(2011).

저출산·고령화, 사회양극화, 글로벌 경쟁 심화 등의 요인으로 미래학자들은 한국의 국가경쟁력이 약화할 것을 우려하고 있다. 지속 가능한 성장 및 미래 경쟁력 확보를 위해서는 창의적 인재를 육성하고 핵심 역량을 강화하는 것이 중요하나, 학벌주의와 입시 위주의 주입식·문제풀이식 교육의 덫에 걸려 있는 상태이다. 초중등학생 경쟁력이 대학경쟁력과 기업경쟁력(생산성)으로 연계되는 것이 미흡한 실정이다.

그렇다면 왜 경쟁력이 떨어지는가? 첫째, 능력과 소질에 관계없이 표준화된 획일적 경쟁은 사회의 다양한 요구에 부응하지 못하고 있다. 즉 공무원, 법관, 의사처럼 직업 경로가 동일하고 목적이 똑같은 경쟁과 시험, 입시에 맞춘 규격화된 경쟁으로는 한계가 있다. 둘째, 쓸모없는 지식 경쟁을 하고 있다. 미래학자 고故 앨빈 토플러Alvin Toffler는 "한국의 학생들은 하루 15시간 동안 학교와 학원에서 미래에 필요하지 않은 지식과 존재하지도 않을 직업을 위해 시간을 낭비하고 있다"라고 지적했다. 셋째, 실력 경쟁이 아닌 간판 경쟁이 수월성을 떨어뜨리고 있다. 넷째, 의욕과 동기부여가 되지 않는 타율적인 경쟁에 매몰되어 있다. 다섯째, 진정한 교육적 성취에는 관심이 없고, 남과 겨뤄 이기기만 하면 된다는 순위 경쟁에 치우쳐 있다. 여섯째, 능력의 차이와 관계없이 동일 기준에 따른 경쟁으로, 다원화된 수준별 경쟁이 불가능하다. 일곱째, 대학의 경우 우수 학생 선발에만 관심을 기울이고 잘 교육하는 것에 관심이 적다. 학생의 경우에도 치열한 경쟁을 뚫고 일단 입학하면 더 이상 학업을 열심히 수행하지 않는다. 이렇기 때문에 한국 교육과 학생의 경쟁력이 떨어지고 있다.

나아가 이러한 과당 경쟁(무의미한, 경쟁력 없는 경쟁)에 빠지는 이유는 무엇일까? 먼저, 학벌주의를 들 수 있다. 학벌주의 사회는 출신학교(특히 대학)의 등급을 따지는 사회로서 학력에 따른 계급 구분으로 능력보다는 간판이 취업이나 승진 등 성공의 원천이다. 또 승자와 패자에 대한 보상 차이가 지나치게 큰 것이 특징이다. 게다가 우리 사회에는 학교, 대학, 직업, 지위, 기업, 지역, 계층 간의 모든 사회 영역에서 서열이 존재한다. 이런 학벌주의와 서열화가 결합한 것이 이른바 한국 사회의 명문대이다. 명문대 출신이 간판과 실리, 즉 사회적

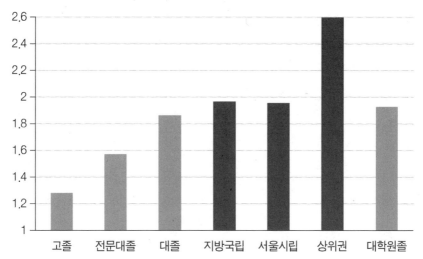

그림 3-2 로그임금에 대한 교육의 승수효과(2004년)
자료: 한준·한신갑, 「대졸자의 사회경제적 성과를 통해 본 대학 간 불평등」(2006).

지위, 경제적 부, 정치적 권력을 독식한다. **그림 3-2**에서 보듯이 같은 대졸자라
도 명문대와 비명문대의 임금 수익률은 거의 50%p 차이가 난다. 둘째, 선진국
과 같은 다양한 성공 트랙이 없다. 학생들이 원하는 목표(명문대)의 수는 매우
적다. 또한 괜찮은 일자리decent job 역시 매우 부족하다. 셋째, 패자부활second chance
이 거의 불가능하다. 승자만 기억하는 사회이기 때문에 한번 지면 재기하는 것
이 매우 어렵다. 넷째, 수단주의적 교육 가치관의 문제이다. 우리 사회가 추구
하는 가치가 일류, 1등(최고), 명문(학교, 대학, 가문 등), 명품이다 보니 교육을 계
층 상승(성공과 출세)의 수단으로 인식하고 있다.

과당 경쟁은 사회경제적 손실을 준다. 먼저 학생과 학부모에게 극심한 경쟁
스트레스를 가져온다. 극심한 경쟁 스트레스는 삶의 만족도를 저하하고 정신
건강 손상을 가져온다. 미국의 AP 통신이 2006년 조사한 연구에 따르면 우리나
라 국민의 81%가 스트레스를 받는다고 응답하여 10개국 중 최고 수준을 나타
냈다. 한국 학생의 삶의 만족도도 OECD 최하위 수준이다. 학년이 높아질수록
공부와 경쟁으로 인한 압박감 때문에 스트레스 수준도 높아지고 있다. 10대는

공부 스트레스, 20~30대는 취업 스트레스, 학부모는 과도한 교육비 지출로 인한 교육비 부담 스트레스를 겪고 있는 것이 현실이다. 국가적·사회적으로도 많은 손실 비용을 치르고 있다. 한국에서 고등학교 3년은 지속 가능한 교육 경쟁력(인재 개발)에 있어서 아킬레스건이다. 서구 선진국의 경우, 고등학교 3년 동안 고차적 사고능력, 토론능력, 대학수학능력을 집중 훈련하는데, 한국의 경우 문제풀이 수업으로 인해 막대한 능력 손실을 입히고 있다. 즉, 고차적 사고능력 개발이 불가능하고 창의성 개발 및 인성교육에 심각한 타격을 준다는 것이다. 과도한 사교육비 역시 문제이다. 1년에 공식적으로 20조 원에 달하는 돈을 사교육에 쓰고 있다. 사교육비는 경쟁력 없는 경쟁에 쏟아붓는 비용이다. 학벌주의 때문에 대학입시 준비를 위해 막대한 대가를 지불하고 있다. 우리나라의 대학진학률은 세계 최고 수준이다. 지나치게 많은 고학력자는 하향취업(미스매칭)을 가져오고 있다. 하향취업의 경우, 전문대 졸업자는 18.5%, 대학졸업자는 7.8%의 임금손실 효과를 가져오는 것으로 나타났다. 미래 국가경쟁력도 약화하고 있다. 미래 사회는 창의인재, 통섭·융합형 인재, 핵심 역량을 갖춘 인재, 도덕적 품성과 시민성을 갖춘 인재, 즉 경쟁력 있는 인재를 요구하고 있다. 그러나 현실은 문제풀이 달인, 암기 달인, 규격화된 범재를 양성하고 있다.

그렇다면 어떻게 해야 하는가? 당연히 교육의 방향은 의미 없는 경쟁의 완화 및 교육경쟁력 신장이어야 한다. 의미 없는 경쟁(간판 경쟁)의 완화를 위해서는 학벌주의 완화가 시급하다. 이를 위해서 승자(명문대 출신)와 패자의 간극 차이를 줄이고, 패자 부활의 기회를 확대하고 능력별 임금 체계로 전환해 각종 학벌 우대 관행 및 관습을 철폐해야 한다. 교육경쟁력 향상 방안은 다양한 성공 트랙 success track을 개발하고 괜찮은 일자리를 더 많이 창출하는 것이어야 한다. 또한 자신이 원하는 일을 하면서도 최소한의 삶이 보장되는 시스템을 구축하며, 대학은 선발경쟁에서 교육경쟁으로 전환하여 대학 입시에서도 다양한 기준으로 평가되는 시스템을 개발해야 할 것이다.

## 교육거품[7]

여기서는 우리나라 교육의 경제성을 자세히 짚어본다. 교육은 소비가 아니라 투자이다. 교육은 인적자본을 육성하는 과정이기 때문이다. 한번 교육을 받아놓으면 배운 것을 계속 사용하기 때문에 마치 주식에 투자하는 것처럼 지속해서 수익이 난다. 경제학자들도 인정하는 것이 인적자본 투자가 크면 클수록 수익이 나기 때문에 경제가 성장한다는 이론이다. 그런데 지금은 투자를 했는데도 거품인 경우가 많다는 것이 문제이다.

먼저, 사교육비 문제를 들 수 있다. 사교육비를 많이 쓰지만 과연 미래에 수익으로 나타날 것인가? 대학도 많이 팽창했으나 질 낮은 대학으로 팽창했다는 문제점도 있다. 소위 글로벌 10대 대학의 정원은 거의 늘어나지 않고 하위 60~80%의 대학 정원이 급증했다. 그런 대학을 다닌 것은 실업계 고등학교에 다닌 것에 비해 수익이 날 수 없다. 수익에서 차이가 없다면 이것은 거품이다. 이런 현상이 90년대부터 일어났는데, 이때부터 투자는 많아졌지만 수익이 나지 않았다. 따라서 인적자본에 의한 생산성이 증가하지 않았다면 상황에 대해 재고를 해봐야 한다. 교육예산은 지금 GDP의 4.5%를 쓰는데, 세계 어느 나라보다 많이 쓰고 있다. 다른 국가의 경우 이 정도 예산이면 국민이 추가적으로 투자를 하지 않지만, 한국은 사교육에 GDP의 2%를 투입(20조 수준)하고 있다. 이만큼 투자를 해서 과연 되돌려 받을 수 있을 것인가? 대학진학률은 90년에 33.3%였는데 2008년에 83.9%로 무려 50%p가 늘어나 유례없는 폭등을 했다. 그런데 이 과정에서 증가한 학생들이 질이 낮은 대학으로 갔기 때문에 교육거품이라고 하는 것이다. 질 높은 대학들은 등록금보다 교원연구비 등에 많이 쓰는데 질 낮은 대학들은 재정이 열악하기 때문에 그렇지 않다. 이러는 사이 실업계 고등학교 취업률이 80%에서 16%로 급락했다. 사교육은 엄청나게 늘어나서 사교육 종사자

---

**7** 이 절은 SBS 전문가회의에서 "교육거품의 형성과 한국사회 영향"을 주제로 이주호 KDI 국제정책대학원 교수가 발표(2015. 1)한 내용을 재정리한 것이다.

수가 교사 수보다 7% 많은 수준이다. 실업계 학생들은 80%까지 대학에 진학한다.

다음으로 상위 대학 10%는 교수당 학생 수도 13명인데 하위 대학 10%는 30명이나 된다. 상위 10% 대학의 평균 순지출(학생등록금+정부 보조금-교육연구지출) 규모는 961억 원으로 다른 대학 그룹보다 월등히 높은 반면, 하위 10% 대학은 평균 -3억 원으로 재정 건전성에서 큰 차이를 보인다. 또 하위권 대학일수록 교원당 학생 수가 많고, 교원에 대한 연구지원도 부족하다. 입학 후 중도에 대학을 그만두는 중도탈락률이 높다는 점은 재학생들의 요구와 수준에 맞는 교육이 이뤄지지 않고 있다는 의미로 해석된다. 구체적으로 2000년부터 2012년까지 입학성적 분위별 대학 재학생 규모 증가추이를 보면 상하이 교통대학이 선정한 500대 대학의 학생 수는 하나도 늘어나지 않았다. 신입생 성적 상위 20%(TOP 20%) 대학의 경우 7.4% 증가했으나 다른 그룹에 비해 그 증가 폭이 1/3 수준이다. 반면 하위권 대학들의 증가는 다른 그룹에 비해 훨씬 높다. 21~40% 대학은 27.2%로 가장 빠른 증가 추세를 보이고, 최하위권인 1~20% 대학은 21.5%의 증가율을 보였다. 학생들 평균 수능점수를 보면 하위 10% 대학들이 처음에는 수능점수의 60% 학생들을 받다가 하위 30% 학생들까지 받고 있다. 이는 전문대학의 평균보다 못하다. 결국 이것은 실업률을 높이는 결과만 낳게 된다.

사교육도 줄어든다고 하나 여전히 거품의 수준은 높고 국민이 체감할 수준의 감소는 아니었다. 이론적으로 교육이 팽창한다는 것은 기회를 계속 제공한다는 뜻이다. 즉, 중하위층도 대학을 가면 그들의 임금이 높아지거나 임금수준이 비슷해져야 하는데 오히려 더 불평등하다. 대졸자 중에서도 하위권 대학 졸업자의 임금은 고졸자보다 못한 것이 현실이다. 결국 중하위층 자녀를 돈 많이 투자해서 대학에 보냈지만, 하위권 대학을 가고 하위권 대학에 가서 받는 임금이 오히려 고졸자보다 못하게 되는 것이다. 이 때문에 임금 불평등의 정도가 개선이 안 된다. 이것이 결국 거품이고 거품의 가장 큰 피해자는 중하위층 자녀들이다. 대학 졸업자 중에서 고졸자보다 임금이 낮은 비율을 보면, 80년대는 5%도 안 됐으나 현재는 25%까지 올라갔다. 고졸자의 평균 임금을 기준으로 잡으면 25%까지 올라가고 중간값으로 잡아도 17~18% 정도이다. 청년층 34세까지 대졸자 중에서 고졸자보다 적게 받는 25%는 거품에 투자한 것이라 볼 수 있다. 미국에서는 교육거품이라고 할 때 보통 학자금 대출을 거론한다. 왜냐하면 대출을 받아서 돈을 벌면 갚는데 이를 못 갚으면 파산하기 때문이다. 우리나라는 학자금 대출을 국가에서도 많이 해주지만, 대부분은 부모들이 해주기 때문에 학생들이 파산하기보다는 부모들이 노인 빈곤에 빠지게 된다. 우리나라는 교육에 너무 많이 투자하기 때문에 40대 평균 소비성향이 매우 높은 편이다. 다른 나라는 젊을 때 소비가 많고 중년에는 돈을 벌어 저축하며 고령에 소비하는 것이 패턴인데, 우리나라는 40~50대에 다시 소비가 올라간다. 40~50대에 교육에 지나치게 많이 투자해 결국 노후 생활에도 문제가 생긴다. 학교 교육이 점수를 올리는 데 목적을 두면 사교육을 많이 받게 되고 그 과정에서 학생들은 스포츠를 못 하고 독서를 못 한다. 과연 이런 패턴이 좋은 투자인가? 설사 인지역량을 높이는 데 기여하더라도 과연 인지역량만 키우고 전인 교육이 되지 않았을 때 제대로 된 인재 대국이 될 수 있겠는가?

## 사회의 질과 교육[8]

우리 사회의 질 수준은 다른 OECD 국가들보다 매우 낮다. 사회의 질 지표에는 고등교육 이수율이나 고등학교 학업중단율과 같은 교육지표가 포함되어 있는데 그 지표에서 한국은 세계적인 수준이다. 그런데 사회의 질 순위는 왜 그렇게 낮을까? 사회의 질이란, 삶의 행복well-being과 개인의 잠재적 능력을 향상해준다는 전제하에서 구성원들이 공동체의 사회적, 경제적, 문화적 생활에 참여할 수 있는 수준이다. 따라서 교육적인 면에서 사회 구성원들이 사회의 다양한 영

---

8 이 절은 제9차 미래한국리포트에서 "세계 최고의 교육열, 사회의 질은"이라는 주제로 김두환 덕성여대 교수가 발표한 내용을 재정리한 것이다.

역에 참여할 수 있는 정도와 그러한 참여가 개인의 행복과 잠재성을 향상하는지가 중요하다. 우리 국민에게 물어보면 삶의 만족도 수준이 아주 낮은데 그 극단적인 지표로서 자살률은 다른 OECD 국가들과 비교해서 제일 높은 수준을 보인다. 다음으로 공동체의 경제적 생활에 대한 참여를 나타내는 지표로서 고용을 보자. 고용률 자체는 OECD 국가들과 비교해서 보통 수준이다. 하지만 저임금 노동자의 비중은 한국이 25.7%(2009년)로 제일 높다. OECD 평균은 16.3%였다. 저임금 노동자란 중위소득의 2/3에 못 미치는 임금을 받는 노동자를 말하는데 저임금 노동자의 비중이 높다는 것은 고용의 질이 아주 낮다는 것이다. 또 다른 지표로 여성들의 경제활동참여율을 들여다보면, 한국은 50%대로 동아시아에서도 제일 낮은 수준이다.

세계 최고인 우리의 교육열은 산업화가 급속도로 진행된 지난 70~80년대에 양질의 인적자원을 제공함으로써 한국 사회의 경제발전에 분명히 기여를 했다. 또 고등학교 이수율이 거의 100%에 도달하면서 모든 국민이 시민으로서의 기본적인 소양을 갖출 수 있었기 때문에 우리가 지난 20여 년간 경험한 빠른 민주화 및 정치발전에 결정적인 공헌을 했다고 말할 수 있다. 하지만 이러한 높은 교육 이수율은 민간의 참여가 결정적이었다. 특히 대학 이상에서 민간부담 공교육비 비중은 OECD 국가들 평균의 거의 4배에 가깝다. 이러한 사실은 대한민국 학부모들의 교육열이 아주 높아서 자신들의 주머니를 털어내서라도 그들의 자녀들을 교육하고자 했던 열망을 보여주는 긍정적인 지표로 해석될 수도 있다. 국내총생산 대비 고등교육비 수준은 다른 OECD 국가들보다 결코 낮은 수준이 아니다. 하지만 이 가운데 민간부담이 80%에 육박한다. 이 높은 민간부담은 교육 기간이 끝나고 나면 그 투자를 회수하려는 욕구로 나타날 수밖에 없다. 다시 말해, 대학을 마치고 사회에 진출한 젊은이들은 고등교육을 받은 자로서 자기가 살고 있는 공동체에 대한 책임이나 공익을 돌아볼 겨를이 없다는 것이다. 즉, 교육과정에서 들어간 비용을 회수해야 하는 상황으로 내몰릴 수밖에 없다는 것이다. **그림 3-3**은 국민소득 1만 달러에 도달한 47개국의 대학진학률과 1인당 GDP 대비 대학생 1인당 교육비 비율을 보여주고 있다.

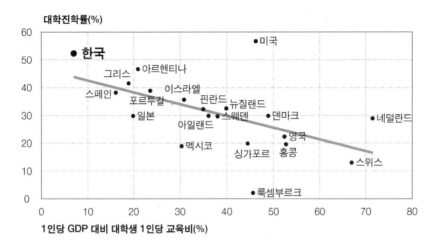

대학진학률(%)

그림 3-3 대학진학률과 1인당 교육비 비교
자료: 대외경제정책연구원, 「한국의 2만불 시대 달성을 위한 전략」(2004); 김진경, 『미래로부터의 반란』
(푸른숲, 2005), 139쪽에서 재인용.

우리는 90년대 중반에 국민소득 1만 달러에 도달했다. 그 시점에서 보면 미국을 제외한 다른 국가들보다 우리의 진학률은 높은데 대학교육에 대한 투자는 47개국 중에서 제일 낮았다. 민주화 이후 우리 국민의 높은 교육열을 무시할 수 없던 정부는 한국의 고등교육을 매우 빠른 속도로 팽창시켰지만, 교육경쟁력 또는 교육의 질을 높이는 투자는 이루어지지 않은 결과이다. 그러는 사이에 대졸자는 빠른 속도로 증가하고 대졸자의 임금 프리미엄은 줄어들었다. 하지만 대졸자의 임금 프리미엄이 줄어들어도 대입 경쟁은 계속 강화됐다. 이는 대학 서열을 강화하면서 명문대에 진학하려는 순위경쟁이 더욱 심화했기 때문이다. 구체적으로 대학 서열에 따른 임금 차이가 더욱 강화되었기 때문이다. 따라서 순위경쟁은 멈춰질 수 없었고, 교육경쟁에서 이기기 위해 우리 학부모들은 더 많은 투자를 했다. 해가 갈수록 소득 수준이 높은 학부모들은 더 많은 사교육비를 들이면서 자녀들의 학업에서 순위경쟁을 강화해왔다. 그 결과 사회경제적 배경, 즉 부모의 경제 능력과 학업성취 사이의 관계는 점점 더 긴밀해졌다. 상위 소득계층에서 사교육비 경쟁은 외고를 비롯한 특목고의 도입 등 중등교육의 수평적 분화과정을 겪으면서 더욱 강화되었다. 특히 사립 외고들의 높은 등록금은 사교육비에 더해 공식교육에 대한 민간부담을 높여온 것 또한 사실이다. 이러한 과정은 사적 자원을 동원할 수 있는 정도에 따라 교육경쟁에서 성공이 결정되는 경향을 더욱 부채질할 수밖에 없다. 하지만 이 과정은 그 경쟁의 공정성 차원에 심각한 문제를 제기할 수밖에 없다. 더구나 외고, 과학고와 같은 특수 목적 고등학교의 도입과 자립형 사립고와 같은 고교다양화 정책 이후 일반고에 남게 된 학생들은 현재의 순위경쟁이 계속되는 한 성공에 대한 희망을 잃을 가능성이 높다. 또 학습경쟁에 대한 의욕을 잃을 수 있으며 경쟁에서 자신을 누락시킬 수 있는데 이는 우리 사회 전체 차원에서 보았을 때 큰 손해라 하지 않을 수 없다. 우리의 교육 현실에서 사적 자원의 동원능력에 따라 성공이 결정되는 경향이 강화되어왔음에도 불구하고 대학진학률은 취업 중심의 전문계 고등학교를 포함하여 지속해서 증가해왔다. 같은 시기에 중하위 소득계층의 소득점유율은 계속해서 떨어지고 있는데 대학등록금은 국립대학이나 사립대학 구분 없이 빠른 속도로 증가해왔고, 더구나 과거 상대적으로 낮은 등록금으로 중하위 소득계층에게 고등교육에 대한 포부를 실현해주었던 국립대학의 등록금은 더욱 빠른 속도로 인상되었다. 그러다 보니 대학을 졸업하면서 많은 대학생이 부모님의 주머니를 털어내고 많은 빚을 지며 사회생활을 시작하게 되는 것이다. 불평등한 부의 분배 정도를 나타내는 지표인 지니계수를 보면 1992년부터 불평등의 정도가 강화되어온 것을 알 수 있다. 교육기회의 불평등을 해소하고자 시작된 대학교육의 급격한 팽창과 특수 목적 고등학교 등 중등교육의 수평적 분화가 맞물리면서 대표적 사회불평등 지표인 지니계수는 오히려 악화하고 있는 것이다.

이것은 교육열이라고 말하기에는 과도한 경쟁으로 변모한 우리 교육 현실이 사회의 질의 정의에 비추어볼 때 바람직한가라는 커다란 의문을 제기한다. 다시 말해, 불공정하게 이루어진 경쟁은 성공의 불평등을 낳았고 높은 민간부담에 의한 교육시스템은 창의성과 도전정신을 고취하기보다는 위험을 피해보려는 경쟁과 교육과정에 들어간 비용을 회수하려는 경쟁을 강화함으로써 우리 사회의 질에 부정적인 영향을 끼쳐온 것이라 판단된다. 따라서 불공정한 경쟁과 과도한 민간부담이 일으키는 우리 사회의 질적 발전에 대한 부정적 영향은 최소한 고등교육에서만이라도 정부부담을 다른 OECD 국가들 수준으로 끌어올림으로써 많은 부분을 개선할 수 있을 것이다. 명문 대학 출신일수록 투자비용에 대한 회수 욕구가 더 강할 수밖에 없는 우리 교육 현실은 시스템의 문제이기에 그러한 회수 욕구를 욕할 수 없다는 것이다. 이러한 시스템에서 어떻게 우리가 그들에게 명문대학을 졸업했고 미래 우리 사회의 지도자가 될 것이니 사회적 책임 또는 공공의식을 가지라고 요구할 수 있겠는가? 또한 우리의 교육 현실은 우리 공동체에 참여하는 개개인들의 삶의 행복과 개인의 잠재적 능력을 향상하기보다는 마비시키고 있는 것은 아닌가 하는 의문을 제기할 수밖에 없다.

# 제7장

# 계층이동 사다리의 복원

지금까지 논의를 보면 우리 교육은 사회나 공동체보다는 너무 개인의 성공과 영달을 위한 수단주의적 교육에 치중하고 있다. 교육은 국가와 사회발전에 기여해야 하고, 당연히 개인의 발전을 위한 것이다. 방법론적으로 보면 경쟁적으로 평가를 통해 서열화하는 방법이 있고, 협력과 평등을 중시하는 방법이 있다. 우리나라는 경쟁적 방법을 통해 학업 성취를 높여온 대표적인 나라이다. 반면 핀란드는 평등적인 교육을 하는 나라로 알려져 있다. 이런 교육 방향의 차이는 국가별로 교육의 핵심 가치에서 중요도가 다르기 때문이다. 교육의 핵심가치로는 수월성과 사회성, 창의성, 형평성 등을 들 수 있다. 수월성<sup>excellence</sup>이라는 것은 학생의 잠재력과 재능을 파악해 학생이 잘하는 것을 더욱 잘하게 하는 것이다. 우리나라의 경우 수월성 교육을 강조하고 있지만 사실상 주지주의 교육, 성적주의, 학업 성취도를 중시하다 보니 본래의 수월성 개념과는 차이가 있다. 사회성은 잘 알고 있는 인성이라 할 수 있다. 형평성은 교육의 기회나 과정, 결과의 평등성을 말한다. 창의성은 새로운 생각이나 개념 또는 기존의 것을 새롭게 만드는 능력이라 할 것이다. 우리나라는 한국전쟁 후 국가발전을 위해서 단기간에 일정한 수준 이상의 인력이 필요했기 때문에 주입식 주지교육에 치중했다. 그리고 방법론적으로는 협력과 평등보다는 경쟁적이고 선별적인 교육을 시행했다. 따라서 상대적으로 사회성이나 형평성, 창의성 교육은 소홀해졌다.

그렇지만 이러한 교육체제 덕분에 경제와 산업이 급속하게 발전할 수 있었고, 교육을 통해 시민의식이 높아져서 민주화 발전에 기여한 것도 사실이다. 학업 성취도 역시 세계적으로 높은 수준을 유지하고 있고, 대학진학률도 세계 최고 수준이 됐다. 반면 주지교육과 서열화로 학벌주의가 만연해졌고, 출세하기 위한 또는 돈을 벌기 위한 수단주의적 교육열이 확산되었다. 대학을 잘 들어가기 위해 입시 위주 교육이 심화되고, 1점이라도 더 받기 위해서 경쟁하다 보니 공교육은 약화하고 사교육은 비대해졌다. 이 때문에 사교육비가 급증하고 교육격차도 확대되며 당연히 사회성도 약해졌다. 즉, 경쟁 때문에 인성교육은 약화되고 학교폭력은 심해졌다. 대졸자가 넘치다 보니 청년실업자가 증가하고, 획일적인 교육으로 창의성도 낮은 문제점을 안게 됐다. 현 교육체계가 정말 경쟁력을 가졌는지, 그리고 미래 사회를 대비할 수 있을까 하는 의문이 생기고 있다. 따라서 창의성과 사회성, 형평성 교육의 강화를 통한 전인교육이 필요하다. 그동안의 교육체계는 산업사회에서는 그 역할을 했지만, 창의성과 인성을 중요시하는 지식기반사회로 전환될 때는 문제점이 있다. 더구나 대내외적으로 따져보면 저출산 때문에 생산인구가 감소하고 경쟁은 격화되고 격차가 확대되면서 양극화가 심화하고 있다. 이런 문제를 해결하기 위해서는 고차적 인지능력과 대인관계능력, 자기관리능력을 갖춘 미래형 인재가 필요하다. 지금까지 우리가 알고 있던 암기식, 주입식 교육을 통해 성적만 높은 인력이 아니라 지식기반사회에 맞는 인재를 양성해내야 한다는 필요성이 제기되는 이유이다. 이제 미래형 인재를 키우기 위해서 어떤 방향으로 가야 하는지 우리 교육을 다시 한 번 살펴보는 것이 절실하다. 이를 위해서 교육과 일자리, 미래 교사 양성, 대학 특성화, 평생교육 강화에 대해 자세히 살펴보고자 한다.

# 교육과 일자리[1]

학력·학벌 사회 완화를 위해서는 우선 채용 방식의 변화가 필요하다. 고졸이나 지방대생의 취업상황을 보면 고졸 이하의 실업이 많다. 취업을 위한 특성화 고등학교조차도 2011년도에 졸업자의 65%가 대학에 진학했다. 나머지 35%가 대학에 가지 않고, 그 가운데 75% 정도가 취업한다. 즉, 특성화 고등학교도 역할을 제대로 못하는 실정이다. 300인 이상 사업체에서 취업한 고졸자들이 30% 이하에 불과하다. 그렇다 보니 일자리 만족도가 낮다. 2011년도 졸업자 조사(졸업한 이후 4~5개월 된 시점에서 고용부 조사)를 보면 기능직 취업, 웨이터, 상점 판매원 등의 취업이 대부분이다. 이들이 하는 일들도 받은 교육보다 급여 수준이 낮은 일이다. 따라서 사회 전체적으로는 고졸자가 이 사회에서 발을 붙일 수 있는 곳이 많지 않은 실정이다. 지방대도 차별을 받느냐는 질문에 79.2%는 그렇다고 답변했다. 취업 관련 정보를 제대로 받고 있지 못하는 등 지방대에 대한 선입관도 존재한다. 더구나 차별을 느끼는 정도도 갈수록 커지고 지방대 출신들에 대한 평가는 낮아지고 있다. 실제로 100대 기업에 취업할 수 있는 사람은 많지 않아 전체 취업자의 5% 정도에 불과하다. 수도권 대학 출신이 절반 이상 차지하기 때문에 지방대에 크게 영향을 미친다. 고졸자의 대부분은 대학진학을 하고, 고졸자의 현 직장 유지비율은 낮다. 또 지방대 출신은 취업정보에서 차별을 받고, 100대 기업 취업에는 불리하다. 상황이 이렇다 보니 고학력화, 수도권 집중화가 일어날 수밖에 없는 실정이다.

우선적으로 고졸 인력을 흡수할 방안이 필요하다. 첫째, 일자리 수요 창출이 우선이다. 즉, 기업에서 일자리를 만들어내는 것이 중요하다. 특히 높은 수준의 노동력을 필요로 하지 않는 일자리를 계속 창출해내야 한다. 예를 들면, 기능직 이외에 고졸자가 수행 가능한 사무직, 기술직, 소프트웨어 직군, 영업 관리직,

---

1 이 절은 SBS 전문가회의에서 "능력사회를 위한 열린 채용"을 주제로 류지성 삼성경제연구소 연구위원이 발표(2012. 3)한 내용을 재정리한 것이다.

은행 전문 텔러직, 핵심기능직무, 공공부문의 기술직 등이 있다. 둘째, 직무의 트렌드를 바꾸어 숙련 초급기술자인 고졸자가 많이 필요해져야 한다. 고졸자에 대한 상대적으로 괜찮은 일자리를 발굴하고 기업이 수요를 만들어낸다는 시그널을 주면 고등학교는 이에 대응한다. 마이스터고가 적절한 예이다. 특히 기초 소양 교육부터 의사소통능력, 팀워크, 문제해결능력을 키워야 한다. 기업이 이를 모두 가르칠 수 없기 때문이다. 셋째, 고졸자를 위한 채용 기준도 중요하다. 삼성의 경우 고졸자용 SSAT(삼성그룹 채용 직무적성검사)를 개발해서 활용하려고 한다. 그러나 일반 기업, 중견기업들은 개발하기 어렵다. 따라서 고졸자 능력을 테스트할 수 있는 인증 자격시험을 정부가 개발해주기를 희망하고 있다. 고졸자 능력 인증이 되면 고졸자나 지방대생, 기업별로 채용할당제가 가능하다. 지금처럼 아무런 직무개발 없이 교육이 부실한 상태에서 강요하는 것은 불가하다. 넷째, 고졸자들에게 충분한 성장 기회를 제공해야 한다. 그런 면에서 사내대학도 좋은 대안이다. 삼성전자의 경우 고졸 기능직들이 들어와서 학사학위, 나아가 석박사학위를 취득하는 것이 가능하다. 평생교육 차원에서 지역에 있는 산업 클러스터 중심으로 특수대학을 만들어서 기업 퇴직자를 교수로 채용하고 중소기업 인력들까지 교육해 학력을 제고해야 한다. 이를 위해서는 직무급 도입이 중요하다. 끝으로 조기 직업교육도 중요하다. 중학교 때부터 교육해야 제대로 된 진로 비전을 가질 수 있다. 유럽 등 선진국의 경우 이미 조기 교육을 시행하고 있다. 선진국은 기업가정신 교육 등 실용 중심 교육으로 창업을 촉진하고 학력 차별도 완화하고 있다. 실제로 미국과 영국 등에서는 학년별로 기업가정신 교과목을 설치해 운영한다. 미국의 경우 미니 소사이어티Mini-Society(초등), 메이킹 어 잡Making a Job(중등), 앙트프레Enterprep(고등) 등이 대표적이다. 미국은 청소년들에게 이미 100년 이상 비즈니스 교육을 해왔고, 1960년대 말부터는 대학에 개설되는 창업 교과과정과 창업분야의 여러 프로그램이 지속해서 증가해왔다. 민간 금융교육 전문기관인 점프 스타트Jump Start에서 1997년 실시한 금융지식 수준 조사 결과 청소년들의 기초적 금융지식 수준이 낮고 여성이나 유색인종 등 소수집단의 금융지식 수준이 상대적으로 떨어진다는 결과가 사회적으로 이슈화되면서 청소년 기업가정신 교육에 대한 법적·제도적 장치 마련이 본격화되었다. 영국은 "기업가정신에 대한 교육을 일찍 할수록 수용 속도가 더 빨라진다"는 모토로 조기 교육에 집중하고 있다. 독일은 수습제도를 통해 제조업 경쟁력을 높이고 청년실업을 완화하고 있다. 중등교육을 마친 청소년들은 공공직업학교에서 이론교육을 받는 동안 폭스바겐, 지멘스 등의 기업에서 수습생으로 수련한다. 수습생이 자격시험을 통과하면 고숙련 근로자로 대우받고 대기업에도 취업한다. 그 결과 2015년 독일의 청년 실업률은 7.2%로 OECD 평균(11.6%)보다 낮았다.

## 미래 교사 양성[2]

SBS와 한국교육개발원은 지난 2011년부터 2013년까지 미래학교 선정 사업을 추진했다. 이 사업은 미래 사회에 필요한 인재를 길러낼 수 있는 새로운 교육체제 탐색과 그에 맞는 학교 운영사례의 발굴·확산을 위해서 미래학교 모델을 제시하고 선정해왔다. 미래학교에 선정된 학교의 공통점은 학교장과 교사의 열의가 남달랐다는 것이다. 일례로 경남 서북부 남덕유산 자락에 위치한 서상초등학교는 전교생 60여 명의 농촌 소규모 학교이지만 다른 지역에서 온 학생이 30%에 달할 정도로 '찾아오는 학교'가 됐다. 영어 영재반, 골프 영재반 등 학생들의 특기와 소질을 개발하는 다양한 방과 후 프로그램 운영이 활발하다. 특히 영어 영재반 학생들은 인근에 사설학원이 없는데도 최근 '전국 영어 말하기 대회'에서 2년 연속 최고상을 받았다. 이것이 가능한 이유는 '연극 활동'에 있다. 서상초등학교는 2005년부터 지금까지 1인 1역할 참여를 전제로 매년 연극축제를 개최하고 있다. 이 밖에도 교과에 연극을 적용하는 수업을 진행하고 있으며 여름 연

---

2 이 절은 SBS 전문가회의에서 "교사역량 강화를 위한 교원정책"에 대해 김이경 중앙대 교수가 발표 (2012. 5)한 내용을 재정리한 것이다.

극캠프, 연극 영재반 등 '연극'이라는 키워드로 다양한 프로그램을 운영하고 있다. 연극을 통해 학생들은 자기 표현력과 자신감이 생기고 연극과 영어교육이 융합되면서 대회장에 가서도 주눅 들지 않고 당당하게 발표할 수 있게 된 것이다. 그리고 그 뒤에는 학교 선생님들이 있었다. 서상초등학교는 지리적 여건상 강사를 구하기가 쉽지 않은 곳이다. 그래서 학교 프로그램의 많은 부분을 교직원이 합심하여 이끌어가고 있다. 학생뿐만 아니라 지역공동체 프로그램 등 지역에서 실시되는 프로그램에 교사가 적극적으로 참여하여 교육공동체의 일원으로 활동하는 것이다. 또 포산고등학교는 2007년까지만 해도 대구에서도 대입성적이 최하위권인 기피 학교인 데다가 한 학년이 3학급인 농촌학교로 폐교까지 거론되기도 했다. 하지만 이제는 사교육 없는 학교, 합격자 평균 내신성적 1%대, 일반계 고교 중 2012년 수능성적 2위 등 기숙형 공립고의 롤모델인 명품 고등학교로 자리 잡게 됐다. 이런 변화는 2007년 공모로 부임한 김호경 교장의 열정과 2008년 교과부의 '기숙형 공립고' 지정이 맞아떨어지면서 시작됐다. 김 교장은 우수학생 유치보다는 학생 개개인의 수준과 능력을 고려한 맞춤식 교육과정 운영으로 만족도를 높이고 교사의 전문성 함양과 의식 변화를 위한 연수 및 특강을 강조했다. 무엇보다 김 교장의 확고한 교육철학이 있었기에 가능한 일이었다. 이처럼 학교 교육을 위해서는 무엇보다도 교사의 역할이 중요하다.

따라서 미래의 주역들이 성공적으로 살아갈 수 있도록 준비시킨다는 의미에서 학교 교육의 중요성은 아무리 강조해도 지나치지 않다. 교육은 노동집약적 산업으로, 교육자와 학생 간의 면대면 관계를 통해 이루어진다는 점에서 교사의 자질과 역량은 매우 중요하다. 단 한 명의 부적격 교사가 있다 해도 그가 학생의 삶에 미치는 부정적 영향은 매우 크고 대단히 오래 지속한다는 점에서 문제가 심각하다. 이 때문에 우수 인재를 교직으로 유인하고, 전문성을 개발하며, 만족감과 헌신감을 가지고 교직에 머무를 수 있도록 하는 정책을 수립하고 운영해야 한다. 교직은 점점 까다로운 일을 해야 하고 통제를 심하게 받는 직업으로 변하고 있는 반면, 그에 상응하는 보상(금전적 보상 및 비금전적 보상 포함)은 줄어들고 있다는 인식이 세계적으로 확산하면서 특히 남성과 성적우수자들이 교직을 기피하는 것으로 나타난다. 그 여파로 상당수의 선진국은 교사부족 사태를 경험하고 있으며, 교직의 여성화가 급격하게 진전되고, 사기 저하로 인한 이직률 증가 등의 문제가 증폭되고 있다.

다행히도 우리나라의 경우 성적우수자들이 교직을 선호하고 있어 중등교사가 되기 위한 관문인 임용고시 경쟁률은 평균 20대 1을 넘어선다. 그러나 학교 현장의 요구와 필요에 합당한 능력, 태도, 자질을 갖춘 교사를 교직으로 유인하고 있는지에 대해서는 의구심이 많다. 교사들에 대한 우리나라 학부모와 일반 대중의 불만은 비단 가르치는 교과 내용이나 지식이 부족하다는 점에서 비롯되는 것은 아니며, 오히려 미성년자들의 역할 모델이 되는 도덕적 주체로서 학교에서 발생하는 각종 문제에 헌신감, 사명감을 가지고 대처하지 못한다는 점이 더 큰 불만 요인으로 작용하고 있다. 성적 측면에서 볼 때는 최고의 인재가 교직으로 유입했지만, 학생들의 성장과 변화에 대한 희망과 기대 등을 포함한 교직 적성을 가졌는지, 학습공동체이자 교무공동체인 학교에서 일상적으로 수행해야 하는 업무에 대한 소양이 있는지 등을 제대로 검증하지 못했다. 또한 양성 과정과 재직과정에서 요구되는 전문성을 규명하고, 이를 체계적으로 함양하려는 노력도 부족하다. 교직 외부에서는 학교의 역할과 기능을 근본적으로 변화시키기에 충분한 조짐들이 등장하면서 학교를 압박하고 있고, 교사들은 학교가 감당해야 할 전통적인 기능 외에도 새롭게 추가된 기능을 수행해야 한다는 압력을 거세게 받는 가운데, 교직의 위상과 신인도는 하락하고 있다. 따라서 우리나라 교사들의 현주소를 파악하고 새로운 변화를 선도할 수 있는 교사를 확보하기 위해 교원 양성과 연수 시스템을 어떻게 구상해야 하는지 짚어봐야 할 것이다. 설문조사[3] 결과 교사들은 교육정책에 대해 불만이 많고, 학교 내에서 자신들의 교수-학습 행위에 대한 자율성이 부족하고, 학생들을 다루기 힘들어 스트레스가 증가하고 있는 것으로 나타났으며, 교사의 지위나 사회적 평가도 나

---

**3** 김이경·정수현·박호근·박상봉, 「교원 사기진작 방안 연구」(한국교원단체총연합회, 2012).

빠지고 있는 것으로 인식하는 등 전반적으로 사기가 저하되어 있다.

교원의 사기 진작과 교육역량 강화를 위해서는 먼저 교육현장에 맞는 교사 선발이 중요하다. 주요 선진국에서는 교사선발에서 학교의 목소리가 상당 부분 반영된다. 교사선발 때 해당 학교의 교장에게 상당한 재량권이 부여되며, 같은 교과나 같은 학년 교사들이 면접위원으로 참여한다. 미국, 영국, 호주, 뉴질랜드, 벨기에 등 공모 형식으로 교사를 임용하고 있는 국가들이 이 경우에 해당한다. 미국의 경우 면접위원회 구성에 위원으로 교사, 학부모, 행정가, 지역사회 지도자, 양성기관 관계자 등이 참여하며, 교사선발에서 암기 위주의 지식 테스트보다는 수업 능력, 태도와 자질, 학교의 비전 및 풍토와의 적합성 등이 중요한 기준이 된다. 또한 수습교사 제도를 채택하고 있어서 일정 기간의 수습 기간을 거친 후 정규교사로 임용함으로써 문제교사 임용을 사전에 차단할 수 있는 장치를 두고 있다. 대부분 국가에서 교사들의 신분이 상대적으로 안정적이기 때문에 일단 정규교사로 임용된 후에는 해임이 쉽지 않다는 점에서 적격자를 선발하는 단계에 많은 시간과 비용을 투자하는 경향이 있다.

둘째, 통합적인 교사양성교육을 해야 한다. 교사들이 필요로 하는 핵심 역량을 교육과정을 통해 구현하기 위해서는 기존에 분절적으로 제공되던 교양, 전공, 교직, 실습이 유기적으로 연계되고, 4년 전 과정을 통해 제공될 수 있도록 재구조화해야 한다. 예를 들면, 프랑스 교사교육대학원인 IUFM^Institute Universities de Formation des Maitres는 대학원 수준의 교사양성기관으로 프랑스 전역에 학구별로 약 30개 정도가 있다. 일반 대학에서 전공교육을 받은 예비교사들 가운데 1차 임용시험을 통과한 학생들이 의무적으로 입학해야 하며, 2년 동안 전문교육을 받게 된다. IUFM 2년차 과정 재학생은 수습교사 신분이 되며, 2년간의 과정을 모두 마치면 대학원 과정 동안 예비교사가 이수한 수업 및 과제, 교육실습 결과, 논문 등을 평가하여 교사로 임용된다.

셋째, 교육실습에 내실을 기해야 한다. 우리나라 교육실습(교생)의 가장 큰 문제점으로는 교육실습 기간이 짧고, 교원실습 경험에 대한 반성적 성찰을 통한 내재화 기회가 부족하며, 실습학교와 양성기관 간의 연계 및 협력이 부족하다는 점을 들 수 있다. 영국과 미국 등 선진국의 실습기간을 보면, 미국은 대체로 8~16주, 영국은 18~32주로 한 학기에서 심지어는 한 학년을 할애한다. 교육실습의 효과를 높이기 위해 미국은 다문화 환경이나 특수교육 아동 관련 경험을 요구하고 영국은 세 개 이상의 학교에서 교육실습을 이수하도록 규정하고 있다. 교육실습에 대한 질 관리에서도, 미국의 경우 실습지도 교사의 자격 및 사전 연수 등에 관한 규정을 두고 있고, 양성기관의 지도교수가 실습학교를 반드시 방문하여 지도하도록 의무화하고 있다. 영국은 교육실습과 양성기관 내에서의 수업을 번갈아가면서 시행함으로써 이론과 실천 양자 간의 연계를 도모하고 있다.

넷째, 교사자격증 취득을 엄격히 관리해야 한다. 선진국에서는 교사양성 차원에서 규정된 요건을 모두 충족한 후에 국가 자격시험이나 졸업시험 등을 통해 추가로 질 관리를 하고 있다. 미국의 교사자격 부여는 주 정부가 관장하는 사항으로 대부분의 주에서 교사자격 부여를 위한 시험제도를 두고 있다. 입직 전 교사들의 준비도와 역량을 평가하기 위해 주 정부 수준의 자격시험을 의무화하고 있다. 이때 주 정부가 주체가 되어 시험의 개발 및 시행을 직접 주관하기도 하지만 테스팅 전문기관인 ETS를 활용하는 주도 39개에 달한다. 프랑스는 교사자격증 취득 시험이 있으며 절대평가제로 운영하고 있다. 모집정원을 다 채우지 못하더라도 일정 수준 이상에 도달한 예비교사들만을 합격시킨다. 독일의 경우 초중등 교사자격증 취득을 위해서 여러 단계를 거친다. 국가 수준의 1차 공통시험 → 2년간의 현장에서의 교육실습 → 국가 수준의 2차 시험 → 임용의 순이다. 2차 시험에 합격하여 교사자격증을 취득하더라도 공개채용을 위한 별도의 시험에 응시하여 합격해야 임용된다.

마지막으로 교사의 재직기간이 길고 지식주기가 짧아졌다는 점 등을 비추어 볼 때, 교사양성과 더불어 현직 연수에 관심을 집중해야 한다. 현직 연수를 받는 것이 전문가로서 교사들의 기본 책무라는 인식을 강하게 심어줄 수 있는 제도적 장치가 필요하다. 미국은 5년 주기로 일정 학점을 이수하도록 요구하고 있다.

# 대학 특성화[4]

앞서 보았듯이 한국의 고등교육은 적령 인구 취학률이 60%를 넘어섰고, 고졸자들의 대학진학률이 80%에 달하는 등 교육기회 면에서는 세계적인 수준이다. 고등교육 취학률은 미국에 이어 세계 제2위를 차지하고 있어서, 교육기회만 놓고 본다면 높은 경쟁력을 갖추고 있다. 그러나 한국의 고등교육은 질 저하 및 체제 경쟁력의 약화라는 위기 요인에 직면한 것이 현실이다. 더구나 세계는 이미 교육경쟁시대에 돌입한 상황이고 세계의 유수 대학들과 경쟁하지 않고서는 그들을 앞지를 수 없으며, 대학경쟁력이 곧 국가경쟁력이 되는 시대이다. 대학경쟁력을 갖추기 위한 노력은 각국에서 초미의 관심사이고 우리 역시 더 이상 미룰 수 없는 과제이다. 하지만 우리 대학의 국제 경쟁력은 아직도 낮은 수준이다. 영세한 재정 형편과 열악한 교육 및 연구 여건, 대학 구성원들의 의식 등 여러 측면에서 21세기 지식정보사회에 대응하기에 역부족이다. 따라서 한국의 고등교육은 이제 양적 팽창을 넘어 고등교육의 질적 수준을 제고하려는 노력을 기울일 때이다. 1995년 대학설립 준칙주의가 도입되고 대학 정원의 '교육여건 연동제'가 시행된 이후 대학 입학정원은 대폭적으로 증가했다. 실제로 4년제 대학은 1990년 125개에서 2011년 203개로 60% 이상 증가했고, 학과 수는 4009개(1990년)에서 1만 633개(2008년)로 165%나 증가했다. 대학원의 경우 2998개(1990년)에서 1만 3600개(2008년)로 무려 354%나 폭증했다. 이런 교수 중심의 학과 공급은 결국 대학 공급 과잉을 부채질하고 있다. 하지만 2014년 이후 입학자원이 급격히 감소하고 있다. 또 수도권으로 인구유입이 가속화되면서 지방대학의 미충원 현상이 심각해지고, 대학별 특성화 미흡, 교육여건 취약, 지역산업 수요와 인력공급 간 불일치 등으로 전반적인 대학교육의 질이 저하될 우려가

---

**4** 이 절은 SBS 전문가회의에서 최정윤 한국교육개발원 실장이 "대학경쟁력 현황과 과제"(2012. 7)에 대해, 하연섭 연세대 교수가 "대학구조개혁 필요성과 방향"(2013. 4)에 대해 발표한 내용을 재정리한 것이다.

있다. 2008년 현재 대학진학률은 83.8%에 이르고 인문계는 물론 전문계 졸업생도 70% 정도가 대학에 진학하고 있다. 대학입학 학령인구는 2012학년도 최고점(69만 명)에 이른 후, 2016학년도부터 대입정원이 고교졸업자를 초과하는 역전 현상이 발생할 것으로 예상됐다(2008년 정원 기준). 2017년 현재 학령인구는 고3 57만 명, 고2 59만 명, 고1 52만 명, 중3 46만 명이다. 대학 구조개혁의 핵심적인 내용은 기본적으로 대학의 경쟁력 향상이다. 세계적인 연구중심대학 육성을 통한 경쟁력 향상, 산학연계 및 지역혁신과의 연계를 통한 경쟁력 제고를 꾀한다는 것이다. 이러한 경쟁력 향상의 전략적 방법으로 제시되고 있는 것이 바로 대학의 다양화와 특성화라 할 수 있다. 즉, 백화점식 대학운영에서 벗어나 대학마다 경쟁력 있는 분야를 집중적으로 육성한다는 것이다.

대학의 경쟁력을 제고하기 위해서는 대학 기능별 분화부터 이루어져야 한다. 국내 200여 개 4년제 대학 중 박사학위를 운영하는 대학 수가 148개교에 이르는 등 우리나라의 대학 체제는 기형적인 모습이다. 2000개가 넘는 미국 4년제 대학 중 단지 270개교만이 박사학위 과정을 운영하고 있는 사실에 비추어볼 때, 박사학위 과정 개설에 대한 우리나라 대학의 집착은 과하다. 이렇다 보니 엄격한 질 관리 없이 석사·박사학위를 양산해 논문 표절 등의 문제와 나아가 학문 후속세대를 외국에 의존하는 결과를 낳게 된다. 더욱 심각한 문제는 연구중심을 표방하는 대학이 실제로는 학부교육 중심으로 운영되고 있다는 점이다. 반면 선진국에서는 이미 대학의 기능별 분화를 논의해, 미국 캘리포니아 주 정부의 경우 1960년 그동안 중구난방식으로 경쟁하던 대학들을 기능과 역할에 따라 통일된 체제로 바꾸는 '고등교육 개혁 마스터플랜'을 마련함으로써 대학들을 연구중심대[UC], 교육중심대[CSU], 전문대[CCC]로 재편했다. 이와 함께 대학 수준에 따라 고교 성적이나 대학수학능력시험[SAT] 성적을 비롯한 대입 지원 자격을 차등화하며 고교와 대학교육을 유기적으로 연계했다. 연구중심대 계열 대학은 연구에 주력해 하루 평균 3건의 발명이 나오고 주내 생명공학 기업 4곳 중 1곳은 연구중심대 교수나 동문이 창업할 정도로 산학협동이 활발하며, 1995년 이후에만 12명을 포함해 연구중심대 계열 대학에서 45명의 노벨상 수상자가 나온 것도 이런 노력 덕분이다. 또 교육중심대 계열 대학들은 숙련된 전문 인력을 공급하는 '경제의 엔진'으로 정부가 1달러를 투자하면 4.41달러를 되돌려주는 생산성을 내고 있다. 전문대는 등록금이 학점당 20달러로 저렴해 250만 명이 재학하고 있으며 전문대에서 4년제 대학 편입이 자유로워 언제든 '도약의 기회'를 주고 있다.

둘째, 고등교육 강화를 위해서 정부 재정투자 확대는 필수이다. 고등교육에 대한 비용은 대학의 질적 수준 또는 경쟁력과 직결되는 문제여서 유럽 등에서는 오랫동안 공적부담 원칙을 지켜왔다. 반면 우리나라는 고등교육을 개인의 선택의 문제로 간주했다. 하지만 고등교육 재정과 관련한 정부의 역할은 지금보다는 커져야 한다. 전체 고등교육 재정 중 정부 재원 비중은 20.7%로 OECD 평균인 69.1%보다 훨씬 낮고, 사립대 비중이 우리나라와 비슷한 일본의 32.5%보다도 낮은 수준이다. 대학교육의 질 지표로 널리 사용되는 학생 1인당 연간 교육비 지표의 경우, 한국(2013년 발표)은 9513달러로 OECD 평균인 70% 수준이며 미국(2만 9201달러), 영국(1만 6338달러), 일본(1만 5957달러) 등 고등교육 강국과 차이가 크다.

셋째, 대학의 질 제고를 위한 우수 유학생 유치가 필요하다. 미국에 이어 세계 유학생 시장 점유율 2위인 영국이 한 해 외국인 학생(EU 학생 제외)에게서 벌어들이는 등록금 수입만 25억 파운드(약 4조 5000억 원)이다. 등록금이 비싸고 물가도 높지만, 많은 유학생이 영국으로 몰리는 것은 높은 교육 수준과 미국과 다른 영국의 고유문화 때문이라는 분석이다. 대학 국제화 바람이 우리나라에만 부는 것은 아니어서 세계에서 가장 많은 유학생을 유치하는 미국을 비롯해 유럽과 아시아 국가들도 세계 교육시장의 고등교육 수요를 잡으려고 갖은 노력을 하고 있다. 최근 조사한 외국 정부와 대학의 유학생 유치 및 관리 정책을 보면, 많은 나라가 외국 유학생 수를 극대화하기보다 우수한 학생을 유치해 대학의 질을 높이는 데 초점을 맞추고 있다.

끝으로, 교수의 열의가 절실하다. SBS와 한국교육개발원, 대학교육협의회는 대학교육의 질을 높이고 대학경쟁력을 높이기 위해서 대학 명강의 연구를 3년간 진행했다. 이를 통해 교수와 학생들에게 우수 강의의 롤모델을 제공하고 방송을 통해서 시청자에게 고품질 콘텐츠를 제공한다는 목적이었다. 이 연구에서 좋은 강의로 선정된 수업들은 교수들의 열의가 높다는 공통점이 있었다. 일례로 가톨릭대 박승찬 교수는 자신의 전 강의를 녹음해 다시 청취한다. 매 학기 반복되는 '서양철학의 전통', 매년 반복되는 '중세 철학사', 2년마다 개설되는 '아우구스티누스 철학'과 '토미즘 철학' 등을 모두 다 녹음하기 시작했다. 제일 좋은 강의 준비는 전에 했던 강의를 한 번 듣고 들어가는 것이기 때문이었다. 전에는 전철을 타고 다니며, 지금은 차를 몰고 다니며 이전의 강의를 다시 들으면서 어떤 부분이 좋은지 어떤 부분을 보충해야 하는지를 검토한다. 좋았던 사례는 다시 활용할 수 있다. 수업에서 대부분의 경우 사례는 즉흥적으로 떠오르는 때가 많다. 이런 예를 바로 메모해놓지 않으면 잊어버리는데 녹음이 되어 있으면 그럴 일이 없다. 박 교수의 음성강의록에는 한 강의록에 최소한 다섯, 여섯 개의 버전이 들어 있다. 이 녹음 파일을 자동차로 다니면서 계속 듣는 것이다. 월요일 강의할 때는 당일 강의할 두 과목을 듣고 다음 날은 다른 강의들을 듣는 식으로 한다. 또 서울대 김희준 교수는 '1분 쪽지'를 통해 학생들과 소통한다. 김 교수는 강의 중간마다 질문을 유도하기도 하지만, 시간 절약과 더욱 자유로운 질문을 위해서 강의 종료 직전 1분 쪽지에 'what worked'(오늘 인상 깊게 배운 점)와 'I wish'(앞으로 바라는 점)의 두 포인트를 간략하게 적어내게 한다. 전자는 그날 수업에서 잘된 점을 확인하기 위해서이고, 후자는 개선할 점을 찾아내고 구체적 질문을 받아서 다음 시간에 전체 수강생과 공유하기 위해서이다. 김 교수는 '1분 쪽지'를 받지 않았다면 학생들이 어디까지 이해한 것인지 잘 몰랐을 것이라고 한다. 그래서 이를 통해서 모니터도 하고 복습할 때는 장황하게 할 필요 없이 핵심만 딱 집어서 다시 한 번 이야기해주면 그 뒤에 진도를 나가는 것이 훨씬 더 쉬워지게 된다. 만약 이를 덮어둔 채로 진도를 나가버리면 못 따라오는 학생들이 생기게 된다. 1분 쪽지는 단순히 학생들이 오늘 배운 수업을 복습하고 정리하는 차원이나 앞으로 수업에 대한 기대를 기술하는 것 이상의 의미가 있다. 강의에서 의도하지 않았지만 학생들이 인상 깊게 배운 내용, 생각하지 못했던 측면, 앞으로 바라는 점은 모두 김희준 교수의 강의를 수정, 보완, 구성할 수 있는 중요한 열쇠를 제공한다. 이러한 측면에서 김희준 교수의 강의는 교수와 학생이 함께 콘텐츠를 만들고 조정해가는 강의라 할 수 있다. 학생들은 강의를 함께 구성해나감으로써 강의에 대한 애착과 기대를 더욱 높일 수 있으며, 교수 역시 강의의 질을 안정적으로 높일 수 있다. 동국대 장재숙 교수는 1000명의 학생과 카카오톡을 할 정도로 끊임없는 소통을 한다. 장 교수와 학생의 소통은 강의실에만 머물지 않는다. 지하철이 되었든 교정이 되었든 학생이 아르바이트하는 장소에서 우연히 만났든 상관이 없다. 그 학생이 5년 전에 수업을 들었더라도 어느 정도의 기억이 있다 보니 학생들은 굉장히 고마워한다. 이런 결과는 장 교수의 많은 노력이 있어서 가능했다. 장 교수의 '카카오톡'에는 1000명 정도의 학생이 등록돼 있다. 장 교수는 학기마다 최근 3년간 수업을 들은 학생들의 명단을 업데이트한다. 그리고 시간 날 때마다 새로 올려놓은 사진도 보고, 상태메시지도 체크하면서 학생들의 요즘 근황에 대해 알려고 한다. 그러면 가끔 학생들한테 연락이 왔을 때 '군대 갔구나', '취직 축하한다' 하고 학생들의 안부를 장 교수가 먼저 얘기할 때도 있어 학생들은 깜짝 놀란다고 한다. 이렇다 보니 장 교수의 카카오톡에는 메시지가 엄청나게 많이 온다. 하루 평균 수십 개, 스승의 날이나 연말 같은 특별한 때에는 수백 개 단위로 와 있어 답문을 보내다 보면 시간이 어떻게 지나는지도 모를 정도이다. 학생들의 연락이 귀찮을 법도 한데, 많은 학생에게 사랑받고 있는 이런 시간이 영원한 것이 아닌 만큼 늘 최선을 다해 답해주려고 노력한다고 한다. 이처럼 교수의 열정이 좋은 강의를 만들고 좋은 강의는 학생들에게 좋은 영향을 미치게 된다.

## 평생교육 활성화[5]

평생교육이란, 학교의 정규교육과정을 제외한 학력보완 교육, 성인 기초·문자 해득 교육, 직업 능력향상 교육, 인문교양 교육, 문화예술 교육, 시민참여 교육 등을 포함하는 모든 형태의 조직적인 교육활동을 말한다. 먼저 평생교육이 잘 운영되는 광명시 사례를 보면 일반 주부(광명문화원 영상제작반 '해오름' 영상동아리)들이 영상제작반 수업 이후 동아리를 만든 뒤 동네 대소사를 영상으로 찍어주는 등 지역사회에서 자원봉사를 하는 것은 물론, 고등학교 영상반 보조교사를 하며 영상제작을 통해 지역사회에 도움을 준다. 나아가 준전문가로 활동하며 주부의 눈으로 보는 세상, 시정 뉴스 등 여러 가지 프로그램에 제보하고 광명시의 문제를 해결하는 데 기여하고 있다. 해외 사례로 영국 노리치Norwich 시는 파트너십을 잘 보여주고 있다. 도심 한가운데에 좋은 건물을 도서관으로 지정해 그 안에 러닝숍을 설치했다. 이곳은 일종의 정보 센터로 노리치 시의 100여 개 교육기관의 프로그램 정보 팸플릿이 비치되어 있고 상담사가 상주한다. 도심의 도서관 건물에 정보가 있으니, 참여를 촉진할 수 있어 시너지가 높다. 네트워킹을 통해서 실제로 평생교육이 활성화된 학습도시 내에서 주민들에게 어떤 도움을 주는지 알 수 있는 사례이다. 이는 단기간에 많은 학습에 참여할 수 있도록 하고, 실업률 등을 낮추는 효과가 있다. 대학 평생교육을 활성화할 경우, 대학과 지역 평생교육기관 간의 네트워크 구축을 통해 지역 평생교육의 질적 수준을 높이고 지역 주민들에게 고등교육 기회를 제공할 수 있다. 목포대 "홍주 전문가 과정"은 지역특화산업 맞춤형 인재육성으로 지역산업인 홍주 생산 전문화에 기여하고 있다. 진도군의 전통주 산업은 활성화되어 있으나 전래 비법에 의존하여 생산해 한계가 있었다. 이에 목포대학이 교육과정을 개발·운영하고 진도군이 홍보와 모집을 연계·협력하여 교육의 기회를 마련했다. 이에

---

**5** 이 절은 SBS 전문가회의에서 "한국 평생교육 현황과 과제"에 대해 변종임 국가평생교육진흥원 본부장이 발표(2012. 2)한 내용을 재정리한 것이다.

따라 목포대 식품공학과 교육과정을 개편해 진도 홍주 전문가 과정을 개설·운영했다. 구체적으로 3년 6학기로 과정을 구성하고, 시간제로 학점을 취득할 수 있도록 기획했다. 이를 통해서 전문학사 및 일반학사 학위를 취득할 수 있고 과정 또한 입문과정, 전공기초, 전공심화, 전문인력 육성 단계로 체계화했다. 이와 함께 진도군은 매주 진도 홍주 신활력 사업소를 개방하여 실습 과목을 지원하고 있다.

우리나라는 평생교육의 중요성이 날로 높아지고 있다. 한국은 지난 2000년에 고령화 사회에 진입한 이후, 2018년에는 노인 인구가 전체의 14%를 웃도는 고령사회가 될 것으로 보인다. 세계적으로 유례없는 급격한 고령화 진행 속도로, 100세 시대가 눈앞에 다가왔다. 또 향후 10년간 베이비붐 세대를 포함한 4050세대의 은퇴가 본격화될 것으로 예상된다. 더구나 베이비붐 세대가 60세에 진입하면서 다수의 국민연금 수급자가 발생해 연금재정의 불안정이 예상된다. 이와 함께 지식기반경제로의 이행 및 급격한 고령화에 따른 진로 개발, 직업세계의 변화에 대한 대응과 지속적 고용가능성 제고를 위한 평생학습체제 구축, 세대별·대상별 고용가능성 및 직업안정성 제고 차원의 지원이 필요하다. 따라서 생애 재설계, 자립역량 강화, 사회공헌을 위한 국가 차원의 평생학습 활성화가 절실하다. 하지만 이런 중요성에도 불구하고 평생학습 활성화에 많은 장애가 있다. 평생학습 사업 간 연계 미비로 시너지에 한계가 있으므로 개별 부처별로 이뤄지는 정책과 서비스를 통합해 집행하도록 해야 한다. 지금까지 평생학습사업은 국가주도적 사업 추진으로 확산 속도는 빠르나 주민주도형 사업으로는 부족했기 때문에 지역 주민들의 자발적인 참여를 위한 학습문화의 조성과 정착이 필요하다. 전체 교육 예산의 0.03%에 불과한 평생교육 정책 예산을 UNESCO 권고 수준인 1% 규모로 확대해야 한다. 개인 학습자가 학습한 결과를 진학이나 노동시장 진입자료 등으로 활용할 수 있도록 자격-학력-경력 연계가 이뤄져야 한다. 덴마크의 직장순환제는 직장에서 직원이 육아, 교육훈련, 안식년 등을 사유로 회사를 임시로 떠날 경우에 실업자가 일시적으로 대체하는 제도로, 1980년대 후반에 최초로 도입했다. 직장 순환을 통해서 '사용자'는 대체인력을 확보해 노동력 공급 중단을 피할 수 있고, '실업자'는 일시적인 취업을 통해서 직업 현장 경험을 쌓아 정규직으로의 취업 가능성을 높일 수 있다는 장점이 있다. 덴마크의 직장순환제는 "근로를 통한 복지welfare-through-work"라는 사회연대 의식에 기반을 둔 포용적인 모델이다. 직장순환제는 고용서비스 담당자, 노동조합, 고용주 및 교육기관 관계자로 구성된 '조정그룹'이 참여한다. 고용서비스 당국 관계자는 실업자와 대체인력 자리를 파악하는 역할을 담당하고, 노동조합 관계자는 직업안정성의 보장, 훈련계획 체결, 외부자원 확보 등을 담당한다. 고용주는 훈련전략을 개발하고, 교육기관은 코스 제공과 훈련 개발을 담당한다. 즉, 직장 순환제는 다수의 참여자가 프로그램의 기획, 집행 및 평가과정에 참여해, 장기적인 교육훈련과 기술발전을 유도하고 노동 수요와 공급을 연계하는 중요한 역할을 수행한다.

또 2030세대, 4050세대 등을 대상으로 하는 직업 능력개발 관련 특화 학습과정에 대한 평가인정 확대를 통해서 평생학습계좌제가 취업과 창업, 재취업으로 이어질 수 있도록 해야 한다. 뉴질랜드의 학습기록부는 뉴질랜드 국가 자격제도에 등록된 학습자들의 누적된 학습결과를 발급하여 고용인들에게 성취도에 대한 정보를 제공하고, 학습자들의 학습결과와 고용을 연계시키기 위해 운영되는 제도이다. 학습기록부는 개인이 달성한 모든 기준과 국가 자격증의 공식적인 증명서이다. 학습기록부는 국가의 자격인정시스템으로 교육공급자, 고용인, 노조, 산업계, 전문가그룹 등으로부터 인정받아 활용되고 있으며 영국, 유럽, 남아프리카공화국, 호주 그리고 북미 지역의 인증체제와 호환성을 갖춘다. 학습기록부에는 학습자의 이름과 주소, 우편번호, 국가학번National Student Number, 발행일자와 같은 기본 정보와 뉴질랜드 국가자격 및 성취도 개요, 성취기준 등이 기록된다. 자격 및 성취도 개요에는 국가자격명과 성취수준, 발행연도, 장학금, 대입사항들이 적혀 있다. 성취기준에는 교과별 수준, 학점, 결과, 일자 등이 있다. 학습기록부는 중등학교 학생들로부터 성인에 이르기까지 적용된다. 이 외에 영국의 발달기록부Progress Files, 독일의 프로필패스Profil PASS, EU의 유로패스Europass, 캐나다의 선행학습평가인정제Prior Learning Assessment and Recognition, 미국의 개인훈련계좌제Individual Training Accounts, 평생학습계좌제Lifelong Learning Accounts, 일본의 평생학습 성과인증제 등이 있다.

결론적으로 우리 교육의 개선점을 다시 정리해보면, 앞서 보았듯이 우리나라 학생의 학업성취도는 매우 높은 것이 사실이다. 또 대학진학률도 세계 최고 수준이다. 하지만 공부한 성과를 시간으로 계산해보면 학업생산성이 낮다. 공부는 굉장히 잘하지만 공부에 만족도도 낮고 흥미도도 낮고 자신감도 낮다. 이런 태도 때문에 창의적인 교육이 되지 못하고 학교를 마치면 거의 공부를 안 하는 상황이다. 여기에 사교육 부담도 많다. 이런 현실을 분석해봤을 때 앞으로 나아가야 할 교육 방향은 창의와 인성 교육을 강화하고 지식기반사회에 맞춰 학교교육을 넘어 평생교육을 확대해야 한다는 것이다. 미래 상황에 맞춰서 ICT Information, Communication, Technology를 융합할 수 있는 교육에 투자를 확대하는 것이 필요하다. 이를 위해서는 현 교육체계로는 불가능하고 변화가 불가피하다. 주입식이나 입시 위주의 학교 교육이 창의성과 인성을 키우는 교육으로 바뀌어야 한다. 성적순으로 서열화하는 대입제도 대신, 적성을 찾아서 대학을 찾아갈 수 있는 대입제도로 바뀌어야 한다. 대학이 선발 경쟁을 할 것이 아니라 대학의 연구와 교육을 발전시켜서 대학경쟁력을 높일 필요가 있다. 경로의 다양성을 위해 직업진로교육이 다양화될 필요가 있다. 미래 사회를 대비한 IT 능력을 키우기 위해서는 당연히 스마트 교육을 확대해야 한다. 이런 변화를 이끌어내려면 제도적으로나 의식적으로 개선과제가 있다. 지금 6-3-3제로 되어 있는 학제도 미래 사회 변화에 맞게 개선할 방법을 연구할 필요가 있다. 현재의 중앙집권적 교육 행정체계를 분권화·자율화할 방법을 고려해야 한다. 과목별 교육과정도 사고력이나 문제해결능력, 소통능력을 키울 수 있는 역량 중심의 교육으로 개선이 필요하다. 한번 진입하면 퇴출이 없는 교사 양성이나 임용제도도 보완할 필요가 있다. 객관식 위주로 되어 있는 학교 평가제도는 주관식이나 서술형으로 바꿔야 한다. 다양한 경로나 취업을 위해서는 고졸 채용을 비롯해 채용의 확대가 필요하고, 이를 위해서는 경력과 학력을 연계할 수 있는 직무능력 평가제 도입이 필요하다. 천편일률적으로 되어 있는 대학도 대학 구조조정을 통해 한계에 다다른 대학은 정리하고, 대학 특성화를 통해 대학경쟁력을 높일 필요가 있다. 교육 사각지대를 해소하기 위해서는 교육복지가 확대돼야 하고 학벌사회 완화를 위해서는 교육적으로나 사회적으로 정책이 필요하다. 여기에는 언론의 책임도 있는데, 장·차관 인사가 있으면 항상 출신학교에 대한 보도가 나간다. 이런 것이 사실 일반인에게는 학력 사회를 부추기는 신호로 받아들여진다. 따라서 이런 것에 대한 자제도 필요하다. 교육열 정상화를 위해서는 교육의 본질을 추구할 수 있는 학부모 정책을 고려해야 할 것이다.

# 제8장

# 기로에 선 한국 복지

## 구멍 뚫린 사회보험[1]

사회보험은 노동시장에서 발생하는 각종의 사회적 위험을 분산시킴으로써 소득의 안정성을 꾀하는 수단으로 19세기 말 20세기 초에 유럽을 중심으로 생성·발전되어왔고, 이러한 과정에서 '정규직 남성 근로자'를 핵심적 표적 집단으로 상정했다. 따라서 자영업자는 줄어들고 임금이 늘어나면서 정규직 근로자가 증가해야 사회보험제도가 제대로 확대될 수 있었다. 그러나 실제로는 자영업자들의 숫자는 줄어들지 않아 제도가 발전되지 못한 나라가 많은데 우리나라도 자영업자 비중이 외환위기 이후 대폭 늘어나 당초 사회보험의 모델과 달리 비정규직이나 새로운 고용형태(골프장 캐디, 화물자동차 운전자 등)가 늘어나면서 사

---

**1** 이 절은 SBS 전문가회의에서 "사회보험 사각지대 어떻게 해소하나"라는 주제로 홍경준 성균관대 교수가 발표(2012. 1)한 내용을 재정리한 것이다.

각지대는 줄지 않거나 오히려 확대되고 있다.

우리나라의 사회보험제도는 건강보험과 국민연금이 전 국민을 대상으로 하며, 고용보험은 1인 이상 고용한 사업장의 근로자 모두를 대상으로 하고 있다. 저소득층에는 사회보험료를 지원하는 등 사각지대 해소책을 꾸준히 시행하고 있지만 사각지대는 좀처럼 줄지 않고 있다. 이는 사회보험 가입 회피로 광범위한 사각지대가 존재하기 때문이다. 즉, 실직과 저소득과 같이 경제적 불안정으로 보험료를 낼 여력이 없는 경우와 사회보험에 대한 불신과 같은 개인적 회피 성향이 증가하는 경우, 의료비 실손보험 등 민간보험과 같은 대체재가 급성장할 경우 사각지대가 확대된다. 하지만 법률적으로는 캐디 같은 특수직 일부 직종을 제외하고는 가입범위가 줄곧 확대되어왔다는 점을 감안하면 가장 심각한 사각지대 발생 원인은 적용대상이면서도 가입을 회피하는 경우이다. 근로자는 보험료를 낼 만한 여력이 없고 특히 사업주는 근로자 급여에서 사회보험료를 원천 징수하여 근로자를 대신하여 보험료를 납부해야 한다(부담은 근로자와 고용주가 반반씩 하지만 징수의 책임은 고용주에 있음). 그러나 이러한 과정에서 소득원이 노출되면 보험료를 부담해야 할 뿐만 아니라 소득세나 부가가치세를 부담해야 하기 때문에 근로자의 취업 사실을 아예 신고하지 않거나, 신고하더라도 소득을 줄여 신고하거나 종사하는 근로자의 일부만을 신고하고, 나머지 근로자의 소득은 기타 소득으로 처리하는 경우와 근로계약 대신 도급계약 형태를 취하여 사업주 책임을 아예 기피하는 경우가 발생한다. 이는 우리나라의 광범위한 비공식 노동시장의 문제와 직결되는 문제로 아무리 법의 적용대상을 확대해도 사각지대 문제가 해결이 되지 않는 배경이다.

비공식-주변 노동시장에서 이루어지는 비공식 고용은 법적으로든 관행상으로든 노동법, 소득과세, 사회보장, 고용 관련 보호(해고 시 사전통지, 퇴직금, 유급 휴가, 유급 병가 등)를 받지 못하는 고용으로 규제도 없고 보호도 없다는 특성을 가진다. OECD(2004)는 과세, 노동 관련 법제도, 사회보험 적용을 받지 않는 비공식 고용 문제가 특히 중간소득 국가 middle income countries 에서 실업 문제보다 더 심각하다고 지적했는데, 한국은 OECD 회원국들 중 멕시코에 이어 비공식 고용률이 높은 나라이다. 2000년대 중반 이후 영세 자영업 부문에서 일자리와 소득이 동반 감소하는 현상이 나타나고 있음에도 불구하고, 비임금 일자리를 이탈한 영세 자영업 종사자가 임금근로로 전환하는 비중은 매년 4~5%에 불과하다. 이처럼 자영업의 구조조정이 진행되고 있음에도 비공식 일자리를 이탈한 영세 자영업 종사자가 임금근로로 전환하지 않는 주된 이유는 비공식 고용으로 인해 임금근로의 유인이 낮기 때문이다. 비공식 고용은 비자발적 실업에 놓여 있을 때 소득 상실, 노후 소득의 불안정 문제를 야기할 뿐 아니라 경력 상승 기회를 제한하여 계층이동을 억제한다. 전체적으로는 사회통합을 저해할 뿐만 아니라 불공정 경쟁에 따른 공식 취업부문의 부담 증가와 비공식 취업 부문의 비효율적인 생산의 보존에 따른 경제적 비효율을 초래하고, 공공부조의 재정 부담을 증가시킨다. 비공식 고용이 이루어지는 노동시장을 현대화하지 않고서는 정확한 소득파악에 기초한 공정한 조세부담은 물론 소득보장제도의 원활한 작동도 기대하기 어렵다. 따라서 사회보험 사각지대의 축소를 동반하지 않는 사회보험 확대는 노동시장에서의 불평등 배분을 완화하기는커녕 더 확대시킬 가능성이 높다. 고용률이 낮고 자영업자와 지하경제 규모가 큰 남미나 남유럽의 경우도 사회보험의 혜택수준을 크게 확대했지만 사각지대 때문에 오히려 불평등이 심화됐다.

우리나라 사회보험의 빈곤, 불평등 완화 효과는 상대적으로 적은 편인데, 이는 사각지대가 넓기 때문이다. 실제로 우리의 사회보험은 빈곤한 사람이 100명일 때 약 3.8명을 빈곤으로부터 빠져나오게 하며, 빈곤 갭Poverty gap이 100원일 때 그 갭을 약 4.2원 정도 줄이는 데 그쳐 가족 간에 이루어지는 소득이전보다 분배효과가 낮다. 사회보험의 분배효과가 미미하다는 점은 우리나라 소득보장제도의 빈곤 완화 효과를 다른 나라들과 비교해보면 잘 드러난다. **그림 4-1**을 보면 네덜란드와 독일, 미국, 스웨덴, 영국, 캐나다, 프랑스, 호주 등 9개 국가들을 대상으로 소득보장제도의 빈곤율 완화효과를 중위소득 40% 기준의 빈곤 개념을 적용하여 추정한 결과 9개국 중 꼴찌이다.

사회보험의 사각지대에 놓여 있는 사람들은 빈곤에 빠질 확률이 높고 이에

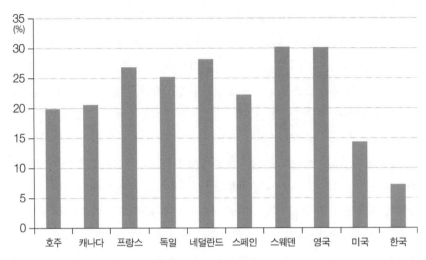

**그림 4-1** 소득보장급여의 빈곤율 감소 효과에 대한 국제비교

따라 중장기적으로 차상위 계층, 혹은 기초보장 수급자로 전락할 가능성이 있다. 그렇지만 정부 일반예산으로 재원을 충당하는 공공부조의 확대를 통해 이들을 보호한다면, 이는 보험료 납부를 통해 빈곤을 스스로 예방하는 집단과의 형평성 문제가 제기될 수 있다. 또한 공공부조로부터도 보호받지 못하는 차상위 계층의 경우는 기초보장 수급자와 소득이 역전되는 현상이 발생할 수도 있다.

더구나 사회보험 장기체납도 심각하다. 국민연금은 4명 중 1명이 납부예외자로 보험료를 안 내고 있다. 가장 핵심적인 쟁점은 납부 예외자와 장기 체납자이다. 2010년 말 기준으로 가입 대상자 가운데 보험료를 내지 않고 있는 납부 예외자는 510만 명으로서 전체의 26.5%(2000년은 27.4%)로 10년 동안 1%p밖에 줄지 않았다. 납부 예외자의 90.4%는 실직, 사업 중단, 휴직, 기초생활 곤란 등 경제적 문제를 납부 예외의 사유로 들고 있다. 건강보험도 외형적으로는 사각지대가 없지만 6개월 이상 장기 체납자가 150만 가구에 육박한다. 도입도 늦었지만 사각지대 문제가 가장 심각한 사회보험은 고용보험이다. 공무원, 교원, 별정우체국 직원, 5인 미만 농림어업 종사자, 가사서비스업 종사자, 국제 및 외국기관 종사자, 65세 이상인 자, 주당 평균근로시간이 15시간 미만인 단시간 근로자, 특수형태 근로종사자(골프장 캐디, 화물자동차 운전자) 등은 고용보험 적용에서 제외되기 때문에 법적 적용제외로 생긴 사각지대가 다른 사회보험에 비해 넓다. 더구나 적용대상 중에도 실제 가입자는 69.9%에 불과한 것으로 추정된다. 이에 따라 근로 기간이 1년 미만인 실직 근로자 가운데 실업급여를 받을 수 있는 근로자의 비율은 11.3%에 불과하다. 실업급여를 못 받는 이유를 보면 절반이 고용보험 미가입자이기 때문이고 가입기간 미충족이 11.1%, 이직사유 미충족이 22.9%로 조사되었다. 아무리 보험료를 지원해준다고 해도 가입을 안 하는 이유는 당장 보험료가 부담되기 때문에 가입을 하지 않는 것이 아니라 고용주가 매출이 노출되는 것 때문에 고용 근로자 신고를 꺼리기 때문이다. 이에 따라 이들을 가입시키려면 보험료의 일정 부분을 지원해주는 현 방안 말고도 한시적으로 소득세나 법인세 유예와 같은 인센티브가 필요하다.

앞서 보았듯이 사회보험 사각지대가 줄지 않는 근본적 이유는 비공식 고용이 너무 많기 때문이다. 단순히 저소득층에 대한 보험료를 지원할 것이 아니라 비공식 노동을 줄이는 방향으로 정책이 추진되어야 한다. 이를 위해서는 법정최저임금을 준수하지 않는 사업장은 지원 대상에서 제외하고 평소 주당 근로시간이 36시간 이상인 전일제 근로자를 우선지원 대상으로 정하는 등 보다 세밀한 정책 디자인이 필요하다. 사각지대가 넓다 보니 사회보험을 통한 빈곤의 완화나 불평등의 완화 효과가 떨어진다. 그동안 사회보험 사각지대 해소를 위한 논의는 법적인 적용대상 확대와 보장수준을 높이는 문제에 치중됐지만 사각지대의 가장 심각한 문제는 법적으로는 적용대상임에도 불구하고 실제로 가입하지 않는 문제이므로 이들을 유인할 만한 인센티브가 필요하다. 근본적으로 비공식부문의 노동시장을 현대화하지 않는 한 소득보장제도가 원활하게 작동되기 어려운 만큼 현재의 보험료 지원책도 단순히 현금지원에서 끝낼 것이 아니라 비공식부문의 노동을 줄이는 방향으로 추진되어야 한다.

아울러 사회보험부문은 저부담·고급여 체계가 개선되지 않는 한 지속가능성이 없으므로, '적정부담·적정급여 체계'로 전환하는 개혁이 필요한 것으로 분석됐다. 정부는 국민연금 기금이 2044년에 적자가 발생한 이후 2060년에 고갈될 것으로 내다봤다. 사학연금은 2014년 기준으로 연금 기금액이 14조 6000억 원 수준이다. 하지만 기금액이 오는 2022년에 23조 8000억 원으로 정점에 오른 뒤 2033년부터 적자가 발생해 2042년에 기금 고갈에 처할 것으로 예상된다. 건강보험과 노인장기요양보험의 경우도 고령화에 따른 의료비 지출의 증가에 따라 각각 2025년과 2028년에 기금이 고갈되는 것으로 분석되었다. 다만, 산재보험은 2019년에 적자가 발생할 것으로 보이나 적자 규모가 크지 않아 보험요율 등을 소폭 조정하면 큰 문제가 없을 것이고, 고용보험도 재정건전성을 지속적으로 유지할 것이라고 정부는 전망했다. 이 같은 사회보험 기금 고갈을 방지하기 위해 국민부담을 늘리는 경우, 2060년에 국민부담률이 현재 28.4%에서 39.8%로 11.4%p나 상승하는 것으로 나타났다. 기금 고갈을 급여지출 축소로 대응하는 경우에는 2060년 국민혜택이 당초 대비 46% 수준으로 축소된다.

## 불안한 국민연금[2]

두 차례에 걸친 연금개혁에도 불구하고 국민연금에 대한 국민적 지지는 여전히 낮고 중산층까지도 노후를 어떻게 지낼지 불안해하고 있다. 향후 국민연금의 실소득 대체율은 25~30% 수준이며 노인빈곤율[3]은 45.1%(2011년)에 이르고 있다. 2013년 3차 재정추계는 국민연금 기금이 2060년이 되면 고갈될 것으로 추산하고 있다.

현행 국민연금제도는 다음과 같은 특성과 문제점이 있다. 먼저 소득재분배 기능이 큰 연금이다. 1988년 국민연금 도입 당시, 기초연금이나 국민기초생활보장제도 같은 저소득층을 위한 기초소득보장제도가 없었기 때문에 국민연금

---

2 이 절은 SBS 전문가회의에서 "국민연금 개혁"을 주제로 양재진 연세대 교수가 발표(2012. 2)한 내용을 재정리한 것이다.

3 2015년은 49.6%.

안에 소득재분배장치가 부가됐다. 이에 따라 저소득층의 연금 수익률(납부액 대비 생애 연금액 총액의 비율)이 높은 반면 그만큼 중산층 가입자의 수익률은 떨어지는 구조이다. 세전생애소득대비 총 생애연금급여(소득대체율)는 중위소득자의 45.1%로 예상되지만, 중위소득의 2배인 경우는 25.2%로 떨어지고, 그 대신에 중위소득의 1/2인 저소득자의 경우는 64.1%로 소득대체율이 상승한다.

둘째, 현 근로계층의 광범위한 사각지대가 있다. 국민연금은 소득에 비례해 보험료를 내고 보험료 납부실적에 따라 연금 급여를 제공하는 소득비례연금인 만큼 이 제도가 잘 돌아가려면 개개인의 소득이 잘 파악되어야 하고 국민의 부담의사와 능력이 높아야 한다. 하지만 우리나라의 경우 이런 전제조건이 미미한 상황에서 제도가 운영 중이다. 이로 인해 개개인의 소득파악이 제대로 되지 않거나 비정규직 근로자 등 부담능력이 취약한 계층은 대부분 사각지대(납부예외자+미납자+적용 제외자 중 소득 활동자)로 남아 있는 실정이다. 형식적으로 가입자는 1900만 명이 넘지만 실제로 보험료를 내는 사람은 1300만 명에 불과하다. 셋째, 부담과 급여의 불균형 설계이다. 국민연금은 1988년 도입 당시 9% 보험료율로 70%의 급여를 지급하는 제도로 설계했다. 그 후 장기 재정불안과 제도 불신 문제가 크게 불거지면서 급여율이 40%까지 축소됐지만 여전히 내는 것(부담)과 받는 것(급여)의 불균형으로 현 제도를 유지할 경우 2040년 말 수지적자가 발생하고, 2060년에 기금 고갈이 예상된다. 지금까지의 연금개혁은 주로 재정안정화에 초점이 맞춰졌지만 국민연금은 1차적인 소득보장제도로 복지국가의 근간인 만큼, 노후소득보장을 통한 노인빈곤문제 해소라는 본연의 목적을 등한시해서는 안 될 것이다.

인구고령화는 흔히 연금재정의 위기나 세대 간 형평성 문제와 결부된 것으로 인식되지만 적정한 노후보장의 제공을 통한 노인 빈곤문제 해소라는 연금제도 본연의 목적을 소홀히 하고 있다. 특히 노후보장제도가 미비한 상태에서 우리나라는 2050년 노인인구가 1천만 명이 넘을 정도로 인구고령화가 빠르게 진행되어 노인빈곤을 악화시킬 것으로 보인다. 국민연금 보험료 납부자 규모는 경제활동인구 대비 60%, 20~60세 인구의 45% 수준으로 선진국의 2/3 수준이다.

이로 인해 2030년대에 65세 이상 노인 중 연금수급자의 비중(수급률)은 40%로 노인 10명 중 4명만 연금을 받게 된다. 2050년에도 60%로 매우 낮을 것으로 전망된다. 대부분의 OECD 국가들은 이미 1960년대에 거의 100% 수급률에 도달했다. 국민연금은 기여를 전제로 급여를 지급하는 원칙에 따르는 제도로 설계되어 도입 당시 이미 연령이 많아 제외되었던 계층이 현 노인계층을 형성했다. 이들은 마땅한 노후보장 준비를 하지 못해, 그 결과 우리나라 노인빈곤율(소득이 중위소득의 50% 이하인 노인가구의 비중)은 45.1%로 OECD 국가 중 가장 높다. 소득이 최저생계비에도 미치지 못하는 노인의 비율(절대 빈곤율)도 35.1%나 된다. 이 때문에 노인가구의 소득불평등 정도 및 노인가구 간 소득격차를 나타내는 지니계수는 0.409로 OECD 국가 중 세 번째로 높은 실정이다.

공적연금이 미흡하더라도 퇴직연금 같은 사적연금이라도 역할을 해주면 보완이 되는데, 우리나라의 현행 퇴직연금은 동일한 민간사업장에 1년 이상 근속한 근로자를 대상으로 5인 이상 사업장에만 적용하던 것을 2010년 12월에서야 1인 이상 사업장에 의무적용했지만 뒤늦게 제도화되고 있는 만큼 국민연금보다 사각지대 규모가 훨씬 크다.

재정안정과 노후소득보장이라는 두 마리 토끼를 잡을 수 있는 연금개혁을 위해서는 기존의 개혁안의 한계를 넘어 새 틀을 짜는 수준의 개혁이 불가피하다. 또 연금제도가 성숙한 서구 선진국의 경우 연금이 사회지출의 절반 가까이 되는 만큼 어떤 수준의 복지국가를 만들고 어디에 우선순위를 두고 복지를 확대할 것이냐는 큰 그림 속에서 연금개혁을 논의하고 시행해야 한다. 따라서 스웨덴과 일본의 연금 개혁은 좋은 반면교사의 사례라 할 수 있다. 스웨덴은 30년 정도 기금이 남아 있던 1991년 연금개혁을 완성했다. 개혁 이전에는 기초연금(모든 노인에게 50만 원씩 지급)+순소득비례연금(67~70% 소득대체율)으로 이뤄져 있던 것을 확정기여형(DC형)으로 개혁했다. 목표 소득대체율을 60% 정도로 낮추고 인구가 고령화될수록 급여가 자동 삭감되는 시스템을 도입하는 한편, 기초보장연금제도를 두고 연금이 기초보장선에 못 미칠 경우 못 미치는 만큼만 보충급여를 제공한다. 그 대신에 보험료는 18.5%를 상한으로 두고 더 이상 올리지 않는다는 것을 법으로 규정했다. 개혁 당시 여야 정당은 연금과 관련된 내용을 선거공약으로 이용하지 않기로 약속했다. 반면 일본은 지난 2004년 연금보험료를 인상하면서 정책당국자들이 '100년 안심 연금제도'라고 큰소리쳤지만 2006년 149조 엔이던 적립금(보험료에서 보험금을 지급하고 남은 돈을 적립한 기금)이 2011년 112조 9천억 엔으로, 불과 5년 만에 30조 엔 넘게 급감하면서 이 추세라면 20년 후에 적립금이 바닥날 것이라는 전망이 나오고 있다. 당초 일본 정부는 물가상승률이 연간 1%, 임금상승률이 2.5%, 기금투자수익률이 4.1%가 될 것이라는 시나리오를 전제로 연금재정을 추산했다. 즉, 경제가 성장하고 임금이 올라야 그만큼 보험료 수입이 늘어나 연금재정이 튼튼해지는데, 실제로는 경기침체로 임금이 떨어지고 비정규직 증가로 연금 납부율이 60% 이하로 급락하며 연금투자수익률이 마이너스로 떨어지기도 하면서 연금 부도위기에 다시 직면한 것이다. 우리나라도 2060년까지 연금기금이 유지된다는 2008년의 재정추계는 2011년에서 2020년까지 경제성장률 4.1%, 실질 임금상승률 3.6%, 투자수익률 6%대를 상정하고 있다. 그러나 임금상승률과 투자수익률이 예상보다 크게 떨어지면서 적립금 고갈이 훨씬 앞당겨질 수 있다.

## 밑 빠진 독 건강보험[4]

건강보험료는 경제학적 측면에서 보면 조세와 크게 다르지 않다. 특히 우리나라처럼 전 국민이 가입해 강제적으로 내는 보험료는 소득에 비례해서 내고 그 돈을 보건의료에 한정해 쓰는 만큼 비례목적세라 할 수 있다. 전 국민이 건강보험에 가입되어 있음에도 불구하고 개인의 의료비 지출은 계속 증가하고 있다. 암 같은 큰 병에 걸리면 가계 파산에 이를 정도로 의료비 지출이 늘어 빈곤

---

**4** 이 절은 SBS 전문가회의에서 "한국의 건강보장제도와 개혁방안"이라는 주제로 권순만 서울대 교수가 발표(2012. 2)한 내용을 재정리한 것이다.

위험이 높아진다. 인구고령화로 정부재정에서의 건강보험지출은 2020년 지금의 2.4배로 늘어날 것으로 추산되는 가운데 급증하는 의료비 지출에 대한 통제방안을 마련해야 할 때이다. 연금은 돈을 내는 시점과 받는 시점이 다르지만 건강보험은 그해 걷어서 그해 쓰기 때문에 국민연금보다는 장기적인 재정문제가 덜 심각하다고 볼 수 있다. 그러나 보장성 확대와 의료기술의 발달, 노령인구의 급증, 소득증가에 따른 건강보험 진료비 증가로 건강보험 급여비는 2010년 30조 4천억 원에 달하며 2000년 대비 약 2.96배 증가했다. 특히 국민연금은 관리자와 수급자만 있지만 건강보험은 그 중간에 공급자가 끼어 있기 때문에 이 공급자를 제대로 통제하지 못하면 지출규모가 눈덩이처럼 불어날 수 있다. 실제로 수가를 올린 것에 비해 진료비의 절대규모는 매년 폭증하고 있어서 더 이상 수가 통제로는 건강보험의 재정규모를 통제할 수 없는 지경에 이르렀다. 2000년 이후 10년 동안 수가는 연평균 2.22% 인상에 그쳤지만 급여비는 연평균 12.96% 증가했다. 건강보험은 2010년 1조 3천억 원에 이르는 적자를 내면서(적립금 잔고는 9592억 원) 재정에 빨간불이 켜져 본격적으로 개혁에 대한 논의가 이뤄지기 시작했다.

2016년 기준으로 보험료는 6.12%로 고용주와 근로자가 절반씩 부담하고 있다. 독일이나 일본, 프랑스 등은 10%대로 외국과 비교하면 보험료가 낮은 편이다. 의료보장 정책의 우선순위가 대상인구의 확대에 초점이 맞춰지다 보니 보험료 저항을 낮추기 위해 저보험료 저급여 정책을 유지해온 배경이 있다. 보장성은 얼마나 많은 사람이 보장을 받느냐와 전체 서비스 중 얼마나 많은 분야가 급여에 포함되느냐, 급여에 포함되더라도 본인부담금이 얼마나 되느냐 등 세가지 측면에서 살펴볼 수 있다. 첫 번째 부분은 문제가 없고 두 번째 부분도 별로 문제될 것이 없다. 예를 들어, 로봇수술은 비용은 4배 비싸지만 임상적인 효과는 기존 수술법과 다르지 않기 때문에 굳이 기존 치료법에 비해 효과적이지 않은데도 건강보험으로 지원해줄 필요는 없다. 가장 큰 문제는 필수적인 의료도 제대로 지원이 안 되는 부분이 있다는 점이다. 본인부담금에 대한 부담을 덜어줘도 의료현장에서는 본인부담이 떨어진 만큼 추가적으로 비급여를 제공하므로 전체적으로는 의료비용이 비슷하게 든다. 노인이나 신장투석 같은 만성질환자, 암환자에 대해서는 본인부담률을 10%에서 5%로 낮췄지만 경감효과가 생각보다 크지 않다. 본인부담금도 법으로 소득계층별로 5개의 상한을 두고 있지만 비급여 항목에 대해서는 한도액이 없어 본인부담이 커질 수밖에 없다. 입원진료비에 대한 (법정) 본인부담률은 20%에 불과하지만 의료공급자들이 지속적으로 비급여서비스 제공을 늘렸다. 이 중 많은 서비스는 외국에서 통상적으로 제공되지 않는 서비스로, 전체 의료비를 빠르게 증가하게 해 비급여관리가 중요해졌다. 의료공급자뿐 아니라 소비자도 도전적이고 새로운 것에 대한 수용성이 높아 신의료기술을 선호한다. 진료비 급여와 비급여가 동시에 제공될 수 있는 혼합진료를 허용하는 것도 국민들의 의료비 직접 지출 증가의 한 원인이다.

더구나 우리나라의 의료공급체계는 보험재정과 국민의 부담을 가중시키고 있다. 먼저 우리나라의 의료공급체계는 민간 위주로서, 공공보건의료기관은 병상 수 기준으로 9.5%에 불과하다. 의료기관 수로는 더 열악해 전체 의료기관은 2010년 현재 6만 529개소이며 공공보건의료기관(국립병원, 특수법인, 시도립병원, 보건소 등)은 3648개소에 불과하다. 전문가들은 공공병원이 30%가 있어야 민간 의료시장에 대한 의미 있는 견제가 가능하다고 주장한다. 유럽 국가들은 공공병상이 90%에 이르고 일본도 우리의 3배 수준이다. 우리나라 의료의 확충기는 1970년대 후반으로 이 시기 병상정책의 최우선과제는 부족한 병상을 확충하는 것이었고 정부는 상당한 자금을 민간병상 확충에 지원했다. 공공병원을 통해 지역편차를 해소하려는 노력도 지속됐지만 민간병상을 우선적으로 지원하고 이를 보완하는 방식으로 민간이 들어가지 않는 17개 군지역 보건소를 병원화하고 기존 시도립병원을 지방공사화하는 수준이었고 공공병원은 정신질환, 결핵병원, 심장병센터 등에 국한됐다. 특히 1987년 건강보험 도입 이후 의료수요가 급속히 늘자, 이에 대처하기 위해 대도시 지역의 의료기관 개설 시 규제를 완화하고 민간병원 건립을 적극 지원했다. 당시 전국적으로 약 2만 개의 병상이 부족한 것으로 추계됐다. 적극적인 병상확장정책으로 97년 이후 OECD 평균 수준의 병상규모에 도달했음에도 불구하고 병상확충 정책은 계속됐다. 2000년대에 들어 인력과 의료시설 등 의료자원의 공급이 급증하고 병상의 지역별 불균형 분포, 부적절한 병상 이용이 지속되어 건강보험 재정낭비가 심해지면서 병상지원정책이 병상확충에서 공급 적정화 및 기능전환 중심으로 변경됐다. 하지만 이미 병상에 대한 모든 규제가 해제되어 쓸 수 있는 정책수단이 없었기 때문에 문제는 더욱 악화됐다. 이에 따라 1995년과 2005년 사이 전체 병상 수는 두 배 가까이 늘었고 2010년에는 2005년 대비 38% 늘어났다. 현재는 급성기 병상(외래와 장기요양병상을 제외한 모든 종류의 병상)과 장기요양 병상 모두 심각한 과잉상태이다. 2010년 병상 수는 인구 1천 명당 7.8개로 OECD 평균 5.34개(2008년)보다 훨씬 많다. 의료보장제도가 의료이용에서 경제적, 사회적 장벽을 충분히 제거하지 않는 한 의료공급에서 공공역할을 할 공공의료기관이 여전히 필요하다. 그러나 앞서 보았듯이 우리나라는 공공병상의 비율이 10%도 안 되어 이 역할을 수행할 기관이 매우 부족한 실정이다. 병원의 영리적 운영형태는 대형병원뿐 아니라 중소형 의원에도 이어져 척추, 관절, 항문, 피부, 비만 등으로 특화된 전문병원들은 결국 척추와 관절 수술, 치질 수술, 성형 수술, 임플란트 수술 등이 압도적으로 세계 1위에 달하는 결과를 낳고 있다.

둘째, 의료기관 간 역할 분담이 미비하다. 즉, 1차 진료의사의 개념이 거의 없다. 의과대학을 졸업하면 모두 전문의를 딴다. 의대 나와서 1~2년만 트레이닝을 하면 개원할 수 있는데도 모두 전문의를 취득한다. 1차병원과 3차병원의 분업이 전혀 이뤄지지 않고 있다. 3차병원도 외래를 하고 동네 의원들도 입원실을 가지고 있다. 2차병원은 거의 망하고 있다. 이렇듯 의료기관 간에 역할 분담이 제대로 되지 않음에 따라 의료기관 간 협력, 조화보다는 비효율적인 출혈경쟁을 야기하고 있다. 2009년 기준으로 우리나라 당뇨병 환자의 평균 입원 건수는 인구 10만 명당 127.5회로 OECD 50.3회를 훌쩍 뛰어넘는다. 천식도 10만 명당 입원건수가 105.5건으로 OECD 평균인 51.8건의 2배가 넘었다. 천식과 당뇨는 관리를 잘하면 입원이 줄어드는 질환이나 이같이 입원율이 높다는 것은 동네의원이나 보건소 같은 1차 의료기관에서 관리가 제대로 되지 않았거나 입원병상이 비효율적으로 활용된다는 점을 의미한다. 따라서 비효율적인 의료체계로 낭비적 지출이 많은 만큼 1차 지역의료기관 강화 등 의료체계의 효율화가 필요하다. 나아가 인구고령화로 급증할 의료비 지출에 대비해 건강보험의 다양한 재원확충방안을 마련해야 할 것이다.


## '목말사회' 대한민국[5]

대한민국은 지난 반세기 동안 인구보너스 시대를 경험했다. 인구보너스란 만 15세에서 64세까지 생산연령층 인구비율이 높아 소비와 생산이 늘면서 경제성장을 이끄는 구조이다. 이는 인구 변화가 일종의 덤으로 작용하는 것이다. 이제 우리는 인구보너스를 끝내고 인구오너스 시대에 접어들었다. 인구오너스에서 오너스onus는 '부담'이라는 뜻이다. 생산가능인구가 줄어 성장의 엔진은 식어가는데 고령층 비율이 빠르게 늘면서 부양 부담이 커지는 형태이다. 가벼운 몸으로 트랙을 뛰는 선수가 인구보너스 시대의 모습이라면, 무거운 배낭에 모래주머니까지 차고 달리는 것은 인구오너스 시대, 우리의 현실이다. 인구보너스와 인구오너스는 정반대의 현상이지만 그 뿌리는 모두 '저출산'에 있다. 급격하게 낮아진 출산율이 지금까지 유소년층에 대한 부양 부담을 줄이는 역할을 했지만, 이제 생산가능인구가 줄어드는 부메랑이 되어 돌아왔다. 이미 알고 있듯이 우리나라의 출산율은 심각한 수준이다. 합계출산율 2.1명 미만의 저출산 국가가 된 지도 이미 32년이 지났다. 2001년부터는 1.3명 선이 깨지면서 초저출산국가가 되었다. 한때 매년 100만 명 이상씩 태어나던 신생아 수는 이제 43만명 선을 겨우 유지하고 있다. 2016년은 신생아 수가 가장 낮은 수치를 기록할

---

**5** 이 절은 제14차 미래한국리포트에서 "인구오너스 시대의 대한민국"이라는 주제로 신승이 기자가 발표한 내용과 "눈앞에 닥친 목말사회"라는 주제로 김진일 고려대 교수가 발표한 내용을 재정리한 것이다.

것으로 보여 43만 명 선 턱걸이도 어려워 보인다. 대한민국은 빠르게 늙어가고 있다. 지방은 이미 인구감소가 시작됐다. 전국에서 고령화 비율이 두 번째로 높은 경북 의성군 사례를 보자.

경북 의성군의 한 노인요양병원의 경우 2008년 병원이 들어서기 전에는 초등학교 건물이었다. 학생 수가 줄어들어 폐교된 뒤 노인 의료기관으로 바뀌었다. 젊은 세대가 사라진 자리는 생각보다 크다. 소비여력이 줄면서 지역 상권은 무너졌다. 혼자 사는 노인 주민이 많아지다 보니 이들이 떠나고 난 뒤 방치된 빈집 처리도 골칫거리이다. 의성군의 한 마을의 경우 다섯 가구 중 한 가구는 버려진 집이다. 이 마을 이장은 지금 80~90대 노인들이 사망하면 앞으로 빈 집이 더 많아질 거라고 우려한다. 의성군의 또 다른 마을에는 19년 만에야 아기 울음소리가 들렸다. 귀농한 가정에 쌍둥이 아기가 태어난 것이다. 인근 40여 개 마을을 다 합쳐도 또래 아기는 서너 명에 불과하다. 의성군은 65세 이상 고령층 비율이 36%에 이른다. 마을 경로당의 평균 연령은 80세로 70세 노인은 아직도 막내이다. 더구나 노인복지 부담은 갈수록 늘어가는데, 지역이 스스로 조달할 수 있는 재원은 크게 못 미친다. 실제로 5천억 예산 중에 3백억 원만 의성군이 부담하고 있다. 이는 공무원 인건비 6백억 원의 절반밖에 안 된다. 지난 10년 사이 의성군은 만여 명의 인구가 줄었다. 전체 인구의 16%이다. 이 때문에 전국에서 소멸 위험이 가장 높은 곳으로 꼽히고 있다.

대부분 농어촌 마을의 현실은 의성군과 크게 다르지 않다. 지난해 출생보다 사망신고가 많아 인구의 자연감소가 일어난 곳이 전체 시·군·구 226개 중 100곳에 달한다. 인구 감소는 남아 있는 사람에게도 재앙이다. '생활사막'이라는 말을 들어본 적이 있는가? 병원이나 시장 같은 생활 편의시설이 주변에 없어 일상적인 생활이 어려운 지역을 일컫는 말이다. 우리보다 '인구오너스' 시대가 먼저 닥친 일본에서는 근처에 편의점이 없어 간단한 생필품 하나를 구하려고 몇 시간씩 먼 길을 힘겹게 오가는 '쇼핑난민'이 큰 사회문제가 됐다. 우리나라도 비슷한 고민이 시작됐다.

**그림 4-2**는 상점, 병원, 학교, 관공서 등 기본적인 생활편의시설에 주민들이

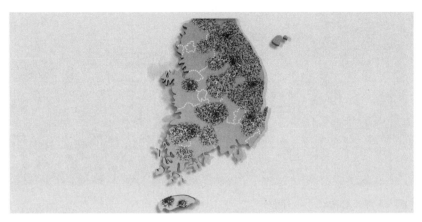

**그림 4-2** 생활사막 분포도
자료: 경제인문사회연구회(국토연구원, 2016).

얼마나 쉽게 접근할 수 있는지를 다섯 단계로 나눴을 때 가장 접근이 어려운 두 단계에 해당되는 곳을 표시한 지도이다. 강원도, 경상도, 전라도, 충청도 거의 모든 행정도에 걸쳐 생활사막이 점점이 흩어져 있다. 인구가 감소세로 들어선 이후인 2040년의 상황을 예측해보면 생활사막 면적은 지금보다 더 확대되고 피해를 받는 대상도 늘어나게 됨을 알 수 있다. 이 때문에 생활사막을 막기 위해서 지방 기초단체들은 안간힘을 쓰고 있다.

전북 임실군에는 2016년 4월부터 셔틀버스가 운행되고 있다. 주민들이 미리 예약을 하면 미니버스가 집 앞까지 와서 목적지까지 데려다준다. 셔틀버스가 운행되기 전까지 이곳 주민들은 바깥 외출이 쉽지 않았다. 인구수가 적고 외진 곳이어서 정기버스 노선이 닿지 않기 때문이다. 인근 마을의 중고등학생들은 매일 택시를 타고 등교를 하고 있다. 집 근처에 학교가 없어 다른 행정구역까지 통학해야 하는 학생들이다. 이 서비스마저 없다면 학생들은 버스를 갈아타고 한 시간 넘게 이동해야 한다. 임실군에서 운행되고 있는 전체 버스 노선 중 70%가 적자로 운행되고 있다. 인구가 줄면서 이용객이 급감해 정부 지원 없이는 운행이 어렵다. 더 이상 마을 구석구석까지 추가로 버스 노선을 확보할 수 없다 보니 개인 이동 서비스를 실시할 수밖에 없다. 더 큰 문제는 앞으로이다. 인구

**사진 4-1** 서울 창신초등학교 학급사진

가 점점 줄고 지방의 재정이 더 열악해지면 이렇게 주민 한 명 한 명에게 맞춤형 편의를 제공해주기가 불가능해지기 때문이다.

대도시라고 예외는 아니다. 부산의 경우 한때 인구가 390만 명에 육박했지만 90년대 중반부터 인구가 줄어들기 시작했다. 특히 인구 감소는 일자리 감소로 이어져 젊은이들의 이주를 가속화했고 최근 10년 사이에만 12만 4천 명(12만 4516명)이 감소했다. 부산의 동구와 영도구는 20~30대 여성인구가 65세 이상 노인인구의 절반에 미치지 못해 30년 뒤 소멸 위험이 있는 지역으로 꼽히기도 했다. 대구, 인천, 광주, 그리고 서울 일부 자치구 등 다른 대도시의 구도심도 고령층 비율이 14%가 넘어 초고령사회에 빠르게 다가서고 있다.

30년 넘게 지속된 저출산의 그늘은 사회 각 분야에 영향을 끼치고 있다. 교육계는 급격하게 줄어든 학생 수로 비상이다. 일부 지방에 국한된 이야기가 아니다. 학령인구의 5분의 1이 몰려 있는 서울 도심에 있는 한 초등학교를 보자.

**사진 4-1**은 80년대 학급 사진과 현재의 학급 사진을 보여주고 있다. 80년대에는 학생 수가 53명이다. 교실은 책걸상과 학생들로 빈틈없이 빽빽했다. 2016년 이 학교에 입학한 1학년 학생들은 한 반에 평균 19명이다. 불과 30여 년 전인데 교실 모습이 크게 바뀌었다. 1979년 5700명이던 전교생 숫자는 2016년 그 수가 9분의 1인 600명대 선으로 떨어졌다. 전체 교실의 절반이 남아 놀이방, 상

담실 등으로 활용하고 있는데 이제는 기본적인 관리·유지도 점점 어려워지고 있다. 서울은 사정이 가장 나은 곳이다. 올해 신입생이 열 명 미만인 초등학교는 전국에 약 1200여 곳 가까이나 된다. 전체 초등학교 다섯 곳 중 한 곳꼴이다. 중학교는 335곳, 즉 열 곳 중 한 곳이 신입생을 10명도 채 받지 못했다. 오는 2019학년도 대학입시부터 고교졸업자 수가 대학 정원보다 적어지기 시작해, 2023학년도에는 10만 명 이상 부족하게 될 전망이다.

만 15세부터 64세까지 생산가능인구는 2017년 처음으로 줄어든다. 그런데 이 중 가장 왕성한 경제활동을 하는 만 25세부터 49세까지 핵심근로인구는 이미 2010년부터 하락세로 전환됐다. 지난 2005년 37.7세이던 전체 산업종사자의 평균연령은 10년 만에 3.4세 늘어(2005년 37.7세 → 2015년 41.1세) 40대에 진입했다. 요즘 제조업 생산현장에서 20~30대 젊은 세대를 보기 어렵다. 은퇴를 앞두었거나 은퇴 후 재취업한 50~60대가 그 자리를 대신하고 있다. 이들이 은퇴하는 2020년대 후반부터는 노동력 부족 현상마저 우려된다.

SBS 미래한국리포트는 지난 2004년 첫 번째 연구 발표에서 저출산과 고령화 문제를 화두로 제시했다. 노인 일자리 문제를 해결해 젊은 세대의 부담을 낮추고, 저출산 문제를 하루 빨리 해결하지 않고서는 고령화 사회의 충격을 피할 수 없다고 지적했다. 12년 전 우울한 전망은 안타깝게도 현실이 됐다. 특히 출산율은 지난 15년 동안 줄곧 초저출산국의 기준선인 1.3명 아래에 머물고 있다. OECD 회원국 가운데 초저출산국가에 들어섰던 나라 15곳 중 1.3명 선을 아직까지 회복하지 못한 나라는 우리나라뿐이다. 오히려 결혼과 출산에 대한 젊은 세대의 인식은 과거보다 나빠졌다. SBS가 실시한 설문조사를 보면, '아이를 꼭 낳아야 한다고 생각하느냐'는 질문에 20대는 30%만이 '그렇다'라고 답했다. 같은 응답이 50대에서는 절반을 차지했다. 결혼이 필수라고 생각하는 20대 역시 네 명 중 한 명꼴에 불과했다. 또 20대 응답자의 80%가 '자녀는 부모에게 경제적 부담이 된다'라고 생각하고 있었다. 역시 열 명 중 여덟 명꼴로 '경제적으로 어려우면 자녀를 낳지 않는 것이 더 낫다'고 응답했다. 젊은 세대일수록 결혼과 자녀 출산을 축복이 아닌 부담으로 느끼고 있다는 것을 알 수 있다. 결국 젊은 세대의 마음을 돌려놓을 수 있는 환경이 마련되지 않고는 문제 해결이 쉽지 않다는 의미이다.

지금 우리는 롤러코스터 레일 꼭대기에 아슬아슬하게 걸쳐 있는 열차 속에 있는 것과 같다. 지금까지 계속 올라가기만 하다 보니 성장과 발전은 자연스럽고 당연한 일이었다. 하지만 열차는 눈 깜짝할 사이에 내리막길을 달린다. 레일의 경사가 가파를수록 내려오는 속도는 더 빠를 것이다. 인구오너스 시대의 충격은 피할 수 없는 일이지만 추락의 충격을 최소화할 수 있는 기회는 남아 있다. 베이비붐 세대의 은퇴가 시작되고 사회적 부양비가 급격하게 오르기 전인 앞으로 4~5년의 시간이 마지막 골든타임이다.

이제는 특히 경제적인 측면에서 저출산의 심각성을 자세히 살펴보자. 아마도 70~80년대 당시에는, 매우 높은 인구증가율로 인구가 감소하면 감소할수록 더 살기 좋은 사회가 오지 않을까 하는 생각을 가지고 있었을지도 모른다. 당시에는 우리나라 인구가 감소하면, 동일한 양의 생산물을 더 적은 국민이 나누어 갖는 살기 좋은 나라가 될 것이라는 생각이 있었던 것 같다. 어쩌면 오늘날의 우리나라처럼 유년기와 청년기의 경쟁이 치열하고 청년 실업이 심각한 상황에서, 인구감소는 경쟁을 완화하고 청년실업을 해소하지 않겠느냐는 생각이 들 수도 있다. 정말 그럴까? 인구밀도가 세계 최고 수준인 대만도 심각한 저출산을 10여 년간 겪고 있다. 대만의 현재 모습을 보자.

29세 리아웨이이 씨는 대만 신베이 시 외곽의 한 공장에서 3년 넘게 일하고 있다. 대학 졸업 뒤 아르바이트를 전전하다 겨우 구한 직장인데, 월급은 한국 돈 100만 원에 불과하다. 리아웨이이 씨는 한 달에 1000~2000대만달러(한국 돈 4~8만 원)를 저축할 뿐이다. 25세 탕쩡팅 씨는 2015년 광고회사에 취직하며 집을 나와 회사 근처 '야광'에서 살고 있다. 야광은 방 외에는 화장실과 세탁실을 공동 이용하는 주거형태로 월세가 저렴하지만 탕 씨는 월급의 1/4을 방세로 부담한다. 이 때문에 대만 젊은이들은 결혼은 생각도 못하고 있고 사회생활을 할수록 혼자서 먹고사는 게 낫겠다는 생각이 확고해지고 있다. 대만 청년들은 스스로를 22K 세대라고 부른다. 월 평균 2만 2천 대만달러, 한국 돈 80만 원밖에 못 받는 자신들을 자조하는 말이다. 저임금에 높은 주거비로 이중고를 겪고 있는데 청년실업률은 12%대로 일자리도 구하기 쉽지 않다. 이렇다 보니 대만을 귀신의 섬, 즉 귀도라고까지 부르며 탈출을 꿈꾸는 청년들이 크게 늘고 있다. 29세 차이성요우 씨는 지난 5년간 직장 5곳을 옮겨 다녔지만, 저임금 일자리를 벗어나지 못하자 아예 대만을 떠나기로 마음먹었다. 해외 가서 일하면 그래도 4만 대만달러(150만 원) 정도는 받을 수 있지만 대만은 일자리를 찾아도 2만~3만 대만달러(75만~110만 원)에 그치기 때문이다. 물론 결혼은 꿈도 못 꾸고 있다. 대만 출산율은 2010년 0.9명까지 떨어지는 등 십여 년째 세계 최하위이다. 청년들의 낮은 초봉과 양육비의 지속적인 증가라는 문제들이 출산계획에 불리하게 작용하고 있다. 이 때문에 최근 5년 동안에만 초, 중학교 70곳이 학생 수 감소로 아예 문을 닫거나 인근 학교와 병합했고, 최고 명문대학들마저 입학 정원을 채우지 못해 존폐를 걱정하는 실정이다. 초저출산으로 일자리와 투자가 줄면서 우리나라를 앞질렀던 1인당 GDP도 이제는 5천 달러나 적어졌다. 더구나 2022년 인구 증가율이 '제로'가 되고 60세 이상 고령자 비중이 2050년에는 절반에 육박할 것으로 보여 미래 전망도 불투명하다.

그렇다면 대한민국은 과연 어떤지 보자. 베이비붐 세대를 부모로 둔 지금의 젊은이들은 베이비붐 세대의 메아리라는 의미에서 에코 세대로 불린다. 해외에서는 세기말 무렵에 태어났다고 해서 밀레니얼 세대라고도 한다. 밀레니얼 세대에 대해 외국의 한 보고서에서는 "가장 풍요로운 성장기를 보냈지만 처음으로 부모세대만큼 살지 못할 가능성이 높은 세대"라고 표현했다. 1955년에서 1963년 사이 출생한 우리나라의 베이비붐 세대는 인구보너스를 대표하는 세대이다. 평균 4~5명의 형제를 지닌 베이비붐 세대가 성인이 되기까지 한국의 1인당 소득은 2500달러에 못 미치는 수준이었다. 그에 비해 1979년에서 1985년 사이에 태어난 에코 세대는 인구보너스의 마지막 세대이다. 평균 1~2명의 형제를 가진 에코 세대의 유년기에 1인당 소득은 1만 달러를 넘었고 성인이 되었을 무렵에는 2만 달러를 넘었다. 하지만 유년기를 비교적 풍요롭게 자란 에코 세대는 성인기에 접어들며 어려움을 피할 수 없었다. 베이비붐 세대의 대학진학률은 30%

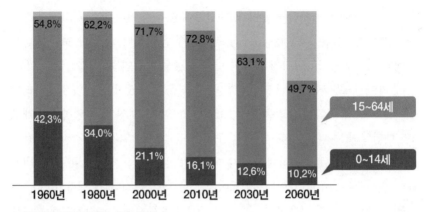

**그림 4-3** 생산가능인구 비율 변화
자료: 통계청.

수준이었는데 이들의 청년기 고용률은 53%에서 59%까지 상승했다. 반면 에코 세대는 대학진학률이 70%를 넘었지만 청년기 고용률은 53%에서 43%로 오히려 떨어졌다. 더 많은 교육과 훈련을 받았지만 능력을 발휘할 기회를 얻지 못하고 있는 것이다. 청년층의 고용사정은 질적 지표로 살펴보면 부모세대에 비해 더욱 격차가 크다. 청년 근로자의 임금수준은 2006년 전체 근로자 평균의 74%에서 2015년 71%로 낮아졌다. 전체 근로자의 비정규직 비율은 2010년 이후로 줄어든 반면, 청년 근로자의 비정규직 비율은 늘어나고 있다. 반면 젊은 세대가 짊어져야 할 부양의 부담은 앞으로 점점 커질 것으로 예상된다. 베이비붐 세대가 한창 일할 나이였던 1990년에서 2000년 사이에는 노인 한 명을 10명이 넘는 사람들이 함께 부양했다. 하지만 에코 세대가 한창 일할 나이인 2020년에서 2030년 사이에는 노인 한 명을 3명 내지 5명이 부양하게 된다. 베이비붐 세대에 비해 에코 세대의 부담은 2~3배 늘어나는 것이다.

**그림** 4-3은 1960년부터 2060년까지 인구 구성비율의 데이터와 예상치를 보여주는 도표이다. 아래 진한 부분이 0~14세까지의 비율인데 이 부분이 1960년대 40% 정도의 비중을 차지하다가 미래에는 10% 정도로 줄어든다. 가운데 회색 부분이 15세~64세, 인구학에서 말하는 생산가능인구 비율이다. 이 비율은 60년

대 54%에 있다가 계속 증가했다. 이와 같이 생산가능인구의 증가는 우리나라의 경제성장과 궤를 같이했다. 하지만 생산가능인구 비율은 2010년 72.8%를 정점으로 계속 줄어서 2060년이 되면 50% 미만이 된다. 따라서 한 명의 생산인력이 노인과 어린이를 부양하는 비율이 1대 1이 되면서 이른바 '목말사회'가 도래하게 된다. 다른 국가들과 비교하면 2015년에 그리고 2030년에도 고령화가 가장 심한 나라는 일본이다. 우리나라는 고령화의 정도가 2030년 10위에 올라서고 2050년이면 일본을 넘어서는 세계 1위의 초고령국가가 된다. 이러한 인구 오너스 시대에는 노동의 공급과 수요가 동시에 감소하면서 저인구의 덫으로 나타나게 된다. 즉, 출산율이 감소하면서 경제활동인구가 같이 감소하고 저축과 투자로 연결시켜주는 인구구조의 역동성이 떨어지게 된다. 그러면 노동 수요의 측면에서도 감소가 일어나기 때문에 결국 인구가 줄면 일자리는 더 줄어 청년 실업을 해소하는 것이 아니라 오히려 악화시키게 되는 것이다. 이런 점에서 이미 인구오너스 시대에 진입한 일본은 우리의 미래가 될 수도 있다.

일본 도쿄 도심인 스미다 구 주택가는 전통적인 주택 밀집지역이지만 골목 곳곳에 문이 굳게 닫히고 편지함마저 막힌 집들이 쉽게 눈에 띈다. 이렇게 버려진 집이 일본 전체로는 820만 채나 된다. 7채 가운데 하나가 빈 집이라는 얘기이다. 도쿄와 맞닿은 지바 현 모바라 시의 사정은 더 심각하다. 한때 젊은이들로 붐볐던 이곳은 기업이 잇따라 문을 닫으면서 유령도시로 변했다. 이미 1974년 출산율이 2.1명 이하로 떨어진 일본은 1996년부터 생산가능인구의 감소가 시작됐고, 총인구도 2008년을 정점으로 줄어들기 시작했다. 인구가 감소하면서 1996년 9억 1531만 권이던 서적 판매 부수는 2014년 6억 4461만 권으로 29.6%나 줄었다. 또 1994년 6만 421곳이던 주유소는 2014년 3만 3510곳으로 45%나 급감하는 등 내수가 침체됐고, 이는 대도시로의 인구 이동을 가속화했다. 이 때문에 2040년에는 기초단체의 절반이 사라질 것이라는 전망이 나오고 있다. 경제 불황은 양극화로 이어져 특히 경제활동을 시작하는 청년들에게 더 짙은 그림자를 남겼다. 일본의 청년단체 대표는 "일본 인구 6명 중 1명이 빈곤층이고, 40%가 비정규직으로 일하고 있다"며 "청년들이 비정규직으로 일하는 경우가 대부분"이라고 말한다. 게다가 버는 돈은 적은데, 저출산 고령화로 청년들의 부담은 되레 늘어만 가고 있다. 실제로 노인 1명을 부양하는 근로자 수는 2005년 3.3명에서 지난해에는 2.4명까지 감소했다. 사정이 이렇다 보니 30대 청년 10명 중 3명이 국민연금을 체납하는 현실 속에서 복지지출을 둘러싼 세대갈등 양상마저 나타나고 있다. 일본 청년들은 "앞으로 연금을 받을 수도 없는데 왜 지금 이렇게 열심히 내야 하는지 모르겠다"는 반응이다. 일본은 국가부채가 이미 GDP의 250%에 이르는 데다가 인구는 매년 0.5~1%씩 줄어들 것으로 예상돼 저성장에 이어 사회통합마저 흔들리고 있다.

결국 저출산은 저성장과 양극화를 가져오고 사회갈등을 심화시키고 있다. 대한민국도 지금과 같은 상태가 이어진다면 일본과 같은 경로를 따라갈 수밖에 없을 것이다. 하지만 출산율에 따라 미래는 달라질 수 있다. 출산율 1.2명과 2.1명에 따라 한국 사회가 어떻게 달라지는지 간단한 모형 시뮬레이션을 통해서 알아보자. 먼저 경제성장률이다. 출산율이 현재의 1.2명 정도로 유지된다고 가정해보면 경제성장률은 최근 2% 후반을 기록하고 있으며 2050년대에는 1.1% 정도까지 감소할 것으로 예상하고 있다. 그런데 만약에 출산율이 증가해 2.1명에 도달한다고 가정하면 2050년대의 성장률은 2% 중반으로 예상된다. 이러한 성장률은 출산율 1.2명 시대의 1.1%의 2배가 넘는다. 2015년의 실질 국민총소득이 약 1500조 원이니 성장률 1%p의 차이는 국민소득이 15조 원 정도 더 늘어난다는 것을 의미한다.

다음으로 노후 보장을 위한 국민연금이 저출산으로 어떤 경제적 문제가 있는지 알아보겠다. 국민연금 재정추계위원회의 장기전망은 출산율이 2015년의 1.23명 수준에서 2040년대에는 1.42명으로 늘어난다는 통계청의 가정에 기반하고 있다. 이 경우 국민연금의 재정지속성을 달성하기 위한 필요보험료율은 15.2%이다. 그런데 저출산이 심화되어 출산율이 1.01명 수준으로 저하되는 경우에는 필요보험료율이 16.2%로 1%p 증가하게 된다. 반면 2.1명의 출산율이 2040년에 달성된다면, 필요보험료율은 13.4%면 된다. 이 두 가지 시뮬레이션의 차이는 매년 약 42조 원 정도 적게 보험료를 납입한다는 계산으로 이어진다.

끝으로 저출산에 따른 주택 수요의 변화를 보겠다. 우리나라 국민의 가계 자산에서 부동산이 차지하는 비중이 80%가 넘는다. 따라서 인구구조 변화가 부동산 시장에 미치는 영향도 매우 클 것으로 생각된다. 지금의 출산율이라면 주택 주수요 연령층인 35~54세 인구는 2011년 1657만 명을 정점으로 감소해 2050년에 940만 명으로 줄어든다. 한국건설산업연구원에 의하면 2000년 50만 가구에 달했던 주택수요는 2010년 43만 가구로 감소하고 2030년에는 30만 가구로 급락할 것으로 보인다. 하지만 출산율이 2.1명으로 회복된다면 2060년의 주택 수요는 지금 예상되는 비관적인 상황에 비해 20% 정도 더 증가할 것이다. 이와 같이 저출산이 이대로 진행된다면 국가 재정은 불안정해지고 개인의 사회보험 부담은 급격하게 늘어날 수밖에 없다. 그 결과는 노후조차 안심할 수 없는, 청년 1명이 노인 1명을 목말을 태우는 '목말사회'가 될 것이다.

지난 2004년 제1차 미래한국리포트는 '고령화 저출산 문제'가 사회적 이슈로 부각되기 이전에 이를 앞서 제시했다. "고령화 충격, 활로는 없는가"라는 제목으로 이뤄진 첫 번째 미래한국리포트에서 SBS는 한국 고령화의 실상을 적나라하게 드러내면서, 연금 시스템과 의료 제도를 개혁하고 고령화 산업과 관련 금융산업을 키울 것을 제언했다. 당시 발표를 보면 2000년에 고령화 사회에 진입한 한국은 이런 추세라면 2026년에는 국민 5명 중 1명은 65세가 넘는 초고령 사회로 들어서게 된다. 프랑스에서 150여 년, 미국에서 90여 년이 걸린 일이 불과 26년 만에 일어날 정도로 한국의 고령화는 '세계 최고속'이다. 출산율 역시 세계 최저수준으로 2050년이면 25~54세의 인구가 지금의 절반으로, 100년 뒤에는 전체 인구가 지금의 3분의 1로 줄어들어 자칫 '텅 빈 한반도'가 될 것이란 예측도 있다. 더구나 중진국으로서는 사실상 처음으로 이 같은 저출산 고령화에 직면해 충격의 정도를 가늠조차 하기 어려운 실정이다. 이 때문에 합의가 필요한 부문으로 연금제도, 노인의료 시설, 출산율 제고를 위한 사회인프라 구축 및 노인 일자리 확충을 위한 국민의식 전환, 노령사회를 대비한 생산성 확충 및 신산업 개발 노력 등을 꼽았다. 다음은 2004년 미래한국리포트에서 제시된, 2026년의 고령화 사회로부터 보내 온 가상의 편지이다.

## 미래에서 온 편지

안녕하세요. 저는 고영화라고 합니다. 제 편지 받고 많이 놀라셨죠? 지금 여기는 2026년 9월 15일. 미래한국리포트를 발표하는 그쪽보다 정확히 22년 뒤니까요. 굉장히 먼 미래 같겠지만 살아보니 금방이더군요. 제가 오늘 이렇게 깜짝 편지를 드리는 이유는 거기 계신 분들께 꼭 전해드리고 싶은 얘기가 있기 때문입니다.

제 나이는 마흔여섯. 꽤 괜찮은 대학을 나왔지만 1년이 넘게 취업의 문을 두드리다가 24세가 끝나가던 2004년 말 어렵게 취직을 했지요. 그래도 저는 참 운이 좋은 편이었어요. 일자리를 구하지 못해 시집을 갔거나 지금도 백수 노처녀로 지내는 친구들이 많거든요. 저는 정말로 열심히 일을 했답니다. 무엇보다 50세의 나이로 직장을 잃으신 뒤 번듯한 일을 찾지 못하고 계신 아빠께 힘이 되고 싶었거든요. 28세 되던 2008년 직장동료와 결혼을 했지요. 아이 문제는 역시 쉽지 않더군요. 직장생활 때문이죠. 결국 미루고 미루다 31세 때 아들을 낳았습니다. 둘째는 엄두도 내지 말자고 이름도 '하나'로 지었답니다. 어떻든 빠듯해도 남편과 저는 열심히 살면서 집도 마련했어요. 물론 지금도 30년짜리 모기지론을 갚고 있지만 말입니다. 이만하면 운이 좋은 셈이지요? 그런데 꼭 그렇지만은 않은 것 같네요. 어제 친정 식구들과 모처럼 저녁식사를 했어요. 아빠의 73번째 생신이었거든요. 할아버지는 5년 전에 돌아가시고 아흔이 넘은 할머니는 치매를 앓고 계시고, 제 동생은 미국으로 시집갔고 남편은 해외 근무니 아빠 엄마 그리고 저 이렇게 셋이서요. 지금도 놀랍도록 정정한 아빠는 식사 도중 침울한 표정으로 "영화야 내가 정말 이렇게 20년 넘게 놀 줄은 몰랐다. 미안하구나" 하시더군요. 제 마음도 많이 아팠어요. 조금이라도 더 보태드리고 싶지만 시댁도 돌봐야 하고 저 자신이 허리가 휠 정도거든요. 저녁값 계산하며 돈 생각에 절로 한숨이 나오더군요. 저 불효녀죠?

여기 생활, 정말 장난 아닙니다. 세금, 국민연금, 의료보험으로 제 월급의 40% 이상이 손끝 하나 거치지 않고 빠져나갑니다. 게다가 교육비. 인구가 갈수록 줄어드는 바람에 대학도 여기저기 많이 문을 닫았지만 여전히 좋은 대학에는 들어가기도 힘들고 돈도 많이 듭니다. 우리 아들 하나는 중국 회사에 아르바이트를 다니는데 과외 한 번 제대로 시키지 못하는 처지랍니다. 창밖을 보니 아침부터 또 데모군요. 군인, 교사, 공무원들이 함께 거리로 나와 연금투쟁을 벌이는 겁니다. 국민연금도 20년쯤 뒤면 위험하다는데 제 미래는 정말 괜찮을까요?

아이들은 줄고 노인들은 계속 늘어나는 지금 한 사람이 벌어 한 사람을 부양하는 시대라는데 체감은 더 심해요. 가정이 아예 없는 경우도 많고요. 경제는… 얘기할 기분이 들질 않네요. 다만 열심히 일해도 점점 불안하고 가난해진다고 하소연하는 사람들이 많다는 것만 전해드릴게요.

갑자기 동생 생각이 나서 조금 전 미국으로 전화를 걸었답니다. 목소리를 듣자 저도 모르게 울음이 터져 나오며 이렇게 물었어요. "나 정말 뭐 잘못한 거니?" 여러분, 고령화라는 게 이렇게 무서운 건지 몰랐어요. 제발 싸우지 말고 지금부터라도 힘을 모아 미래를 준비해주세요. 그랬다면 이런 편지는 받지 않았겠지요. 자, 힘내세요. 2004년 9월 15일. 대한민국 파이팅입니다. 그럼 안녕히 계세요.

13년 전에 22년 후를 예상해 쓴 편지인데, 당시 우려했던 바가 10여 년이 흘러도 해소되지 않고 있다. 자세히 살펴보면 잠재성장률 하락의 큰 원인 중 하나는 생산인구의 절대적 감소이다. 우리나라의 실질적 생산인구인 25세에서 54세 인구는 2008년을 정점으로 급격히 감소하여 2050년에는 2003년 대비 40%나 감소할 것으로 예상된다. 이는 우리 경제의 양적인 성장 기반이 급격히 위축되며 동시에 생산인구가 전반적으로 고령화된다는 뜻이다.

빠르게 늘어나는 노인 관련 복지비용과 재정부담도 우리 경제의 발목을 잡을 것이다. 일본의 경우를 볼 때, 65세 이상 고령인구의 비율이 늘어나면서 노인 복지비용이 GDP의 6%에 육박하는 모습을 볼 수 있다. 한국은 여기에 연금, 의료보험재정의 확충, 출산율 증가를 위한 보조금 지급 등도 고려해야 하므로 고령화는 경제성장을 위한 정부의 투자 및 지출 여력을 크게 감소시킬 것이다. 이뿐만 아니라 고령인구의 증가로 인해 사회 전반적으로 혁신 성향과 기업가정신이 쇠퇴할 우려가 있다. 혁신적 창업의 주체가 되는 20~30대 젊은 층의 절대 수가 감소하기 때문이다. 또한 고령인구들은 리스크를 감수하고 높은 수익률을 올리려 하기보다는 지금까지 축적한 자산을 안정적으로 운용하려는 욕구가 강

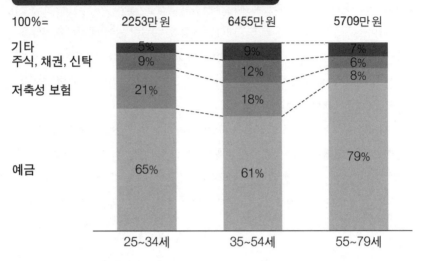

**자산 운용 보수화로 직접금융시장 위축**

| 100%= | 2253만 원 | 6455만 원 | 5709만 원 |
|---|---|---|---|

| | 25~34세 | 35~54세 | 55~79세 |
|---|---|---|---|
| 기타 | 5% | 9% | 7% |
| 주식, 채권, 신탁 | 9% | 12% | 6% |
| | | | 8% |
| 저축성 보험 | 21% | 18% | |
| 예금 | 65% | 61% | 79% |

그림 4-4 개인의 금융자산 분배 비율(1999~2002년)

해서 20~40대보다 예금과 같은 안전한 자산을 더 선호한다. **그림 4-4**에서 보듯이 이러한 경향은 가뜩이나 취약한 우리나라 직접금융시장에 또 다른 장애요인이 될 것이다.

아울러 많은 사람들이 여성이 직업을 가지기 시작하면서 출산율이 떨어졌다고 이야기들을 한다. 과연 그럴까? 한국은 그럴지 몰라도 스웨덴이나 프랑스 등 다른 선진국은 그렇지 않다. OECD 국가를 실증적으로 분석해보면(**그림 4-5**) 여성의 경제활동 참가율이 높을수록 오히려 출산율이 높고, 여성의 경제활동 참가율이 낮을수록 오히려 출산율이 낮은 것이 추세이다. 여성의 경제활동 참가율과 출산율은 서로 상충되는 것이 아니라 상호 보완적인 관계에 있다는 뜻이다. 그 이유는 이들 국가가 여성이 일과 육아를 병행할 수 있도록 하는 지원도 하나의 사회간접자본으로 생각하여 투자하기 때문이다.

따라서 일자리를 제공하는 기업의 뒷받침이 있어야 한다. 직장과 가정이 조화, 병행되도록 탄력적 근무시간제를 도입하고, 출산과 육아, 가족 상담역까지

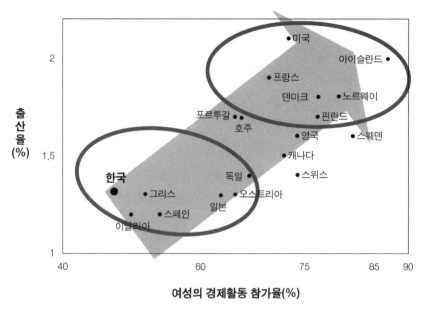

그림 4-5 출산율과 여성 경제활동 참가율(2001년)

가족친화 경영을 도입해야 한다.

정부도 가족친화경영방식을 독려해야 한다. 선진국들은 이미 가족친화 기업에 여러 가지 인센티브를 주고 있다. 일본은 지난 2004년 가족친화 기업의 제품에 인증마크를 부여하고 있다. 호주와 싱가포르도 가족친화 기업을 육성 지원하고 있다.

급격한 인구 변동은 경제성장 지체와 노동력 부족, 재정 위기, 지방 소멸 등 사회 전반에 엄청난 영향을 미친다. 우리가 제대로 대응하지 못한다면 국가경쟁력, 삶의 질, 사회적 활력이 모두 추락하는 유례없는 위기에 직면할 것이다. 하지만 인구변동에 대처할 골든타임이 많이 남아 있지 않다. 충격이 아직 본격화되지 않은 시기에 출산율 제고에 총력을 다하고 인구 감소로 예상되는 사회-경제적 변화에 대비해 새로운 도약의 발판을 만들어야 할 것이다.

제9장

# '고용 친화'냐, '고령 친화'냐?

우리는 어떤 복지를 해야 할까? 우리나라의 복지는 복지수준이 경제규모에 비해 낮은 저부담 저복지 구조인데, 2008년 금융위기 이후 복지 수요가 거의 폭발에 가깝도록 증가하고 있다. 이런 상황에서 저출산과 고령화가 동시에 그것도 세계적으로 유례없는 초고속으로 진행이 되고 있고, 독거노인이라든지 한부모 가정이 늘어나면서 돌봄의 기능을 가족에게만 맡겨둘 수 없는 실정이다. 이런 상황을 복잡하게 만드는 현실적 제약들도 한두 가지가 아니다. 트리클다운 효과가 약해지면서 성장을 해도 양극화가 해소되지 못하고 있고, 일자리 양극화로 아무리 일해도 빈곤을 벗어날 수 없는 근로빈곤층을 양산하고 있다. 복지를 확대하기는 해야 하는데 얼마나 확대할지, 또 재원은 어떻게 확보할지 사회적 합의를 전혀 이루지 못하고 있다. 또 복지가 대부분 민간에 의존하고 있어 공공성 확보가 쉽지 않다. 더구나 우리가 따라할 만한 모델이 없다는 것도 상황을 더 어렵게 만드는 요인이다. 그동안 우리가 열심히 따라했던 미국과 일본이 복지에서는 성공모델이라고 할 수 없고, 스웨덴 같은 이른바 복지선진국들은 거시적 환경이 우리와 너무 달라서 따라할 수 없다는 것이 딜레마이다. 그렇다면 이런 제반의 상황과 제약을 감안할 때, 이런 질문이 나올 수 있을 것 같다. 우리보다 앞서서 복지확대 과정을 거쳤지만 재정위기에 빠져버린 남유럽 국가들의 사례가 우리에게 주는 교훈은 무엇인가. 벤치마킹 모델이 없다면 우리가 지향해야 할 한국형 '복지국가'의 주된 가치는 무엇인가. 또 권리와 부담에 대한 국민적 합의 도출을 포함해서 한국형 복지국가의 로드맵은 어떻게 짜야 하는가.

우선 성장의 발목을 잡는 복지가 아니라 성장과 선순환하는 복지가 필요하다. 복지와 성장이 선순환하려면 고용이 매개가 되어야 한다. 즉, 고용친화적인 복지를 해야 하는데, 이를 위해서는 보육지원도 맞벌이 가정을 우대해 고학력 여성의 사회진출을 확대할 필요가 있고 취약한 고용서비스를 보완해 재취업을 촉진해야 한다. 복지라는 것은 현금으로 제공할 수도 있고 현물이나 서비스로 제공할 수도 있다. 현금복지는 사회보험이나 공공부조, 각종 수당 같은 것인데, 근로동기를 해치는 이런 현금복지보다 일자리를 만들 수 있는 복지서비스 쪽을 강화할 필요가 있다. 성장을 위해서는 생산력을 높여야 하고 구조조정이 불가피하다. 그런데 우리는 외환위기 당시 사회안전망이 없이 구조조정을 했기 때문에 엄청난 고통을 겪었다. 노동시장의 유연성을 확보하려면 충격을 최소화하기 위해 현재 구멍이 숭숭 나 있는 사회안전망부터 좀 더 촘촘하게 만들어줄 필요가 있다.

'어떤 복지를 할 것인가'에서 빼놓을 수 없는 것이 저출산 고령화에 대한 대비인데, 앞서 언급했듯이 2017년부터 생산가능인구가 줄어들기 시작하고 노인인구가 2018년에 14%에서 2026년에는 20%가 된다. 이런 초고속 고령화에 대비를 해야 한다. 지속 가능한 복지를 위해서는 장기적 인구정책으로 세금을 낼 생산인구 확보는 기본이고, 국민연금과 의료시스템을 미리미리 개혁해서 연금지출의 폭증을 막고 의료소비를 억제해줄 필요가 있다. 지속 가능한 한국형 복지국가를 만드는 데 또 하나의 도전은 권리와 부담에 관한 사회적 합의를 어떻게 끌어낼 것이냐는 부분이다. 우리는 그동안 외환위기 당시 벼랑 끝에 몰려 구조조정을 위한 노사정 합의를 이룬 것 외에는 사회적 합의를 이룬 사례가 거의 없다. 복지에서는 그 사회적 합의가 더 어렵다. 일단 복지를 얼마나 늘릴지 합의하는 것이 왜 어려운가 하면 내가 낸 세금이 내 복지혜택으로 돌아온다는 보장이 없기 때문이다. 또 세금을 누가 얼마나 더 낼지를 합의하는 것은 더 어렵다. 조세불신이 깊기 때문이다. 그래서 사회적 합의를 도출하기 위해서는 선결과제가 있다. 누수가 심한 복지전달체계를 개혁해 내가 세금을 더 내면 자신에게 복지혜택으로 돌아올 것이라는 믿음을 주고 '세출 구조조정'과 '지하경제 양성화', '세제개혁'을 통해 조세저항을 낮춰야 한다. 이를 정리하면, 지속 가능한 한국형 복지국가는 두 가지 방향성을 가져야 한다고 할 수 있다. 첫째, 성장과 양립해야 하고, 둘째, 사회적 합의로 통합을 이끄는 복지여야 한다. 성장과 양립하는 복지는 앞서 말한 대로 세 가지로 나눠볼 수 있다. 성장에 기여하는 복지, 시장 탈락자들을 위한 안전망 복지, 그리고 앞으로 가장 큰 위기가 될 저출산 고령화에 대비하는 복지이다. 다른 하나 '통합을 이끄는 복지'는 권리와 부담에 대한 합의가 필요하고, 이를 위해서는 복지시스템의 개혁과 세입 세출에 대한 개혁이 필요하다.

## 남유럽 위기의 원인[1]

2012년 18대 대선을 앞두고 SBS와 서울대 사회발전연구소는 당시 이슈였던 성장과 복지문제에 대한 연구를 실시했다. 당시 남유럽 금융위기의 원인으로 과잉 복지를 지적하면서 보편적 복지와 선별적 복지에 대한 논란이 뜨거웠다. 이에 따라 한국을 비롯한 다섯 개 나라를 비교연구하기로 결정했다. 한국과 비슷한 사회의 질을 가지고 있으면서 경제위기를 겪고 있는 나라들로 그리스와 이탈리아, 한국과 사뭇 다른 사회의 질을 가지고 있으면서 경제위기로부터 가장 안전한 사례로 독일, 그리고 한국과 비슷한 사회의 질을 가지고 있되 경제위

---

1 이 절은 제10차 미래한국리포트에서 "무엇이 국가 운명을 결정하는가"를 주제로 장덕진 서울대 교수가 발표한 내용을 재정리한 것이다.

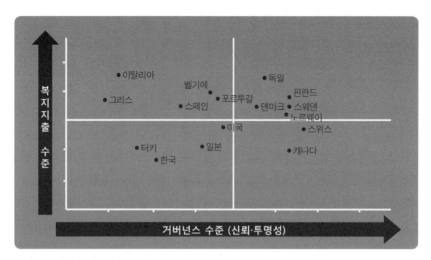

**그림 4-6 다차원 척도분석(MDS)**
주: OECD 24개국 대상. 정부지출, 신뢰도, 재정건전성 등 13개 경제적·사회적 지표.

기를 겪지 않고 있는 사례로 터키를 택했다. 연구를 위해 OECD 국가 전체를 대상으로 하여 모든 경제지표 및 사회지표를 수집하여 분석하고, 지난 2012년 5월 5개국에서 동시에 국민의식조사를 실시했으며, 그해 7월에 한국을 제외한 나머지 4개국을 방문하여 50명의 전문가를 심층 인터뷰하는 방대한 연구를 진행했다. 연구를 통해서 복지 프레임을 벗어나 남유럽 위기에 대한 새로운 접근을 제시했다. 연구 결과는 우리에게 경종을 울리는 것이었다. 유럽의 경우 우리와 비슷한 사회의 질 유형을 보이는 나라들은 그리스, 이탈리아, 스페인, 포르투갈 등인데, 이들이 예외 없이 유로존 경제위기의 한복판에 서 있거나 다음 희생양으로 지목되고 있음을 발견한 것이다.

　　**그림 4-6**은 국가들 사이의 일종의 거리를 보여주는 지도인 다차원 척도분석 MDS2 결과이다. 13개의 지표들이 동시에 작용한 결과 비슷한 특성을 가진 나라

---

**2** 이 분석은 13개의 경제지표 및 사회지표(정부지출, 자영업 비중, 신뢰도, 재정건전성, 합의민주주의 전통, 여성 노동참가율, 실업률, 지하경제 비중 등)들을 동시에 투입하여 각 국가들의 상대적 위치

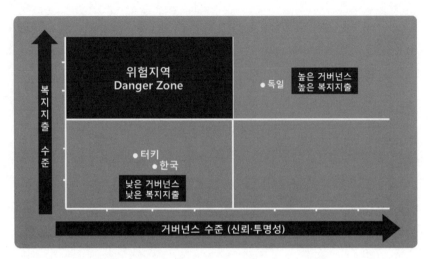

**그림 4-7** 거버넌스와 복지지출 관계 비교
주: OECD 24개국 대상. 정부지출, 신뢰도, 재정건전성 등 13개 경제적·사회적 지표.

들이 가깝게 위치하고, 서로 다른 특성을 가진 나라들이 멀리 놓이게 된다. 우리의 분석대상이 된 그리스와 이탈리아를 비롯하여 당시 경제위기에 가장 취약한 국가들이라고 알려진 소위 PIGS국가[3]들이 모두 왼쪽 윗부분에 위치하고 있다는 사실을 알 수 있다. 이러한 체계적 결과는 위기를 가져오는 경제적이고 사회적인 근본 요인들이 존재한다는 점을 강력하게 암시하고 있다. 한국은 다행히도 위기지역에 속하지 않고 좌측 하단에 터키와 함께 자리 잡고 있다. 그런가 하면 위기와 무관한 또 하나의 사례인 독일은 우측 상단 쪽으로 위기지역을 벗어나고 있다.

가로축과 세로축의 의미를 해석해보면 13개의 지표들 중에서 세로축은 공적 사회지출, 보다 익숙한 용어로는 복지지출에 의해 주로 결정되는 것으로 나타

---

를 파악하는 분석이다.
3 포르투갈, 이탈리아, 그리스, 스페인.

난다. 세로축에서 위로 갈수록 GDP 대비 복지지출 수준이 높은 나라들이다. 가로축은 거버넌스의 수준이다. 여기에는 사회 전반적인 신뢰수준과 투명성이 포함되고, 이것은 결국 정치의 영역이다. 가로축에서 오른쪽으로 갈수록 거버넌스의 수준이 높은 나라들이다. **그림 4-7**에서 보듯이 결과적으로 한국과 터키는 거버넌스의 수준은 낮은 편이지만 복지지출을 거의 하지 않았기 때문에 위기를 피할 수 있었던 것이고, 독일은 그리스보다 복지지출 수준이 높은데도 불구하고 거버넌스의 수준이 높은 편이어서 위기를 피할 수 있었던 것이다. 복지지출 그 자체는 문제가 아니라고 할 수 있다. 중요한 것은 늘어난 복지지출을 관리할 수 있는 수준 높은 거버넌스를 가지고 있느냐이다.

따라서 한국의 경우에는 엄밀히 말하면 위기를 피했다기보다는 위기를 경험할 기회 자체가 없었다고 보아야 한다. 복지지출 자체를 거의 하지 않았기 때문에 거버넌스의 수준이 낮아도 버텨올 수 있었던 것이다. 결론적으로 이 연구를 통해서 남유럽 위기의 근본적인 원인은 복지지출의 문제가 아니라 거버넌스 수준에 있었다는 것이 드러났다. 이어 연구진은 한국이 복지지출을 확대할 경우 어떤 경로로 이동할지 연구했다. 다른 OECD 국가들에 비해 한국의 복지지출 수준은 너무 낮아서 복지지출 확대가 불가피하기 때문이다. 이를 위해서 그리스와 독일에 위기와 성장을 가져온 거버넌스가 왜 차이가 생겨났는지 그 근원을 심층 분석했다.

**그림 4-8**을 보면 한국이 현재 위치에서 이동하는 데에는 세 가지 경로가 있다. 첫 번째 경로는 복지지출 증가를 최소화하면서 거버넌스의 수준을 높이는 데 주력함으로써 그림의 오른쪽으로 이동하는 것이다. 복지를 늘리기보다는 법치와 시장경제질서 확립에 주력하는 북미식 모델이다. 두 번째 경로는 복지지출 증가와 거버넌스 개선을 동시에 이룩함으로써 그림의 우상단으로 이동하는 것이다. 유럽 복지국가들이 여기에 해당한다. 세 번째 경로는 거버넌스의 개선 없이 복지지출만 늘리는 것이다. 주의해야 할 것은 이 세 번째 경로를 따라갈 경우 곧바로 위기지역으로 진입하게 된다는 것이다. 복지지출 증가가 불가피하고 또한 필요한 것임을 전제로 한 상태에서 어떻게 하면 위기지역을 피해갈 수 있

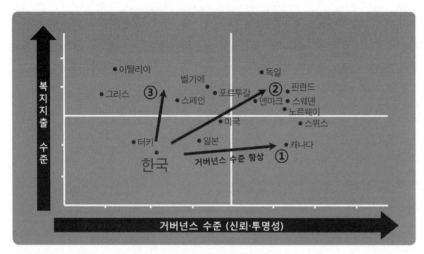

그림 4-8 한국의 복지지출 수준 및 거버넌스 수준 이동 경로

을 것인지, 즉 그림의 위쪽으로만 이동하는 것이 아니라 오른쪽으로 함께 이동할 수 있을 것인지를 고민해야 한다. 그렇다면 복지지출 수준이 높으면서 위기에 빠진 나라와 그렇지 않은 나라는 구체적으로 무엇이 달랐을까? 가장 극단적인 대비를 보여주는 그리스와 독일의 사례를 살펴보자.

그림 4-9는 1980년 이후 현재까지 그리스의 경상수지 적자와 정부부채 규모의 변화이다. 그리스는 1980년 이후 거의 해마다 경상수지 적자를 기록해왔고, 그 결과 엄청난 정부부채가 누적되어 있다. 그런데 그리스 경상수지 적자가 늘어나는 데에는 정치적인 패턴이 있다. 그림에서 보는 것처럼 그리스의 양대 정당인 사회당과 신민당이 번갈아 집권하면서 경쟁적으로 부채를 늘려놓았다. 정치적 지지의 대가로 부패를 눈감아주고 혜택을 제공하는 정치적 후견주의의 결과이다. 그리스는 GDP에 대비할 때 많은 복지예산을 지출했지만, 그것이 정치적 후견주의라는 수준 낮은 거버넌스의 틀 안에서 집행되었기 때문에 비효율적이었을 뿐만 아니라 국민들로부터 좋은 평가를 받는 데도 실패했다. 거버넌스가 제대로 이루어지지 않는 상태에서 이루어진 복지지출이 어떤 결과를 낳았는지를 단적으로 보여주는 사례가 그리스 키오스 섬의 시각장애인수당 부당수령

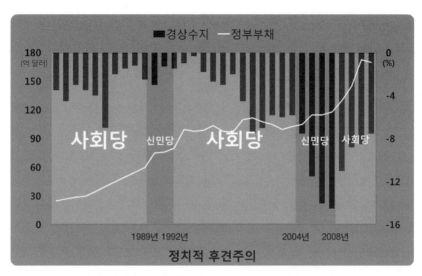

그림 4-9 그리스의 경상수지와 정부부채 변화
자료: IMF(2012).

사건이다. 키오스 섬의 우편배달부가 시각장애인에게 복지수당 수령 우편물을
전했더니 그 시각장애인이 봉투를 뜯어 복지수당금을 직접 눈으로 확인하더라
는 것이다. 가짜 시각장애인이었던 것이다. 이후 정부 조사 결과 인구 5만 명의
섬에 등록된 시각장애인 수는 약 450명이었지만 진짜 시각장애인은 160여 명
에 불과했다. 진짜보다 많은 가짜 부당연금 수령자 사례처럼 그리스의 연금재
정이 새어나가고 있었다.

반면 한때 '유럽의 병자'라고 불렸던 독일은 지난 10여 년간 하르츠 개혁이나
'어젠다 2010'과 같은 개혁의 노력을 경주해왔다. 이러한 체질 개선의 과정에서
갈등이 없을 수는 없다. 문제는 서로가 받아들일 수 있는 타협안을 제시함으로
써 그 갈등이 사회적으로 수용 가능하게 되느냐에 달려 있다. 노동시장 개혁을
보면 사회통합의 틀이 없다시피 한 한국에서 노동시장 구조조정은 곧 정리해고
만을 의미하고, 이것은 받아들여질 수 없는 타협안이 된다. 반면 독일의 노동시
장 구조조정은 '유연안정화'라고 불린다. 독일에서는 해고 대신 근로시간을 줄
이는 방식이 이용된다. 이때 근로자들은 고용보험의 지원을 받기 때문에 임금

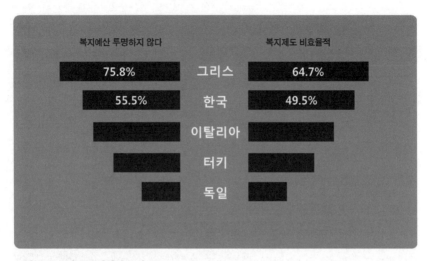

**그림 4-10** 5개국 국민의식 조사
주: 한국, 그리스, 이탈리아, 터키, 독일 국민 각 1천 명 대상.
자료: 한국갤럽(2012).

이 줄어드는 정도가 적다. 예컨대 근로시간이 절반으로 줄더라도 소득이 줄어
드는 것은 이보다 크게 적은 10~15% 수준이다. 그렇다면 독일은 어떻게 해서
이러한 합의가 가능했을까? 두 가지 비결이 있었다. 첫째는 경제운용의 기본원
리인 '사회적 시장경제'에 대한 사회적 합의가 오랫동안 유지되어왔다는 점이
다. 독일의 보수정당 기민당의 싱크탱크인 아데나워 재단의 마티아스 쉐퍼Mattias
Schäfer 박사의 설명에 따르면, 시장경제는 실패할 수 있기 때문에 안정성을 높여
보완해줄 필요가 있다는 것이다. 자본주의와 사회주의 개념을 보완해 만든 개
념이 사회적 시장경제이다. 두 번째 비결은 정치 영역에 있다. 정당명부식 선거
제도와 연방제는 지역 간 그리고 사회세력 간 대립을 완화하고 갈등을 제도적
으로 봉합하는 역할을 한다. 이러한 제도적 특징으로 인해 연방 차원의 현실 정
치에서 항상적으로 연합정부 구성을 필요로 하게 되고, 결과적으로 정책의 일
관성이 유지된다.

끝으로 **그림 4-10**을 보면 2012년 국제 조사에서 "복지예산 집행이 투명하지
않다"는 의견은 그리스에서 75.8%로 가장 높았고, 현행 "복지제도가 비효율적"

이라는 의견도 그리스에서 64.7%로 가장 높았다. 복지예산을 많이 지출하더라도 거버넌스의 수준이 낮으면 국민에게 전달되지 않는 것이다. 두 가지 응답에서 모두 그리스 다음으로 부정적인 응답이 많은 나라가 한국이라는 점에도 주목해야 할 것이다.


## 고용친화적 복지[4]

우리나라 경제수준은 다른 OECD 국가와 큰 차이가 없는데, 복지수준이 매우 낮다 보니 복지 논쟁이 뜨겁다. 하지만 복지 방향에 대해서는 좀처럼 합의가 이뤄지지 못하고 있다. 이제 어떤 복지를 할지 자세히 짚어보자.

우선 **그림 4-11**을 보면 세로축은 복지지출이 GDP에서 차지하는 비율이다. 복지지출이 많은 이탈리아, 독일, 스웨덴 등이 최상단에 위치해 있다. 한국은 맨 밑에 있다. 그런데 좌측 상단에 자리 잡고 있는 이탈리아, 그리스 등은 잘못 성장한 복지국가이다. 이들 나라의 공통점이 무엇인가? 좋은 복지국가로 인정받지도 못하면서 국가부채에 허덕이고 경제위기에 휘청대는 나라들이다. 그런데 우측 상단에 있는 스웨덴이나 덴마크는 경제위기의 안전지대이다. 이탈리아보다 더 많은 돈을 복지에 쓰면서도 경제와 재정 모두 안정되어 있다. 그렇다면 이들 국가의 차이는 무엇 때문일까? 그것은 복지총량이 아닌 복지프로그램의 '구성'에 있다. 가로축을 보면 스웨덴과 덴마크는 가족복지와 고용복지 지출이 많아 우측에 위치해 있다. 즉, 여성의 경제활동을 돕는 보육 같은 사회서비스, 그리고 근로자의 소득보장과 고용서비스 같은 재취업 지원에 많은 돈을 쓴다. 사회투자형 혹은 고용친화형 복지지출이 많은 것이다. 반면 이탈리아와 그리스는 연금과 의료 같은 전통적인 프로그램만 과잉 성장되어 있다. 한마디로 스웨

---

**4** 이 절은 제10차 미래한국리포트에서 "고용친화 복지"를 주제로 양재진 연세대 교수가 발표한 내용을 정리한 것이다.

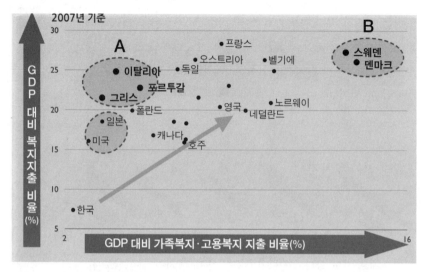

그림 4-11 가족복지·고용복지 지출 국제비교

덴은 고용을 매개로 복지와 성장의 선순환 구조를 이루고 있는 반면, 이탈리아
와 그리스는 이러한 선순환 고리가 매우 약하다. 고복지지출 국가는 아니지만,
최근 국가부채와 경쟁력 하락으로 어려움을 겪고 있는 미국과 일본도 그리스 쪽
에 자리 잡고 있는 것은 매우 시사적이다. 복지를 확대해야 할 대한민국이 가야
할 곳은 A가 아닌 B이다. 스웨덴까지는 못 가더라도 방향은 B쪽으로 잡아야 한
다. 그리스와 이탈리아는 지난 10여 년간 복지지출을 많이 늘렸다. 유럽의 강국
독일도 마찬가지이다. 그런데 그리스와 이탈리아는 그냥 수직상승한 것에 반해,
독일은 고용친화형 복지의 비중을 늘렸다. 1998년 집권한 슈뢰더$^{Gerhard\ Schröder}$
의 독일 사민당 정부는 노이 미테$^{Neue\ Mitte}$라는 제3의 길을 표방하며 대대적인 복
지개혁에 나섰다. 스웨덴처럼 고용친화적인 복지국가를 만들기 위해서였다.

따라서 우리도 고용친화형 복지로 가야 한다. 저출산의 여파로 급격한 노동
력 감소를 앞두고 있는 상황에서는 더욱 절실한 과제이다. 이를 위해서 먼저 여
성 고용을 늘려야 한다. 우리나라는 여성 고용률이 전반적으로 낮다. 그리고 결
혼과 육아기에 돌입하면 일을 포기하기에 고용률이 뚝 떨어지는 M커브 현상,

즉 경력단절이 발생한다. 아이 둘은 낳아 키울 수 있는 맞벌이 가정이 이제는 대한민국의 표준이 되어야 한다. 세계에서 가장 교육수준이 높은 한국 여성들이 마음껏 사회활동을 할 수 있어야 한다. 또 맞벌이는 중산층 진입도 수월하게 하며 배우자 실직 시 가장 확실한 가정 내 사회안전망이기도 하다. 다행히 일과 가정의 양립을 목적으로 공보육이 급속하게 확대되고 있다. 그런데 돌도 지나지 않은 갓난아이를 어린이집에 보내도록 0~2세 보육을 밀어붙이는 것은 재고해야 한다. 아기에게도 부모에게도 도움이 못 되기 때문이다. 적어도 출산 후 1년 동안은 부모가 집에서 직접 키울 수 있게 유급휴가로 해결해야 하고, 이후에는 보육으로 해야 한다. 스웨덴의 경우 부모보험이란 것이 있다. 여기서 갓난아이는 집에서 키우라고 소득비례형 육아휴직수당을 준다. 기존 월급의 80% 가까이 받을 수 있기에 돈 때문에 출산을 포기하지는 않는다. 또 육아휴직수당이 해당 고용주 호주머니가 아닌 부모보험기금에서 나오기에 기업이 여성고용을 기피하지도 않는다. 이 외에도 자녀간호수당 등 아이 키우는 데 드는 시간과 비용을 부모와 사회가 공동으로 나누어 지고 있다. 이렇게 되면 아이, 부모 그리고 고용주도 함께 윈-윈Win Win하는 행복한 시스템이 갖추어지게 된다. 0~2세 보육보다는 그 재원으로 고용보험의 육아휴직수당을 소득비례형으로 개편하는 것이 더 나을 것이다.

다음은 근로자들의 1차 사회안전망인 고용보험의 강화가 필요하다. 우리나라에서 해고는 살인이라고 말한다. 사회적 안전망이 탄탄하다면, 쌍용차 사태처럼 격렬하게 구조조정에 반대하고 자살로 생을 마감하지는 않을 것이다. 먼저 1400만 명에 달하는 고용보험의 사각지대를 대폭 축소해야 한다. 이제 세금으로 영세사업장에 대해 보험료 매칭 지원을 하는 만큼, 미납 사업장에 대한 처벌을 강화해야 한다. 더불어 민주노총과 한국노총이 고용보험 가입 운동을 대대적으로 벌였으면 한다. 그리고 중산층 근로자도 실직의 공포를 덜게 실업급여를 인상해야 한다. 그 대신에 직업훈련과 구직을 조건으로 하여 도덕적 해이를 막고, 고용서비스를 결부시켜 재취업시키도록 해야 한다. 독일은 일하는 사람과 그의 가정은 최대한 보호하면서도 누구나 일할 수 있게 강도 높은 복지개

혁을 단행했다. 노사정이 함께 '일자리, 직업교육, 그리고 경쟁력을 위한 동맹'
이라는 사회적 타협을 맺었다. 2005년에는 복지개혁을 지속시키기 위해 슈뢰
더의 사민당과 메르켈Angela Merkel의 기민당이 좌우 공동정부를 구성하기도 했다.
진영논리에 머물지 않고 독일의 미래를 위해 좌우가 손을 잡은 것이다. 우리에
게도 이런 정치 리더십이 필요하다.


## 세계의 인구전략[5]

앞서 보았듯이 초저출산율의 장기화로 고령화속도는 세계 최고 수준으로 전
망된다. 이에 따라 총인구에서 65세 노인인구 비중은 2030년에는 24.3%로 네
명 중 한 명이 65세 노인인 꼴이 된다. 저출산 고령화는 총인구의 감소, 경제성
장의 둔화, 복지부담 가중 등 사회경제적 파급이 크다. 따라서 2020년까지는 저
부양기간인 만큼 남은 기간에 출산율 제고를 위한 투자와 고령화위험에 대비를
철저히 해야 한다. 지속 가능한 성장, 그리고 성장과 복지 간 재정균형을 이루
려면 적정 인구가 필요하다는 점에서 적극적인 인구정책이 필요하다. 앞으로
생산인구의 부족을 해결하려면 풍부한 고학력 여성인력의 활용이 필수적이다.

이와 관련해 출산율을 높인 선진국은 형태는 다르나 여러 상황을 감안하여
인구전략을 추진해왔다. 프랑스는 저출산 극복을 위한 강력한 가족정책을 추진
했다. 프랑스 정부는 1970년대부터 현재에 이르기까지 저출산을 정책적으로
극복해갈 것임을 천명했다. 1983년 의회에서 인구추이에 관심을 표명한 이래
인구감소에 대한 공포에서 국가주의적 의식이 증가했으며, 이를 계기로 1986년
인구감소대처민족연맹Alliance Nationale contre Depopulation이 설립되어 출생아 증가를 위
한 정치적 지지를 유도했다. 인구 관련 범국가적 운동과 가족강화운동으로 가

---

**5** 이 절은 SBS 전문가회의에서 "미래 인구전략 어떻게"라는 주제로 이삼식 보건사회연구원 실장이 발
표한 내용을 재정리한 것이다.

족정책의 발달을 촉진했다. 출산과 자녀양육을 국가 차원의 문제로 인식하고 범정부적으로 지원하는 가족친화적 정책을 장기간 지속적으로 추진해왔으며, 재원의 압박하에서도 가족수당, 육아휴직, 보육서비스 등 모든 분야를 망라한 개혁 과정 속에서 시행착오를 반복하며 현재의 정책을 구축했다. 일-가정 양립 지원을 위해 건실한 공공보육 지원, 가족수당 및 육아휴직수당의 지원수준 향상, 탄력적 근무제 실시 등 여성의 경제활동참가율과 출산율을 동시에 제고할 수 있는 포괄적인 가족정책을 실시했다. 자녀양육가정 지원을 위해 세금을 감면하고 연금 크레디트 제도 등 간접적 혜택을 적용하며 각종 수당을 지급했다. 장기간 양성평등 문화가 지속되면서 남성(아버지)의 가사·육아 참여가 생활화되었으며, 가정생활뿐만 아니라 사회생활 전반, 특히 기업에서도 양성평등이 보편화되어 출산·가족친화적 사회문화 기반이 형성되었다. 다양한 형태의 가족에 대한 적극적 지원으로 이혼, 미혼모, 동거 등의 다양한 형태의 가족이 증가하고 있는 현실에 적극적이고 탄력적으로 대응했다. 동거부부, 미혼모 등 다양한 가족형태에 대한 사회적 관용성을 토대로 이들을 위한 각종 지원을 확대하고 있으며, 그 결과로서 가족형성 시기가 앞당겨지고 임신소모(인공유산)가 최소화되는 효과가 나타났다. GDP 대비 가족 관련 지출 비율은 2007년 기준 3.71%로 세계 최고 수준이며 출산율은 1993년 1.66명을 최저점으로 이후 증가세로 전환됐다(2011년 2.01명).

스웨덴은 양성평등에 기반하여 일-가정 양립을 지원했다. 노동시장에서 여성의 출산욕구를 최대한 수용했다. 부모보험은 육아휴직 사용 시 모든 근로자에 급여를 제공하기 위해 마련된 별도의 기금으로, 피고용자가 지불하는 일반적 기여금에 고용주 및 자영업자가 지불하는 사회적 분담금으로 구성된다. 육아휴직 후 근로자가 육아휴직을 청구하거나 사용한 것을 이유로 해고할 수 없으며, 육아휴직의 청구 또는 이용을 사유로 급여를 제한받거나 근로조건이 악화되는 등의 불리한 대우는 금지되어 있다. 휴직기간 동안 고용이 보장(육아휴직기간 중 근로자의 고용관계 유지)되며, 육아휴직 종료 후 휴직 전과 동일한 지위로 복귀하도록 되어 있다. 스피드 프리미엄Speed Premium은 1985년에 도입되었으며, 첫째 아이 육아휴직기간에 둘째 아이를 출산할 경우(30개월 이내에 추가출산 시) 첫째 아이 출산 전 소득 기준으로 휴직급여를 산정하여 지급한다. 파파쿼터 제(아버지 육아휴직 할당제)는 소득이 보장된 390일의 육아휴직기간 동안 적어도 60일은 아버지가 사용할 것을 2002년 법으로 명시했다. 2007년 기준 스웨덴 남성의 육아휴직제도 이용률은 20.8%이다. GDP 대비 가족 관련 지출 비율은 2007년 기준 3.35%로 높은 수준이며, 출산율은 1999년 1.50명을 최저점으로 이후 증가세로 전환됐다(2011년 1.98명).

독일은 이민 지향에서 출산율 제고로 2000년대에 정책을 전환했다. 제2차 세계대전 이후 노동력 부족에 대응해 이민정책을 실시했으며 1960년대에는 단기 외국인노동자가 유입됐다. 2000년대에는 터키계 동포 우대 등 이주민 통합에 노력했고 출산율 제고를 위해 가족법이 전면 개정됐다. 2001년 육아휴직을 부모시간Elternzeit으로 변경하여, 부부가 자녀가 3세가 될 때까지 분할 혹은 공동으로 사용할 수 있게 하고 취득방법도 유연화했다. 이어 2005년 「보육정비법」을 시행하여 맞벌이 부부, 한부모 가족, 훈련·교육 중인 부모 등 3세 미만 자녀를 우선적으로 배려하고 지자체의 보육시설 정비를 의무화하는 등 보육시설의 양적 확충뿐 아니라 보육서비스의 질적 제고를 지향했다. 가족친화적 지역 환경을 조성하기 위해 2004년에 가족을 위한 지역동맹제도를 도입하고, 2006년부터 '다세대 교류의 집'을 건설했다. GDP 대비 가족지출은 1990년 1.6%에서 2007년 2.71%로 증가했으며, 출산율은 1994년 1.24명(최저점)에서 2010년 1.39명으로 증가했다.

# 가족의 재발견[6]

우리는 왜 이렇게 아이를 낳지 않게 되었을까? 아이를 낳는다는 결정이 간단한 문제가 아닌 만큼 아이를 낳지 않는 원인 역시 가정마다, 개인마다 매우 복잡한 양상을 보일 것이다. 하지만 시기별로 자세히 들여다보면 저출산의 원인을 비교적 명확히 알 수 있고, 그 원인이 어느 특정 시기를 지나면서 크게 달라졌음을 알 수 있다.

**그림** 4-12처럼 우리나라의 합계출산율이 2.1명 이하로 떨어진 시기가 1983년이다. 물론 그전부터 출산율이 하락하기 시작했지만 이것이 문제로 인식된 것은 이 시점이다. 그리고 합계출산율이 1.5명 이하로 떨어진 것은 외환위기가 발생한 1997년이다. 97년 이전과 이후를 군이 구분하는 이유는 출산율 수치가 조금 더 떨어졌기 때문이 아니라 저출산의 원인이 근본적으로 바뀌었기 때문이다. 우리가 저출산 국가로 진입하는 1980년대의 저출산 원인은 간단했다. 결혼한 부부가 자녀 수를 줄였기 때문이었다. 하지만 출산율이 1.5명 이하로 떨어지는 시점부터는 그 원인이 달라졌다. 결혼해서 아이를 적게 낳는 것 때문이 아니라 결혼을 하지 않는 것이 출산율 하락의 더 큰 원인이 된 것이다. '왜 결혼을 하고도 아이를 낳지 않는 거야?' 이렇게 생각하는 사람들이 아직도 많은 것 같다. 정확히 말하면 그것은 사실과 다르다. 우리나라의 결혼한 부부들은 생각보다는 아이를 많이 낳고 있다. 거의 대부분의 연령대에서 결혼을 한 경우에는 출산율이 낮아지지 않았고, 오히려 조금씩 높아지는 경향을 보이고 있다. 서구와 달리 우리나라는 출생의 98%가 결혼이라는 틀 안에서 이루어지고 있다. 이를 바꾸어 말하면 가족이 형성되지 않는 한, 우리나라의 출산율이 지금보다 더 올라갈 여지는 거의 없다는 것이다. 문제는 잘 알다시피 많은 젊은이들이 결혼하기를 주저하고 있다는 것이다. 결혼을 최대한 뒤로 미루거나 아예 결혼 자체를

---

6 이 절은 제14차 미래한국리포트에서 "가족의 재발견"이라는 주제로 진미정 서울대 교수가 발표한 내용을 재정리한 것이다.

합계출산율(명)

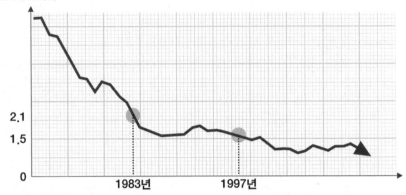

**그림 4-12 합계출산율 변화**
자료: 통계청.

포기하는 경우를 주변에서 쉽게 찾아볼 수 있다.

젊은이들이 왜 이렇게 가족을 꾸리는 것에 대해 부담감, 심지어 두려움을 느끼고 있는 것일까? 그 원인은 두 가지로 사회문화적인 원인과 경제적인 원인이 있다. 먼저, 사회문화적인 원인이다. 피터 맥도널드[Peter MacDonald]라는 학자가 출산율을 가지고 여러 국가를 비교하는 연구를 했다. 출산율이 1.5명 이상인 국가들과 그렇지 못한 국가들을 분류해 살펴본 결과(**그림 4-13**), 1.5명에 미치지 못하는 국가들에게서 몇 가지 공통적인 특성들을 발견했다.

이 국가들에서는 공통적으로 강한 가족 가치가 존재하고 전통적인 성별 분업 규범도 강하게 존속되고 있다. 그리고 출산과 양육을 대부분 가족의 책임으로 인식하고 있다. 특히 여성이 그 책임을 대부분 떠안아야 한다는 성별 분업의 규범이 매우 강하다. 가족에 대한 국가나 기업 차원의 지원이 빈약하기 때문에 출산과 양육, 교육의 부담이 가족, 특히 여성에게 고스란히 떠넘겨지는 구조이다. 이러니 젊은이들이 자연히 출산과 양육의 길로 들어서는 관문인 결혼 자체를 꺼리게 되는 것이고, 그래서 출산율이 낮아지게 된다는 것이다. 가부장적인 가족주의, 남녀의 역할이 뚜렷하게 구분된 이러한 특성은 우리 사회에 뿌리 깊

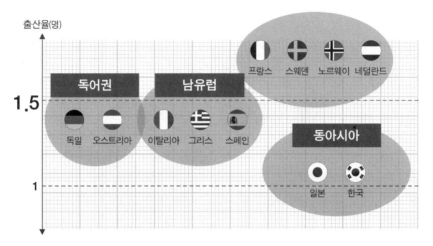

출산율(명)

독어권

남유럽

프랑스    스웨덴   노르웨이  네덜란드

1.5

독일   오스트리아    이탈리아   그리스   스페인

동아시아

일본    한국

1

그림 4-13 사회문화적 요인과 출산율

게 배어 있는 관습과 문화라고 할 수 있다. 관습과 문화이기 때문에 어쩔 수 없이 받아들여야 하는 것일까? 설령 바꿀 수 있더라도 우리 세대나 그다음 세대에서는 불가능할 만큼 긴 시간이 걸리는 일일까? 서유럽과 북유럽의 사례를 보면 그렇지도 않은 것 같다. 사실 제2차 세계대전 직후까지 유럽은 북유럽, 서유럽, 남유럽 모두 가족중심성이 강한 사회였다. 하지만 1960년대 이후 복지제도화의 과정에서 유럽 국가들의 성격이 크게 달라졌다. 북유럽과 서유럽 국가들은 전통적으로 가족이 책임져야 했던 출산과 양육, 교육 과정에 적극적으로 개입해 국가가 부담을 지기 시작했다. 일명 '탈가족화' 과정이라고 한다. 반면, 남유럽 국가들은 예전부터 해왔던 대로 국가가 가족에게 부담을 전가하는 방식의 복지제도를 발전시켰다. 이런 제도적인 차이가, 같은 유럽이지만 같은 그룹으로 묶기 어려울 정도로 다른 성격의 사회를 만들어낸 것이다. 북유럽과 서유럽 국가들은 맞벌이 가정이 경제활동을 하면서도 아이를 잘 낳고 키울 수 있도록 공보육, 육아휴직과 아동수당에 쓰는 복지지출에 많은 투자를 했다. 이와 동시에 실직한 근로자가 다시 노동시장에 복귀할 수 있도록 적극적인 고용서비스를 제공했다. 다시 말하면 제도를 통해 문화를 바꿔 '생활공공성'을 높이는 데 심혈

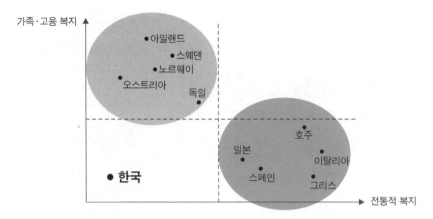

**그림 4-14** 복지 유형 국제비교
자료: OECD.

을 기울였다. 보통 공공성이라고 하면 국가, 사회적 차원에서의 정책의 공익성이나 민주성을 뜻한다. 반면 생활공공성은 가족, 학교, 직장처럼 더 작은 단위에서의 공공성이다. 한마디로 우리 일상생활에서의 공공성이라고 할 수 있다. 생활공공성은 세대와 성별에 관계없이 민주적이고 평등한 소통이 가능하고 개인의 선택을 존중하는 가치를 말한다. 생활공공성이 높은 사회는 남녀 간의 공평한 가사 분담이 이뤄져 양성평등이 가능하다. 직장에서도 상사 눈치나 경직된 조직문화 때문에 어쩔 수 없이 해야 하는 장시간 근로가 사라질 수 있다. 일-가정의 양립이 가능해진다는 이야기이고, 이는 곧 출산율의 제고로 이어질 수 있다.

**그림** 4-14를 보면 복지지출의 좌표에서 우리의 현재 위치는 좌하단이다. 절대적인 수치로 볼 때 가족을 위한 지출과 고령연금 지출이 모두 낮기 때문에 아직 어느 그룹에도 속하지 않은 상태이다. 그렇다면 우리는 어디로 가야 할까? 앞으로 복지지출 규모가 더 커지는 것이 기정사실인 상황에서 우리는 이제 방향을 잡아야 한다. 가족 형성과 유지에 드는 부담을 덜어주는 일명 '가족복지' 쪽으로 가지 않으면 우리는 남유럽과 같은 현실에 직면하게 될 것이다. 가족 형성을 통해 출산율을 높여야 하는 것이 절체절명의 과제인 상황이라면 우리의

방향은 명확하다. 바로 생활공공성을 확보하는 쪽으로 복지정책의 방향을 잡아야 한다. 이런 점에서 아일랜드의 사례는 우리에게 많은 점을 시사한다. 가부장적인 가족주의 성격이 매우 강하고, 남녀 간의 차별이 극심했던 아일랜드가 어떻게 이를 극복했는지 보자.

아일랜드 더블린의 초등학교 하교 시간에는 자녀를 마중하기 위해 유모차에 아기를 태우고 나온 학부모들을 쉽게 볼 수 있다. 학부모들에 따르면 한 집에 보통 아이가 2~3명이고, 이미 아이가 둘인 가정들도 아이를 더 낳으려고 한다. 이를 반영하듯이 아일랜드의 출산율은 1.95명이다. 유럽에서 프랑스 다음으로 2위이고, 18세 미만 인구가 전체의 4분의 1로 가장 젊은 나라에 속한다. 이렇게 출산율이 높은 데는 이유가 있다. IT 업체에 근무하는 제임스 씨의 경우 귀가 뒤 두 자녀의 학교 과제를 챙겨주고, 씻기고, 잠자리까지 챙기는 것이 그에게 할당된 가사 업무이다. 하루 24시간 중 자신만의 여가로 쓸 수 있는 시간이 남녀가 평등할수록 출산율이 높아지는 경향이 있는데 아일랜드가 바로 이런 사례이다. 가정 내 양성평등은 어느 날 갑자기 생겨난 것이 아니다. 전통적인 가부장적 사회를 바꾸기 위한 출발점은 고질적인 남녀 임금격차를 깨는 것부터였다. 임금격차가 줄면서 직장에서는 물론 가정에서도 대우가 달라지기 시작했다. 출산율을 지켜내기 위한 전략도 달랐다. 출산 수당 같은 돈 대신 양성평등의 개념으로 접근했다. 돈으로 출산율을 살 수 없다는 것이 최근 국제 연구 결과이다. 육아나 가사 같은 부담이 주로 여성에게 쏠려 있는 사회라면 지원금이 아무리 많다 하더라도 출산이나 결혼을 꺼리는 여성이 늘어날 수밖에 없기 때문이다. 따라서 아일랜드는 단순한 현금성 수당 대신 출산휴가, 육아휴직, 보육서비스 등 여성의 부담을 덜어주는 가족복지에 막대한 예산을 투입했다. 이뿐만 아니라 남녀평등의 제도와 문화를 더욱 공고히 하기 위해서 여성의 정치 참여를 지속적으로 확대하고 있다. 올해부터 모든 정당에 대해 후보자의 30% 이상을 반드시 여성으로 세우도록 한 것이다. 이를 어기면 정부 보조금의 50%를 삭감하는 강력한 장치까지 만들었다. 아일랜드 부총리는 "성평등이 출산율 제고에 기여한다는 데 의문의 여지가 없다"라며 "정부가 지원해야 하는 것이 바로 양성평등"이라고 강조한다. 따라서 제도적인 측면에서 이미 세계 최고 수준인 우리의 출산율 정책이 성과를 거두기 위해서는 생활공공성 정착이라는 근본적인 접근이 필요하다.

결혼을 포기하는 두 번째 원인은 경제적인 문제이다. 우리 사회에서 나타나는 특이한 현상 중 하나는 가족을 이루는 첫 출발점이 되는 결혼식에서부터, 자녀 출산과 양육, 교육 등 거의 모든 단계마다 사회적으로 기대되는 방식이 있다는 것이다. 일종의 표준화된 모범답안이 있다는 것이다. 결혼식은 턱시도와 웨딩드레스를 입고 웨딩홀이나 호텔에서 해야 한다. 신혼여행은 남들이 알 만한 휴양지로 떠나야 한다. 요즘은 태교 여행도 유행이라고 한다. 출산 후에는 산후조리원에 들어가 육아 정보를 공유하는 모임에 빠질 수 없다. 유모차는 어떤 브랜드를 구입해야 하고 영어 동요는 생후 몇 개월 안에는 시작해야 한다. 아이를 키우려면 최소 20평대 아파트에서 살아야 한다. 마치 모범답안과 같은 일명 '국민리스트'가 있다. 이게 다 돈이다. 실제로 신혼부부 한 쌍이 결혼하려면 내 집 마련을 포함해 평균 2억 4천만 원이 든다고 한다. 이런 비용을 감당할 능력이 없다면 그럴 능력이 생길 때까지 결혼을 최대한 늦추는 것이 낫다고 생각하거나, 남들만큼 하지 못할 바에는 아예 결혼을 포기하는 것이 낫다고 생각하는 젊은 층들이 늘어나고 있다. 청년들이 결혼이라는 관문으로 들어서는 것 자체를 꺼리는 그 근저를 파 내려가 보면 그 가운데에는 경제적 불안이 자리 잡고 있다. 결혼을 하기 위해서는 직업이 있어야 하는데 청년 실업률은 사상 최악을 기록하고 있다. 더구나 취업을 한다고 해도 청년들은 비정규직으로 내몰리고 있다. 실제로 지난해 취업한 청년 64%가 비정규직이었다. 특히 복지사각지대에 있는 근로자 대부분은 저임금 비정규직이고 이들의 대부분은 청년과 여성이다. 이렇다 보니 결혼을 결심할 수 없는 것이다. 불안한 미래 때문에 결혼 자체를 기피하는 현상이 문제인데 정부의 대책 대부분은 결혼한 부부를 상정해 만들어졌다. 출산 전 산모의 의료비를 얼마나 지원해줘야 할지, 보육비를 얼마 더 지원하는 것이 나은지, 어린이집 운영 시간을 얼마나 연장해야 할지에 초점을 맞췄다. 병의 원인은 따로 있는데 처방을 엉뚱하게 해왔다고도 말할 수 있다. 꽤 많은 예

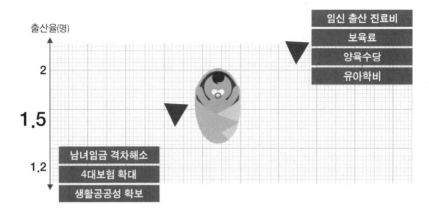

**그림 4-15** 단계적 출산율 제고 방안

산을 쏟아 부었지만 출산율 측면에서 뚜렷한 효과가 없었던 데에는 이런 이유가 컸을 것 같다.

**그림 4-15**에서 보듯이 이런 대책은 합계출산율이 적어도 1.5명이 넘는, 우리보다 사정이 훨씬 나은 국가들이 출산율을 2.0명 수준으로 끌어올리기 위해 쓰는 방식이라고 할 수 있다. 출산율이 1.2명 안팎에서 정체되어 있는 우리나라의 방식은 달라야 한다. 1.2명에서 단번에 2.0명으로 점프할 수 없다. 급하더라도 1.2명에서 1.5명으로 올릴 수 있는 방안을 마련하고 일단 그 수준까지 올라선 뒤, 이후에 2.0명으로 올라가는 단계적인 방식을 택해야 한다. 한 사람이 다른 한 사람을 목말 태우고 다녀야 하는 모습은 생각하는 것만으로도 암울하다. 아이를 낳지 않는 현재의 분위기가 계속 이어진다면 이 암울한 미래는 곧 우리의 현실로 닥칠 것이다. 출산율을 높이기 위해서 한국 사회는 '가족과 일, 교육'이라는 세 개의 기둥이 조화롭게 균형 잡힌 모습으로 거듭나야 한다. 특히 세 기둥의 가장 작은 단위인 가족에서 시작되어야 한다. 그렇기 때문에 젊은 층이 불안과 두려움 없이 가족을 형성할 수 있는 환경을 만들어야 한다. 한국의 미래 복지의 큰 방향성을 '가족 형성'을 위한 지원으로 잡아야 하고, 이러한 가족정책이 우리의 일상에서 성공적으로 뿌리 내릴 수 있도록 생활공공성이라는 인프라

를 구축해야 한다. 이 생활 공공성을 높이는 것이 바로 개개인의 행복과 잠재력이 증가되어 삶의 질이 높아지는 착한 성장사회로 나아가는 길이다.

지난 제4차 미래한국리포트의 주제는 "행복의 조건과 가족의 미래"였다. 가족의 해체 현상에 대한 대책을 모색해보자는 취지였다. 가족은 개인뿐만 아니라 국가의 자산이다. 가족은 사회를 구성하는 기본 단위이자 아이들이 만나는 최초의 선생님이기도 하다. 또 자녀양육과 노인부양 같은 사회안전망의 역할도 한다. 가족이 화목하면 국가 경제도 나아지는 까닭이다. SBS가 발표한 행복 보고서는 우리 경제가 세계 10위권 진입을 앞두고 있지만 삶의 질은 세계 최하위권에 머물고 행복도는 오히려 하락하는 현상을 진단하고 한국의 행복도를 높이기 위한 방안을 제시했다. 하지만 중요한 가족은 지금 위기에 처해 있다. 먼저 경제적인 측면부터 보면, 500조(2006년)[7]에 달하는 가계 부채가 많은 가족을 짓누르고 있다. 특히 신용불량자 3명 중 2명이 가계경제의 중추인 30대에서 50대인 실정이다. 경제문제로 인한 이혼율이 5년 사이에 두 배가 늘어난 것[8]도 같은 맥락이다. 전체 가구 중 여성가장 비율은 18.5%, 빈곤가구 중 여성가장 비율은 45%, 여성가장의 빈곤 위험률은 남성가구주 빈곤 위험률보다 3배 이상 높다. 빈곤, 실직, 학대 등으로 보호가 필요한 아동 4256명, 부모 이혼으로 시설에 맡겨지는 아이 4394명, 소년소녀 가장 약 3500세대 등 버려지는 아이들도 크게 늘어나고 있다. 노인 문제는 더욱 심각하다. 가족위기 상황 속에서 치매, 중풍 등 장기요양이 필요한 노인 절반이 갈 곳이 없는 상황이다. 치매노인 수의 경우, 2020년이면 지금보다 세 배가 많은 62만 명에 달할 것으로 전망되지만 우리의 준비는 턱없이 부족하다. 조기유학 열풍도 가족을 위협한다. 기러기 아빠가 2만 가구에서 5만 가구에 이른다는 추정 속에서 우울한 소식들이 계속 들려온다. 무엇보다 가족에 대한 가장 큰 도전은 아이를 낳지 않으려는 경향이다. 한국은

---

[7] 2016년 가계부채 1257조.

[8] 경제 문제로 인한 이혼율 1998년 7%에서 2003년 16.4%로 증가(통계청, 2003).

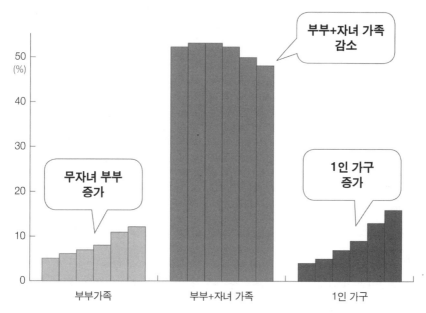

**그림 4-16 가족형태 추이(1975~2000년)**
주: 2015년 1인 가구는 520만 가구로 전체 가구 중 27.2%를 차지했다.

세계 최저의 출산율 기록을 갱신하고 있다. 자녀가 없어도 된다는 응답이 5년 전에 비해 3배 이상 늘었다.[9] 이런 가운데 **그림 4-16**에 보듯이 가족 형태도 변하고 있다. 부부와 그 자녀로 구성된 핵가족 비율은 줄어들고 있다. 반면 한부모 가족, 부부가족, 1인 가구 등 이른바 비정형 가구는 계속 늘어나는 추세이다. 특히 1인 가구는 2021년에 30%대에 달할 것으로 예상된다. 이처럼 가족형태가 다양화되고 있지만 우리의 시선은 그다지 바뀌지 않고 있다. 가장 큰 상처를 받는 것은 바로 아이들이다.

따라서 가족친화사회로 나아가야 한다. 가족은 행복한 개인과 사회를 향한 출발점이지만 여러 가지 도전을 받고 있다. 이 문제를 풀기 위해서는 가족에 대

---

**9** 2000년 10%에서 2005년 34.9%로 급증(한국보건사회연구원).

한 몇 가지 오해부터 직시해야 한다. 사전적 정의를 보면 가족은 혈연과 혼인 관계로 한집안을 이룬 집단이다. 하지만 실제로 하루에 30분도 대화하지 않는 가족이 많은 것이 우리의 실상이다. 가족의 또 다른 정의는 정서적 유대감으로 맺어진 사람들이다. 이런 관점에서 보면 피를 나누지 않은 공동체 가족 등 이른 바 비정형 가족을 포용할 수 있다. 대화 없는 혈연보다 따뜻한 마음을 나누는 유대감이 더 중요할 수 있다. 입양가족이 늘어나는 것은 바람직한 일이다.

부부유별이라는 말이 우리에게는 뿌리가 깊다. 실제로 지금도 맞벌이 부부 가운데 여성의 가사 분담률은 80%에 가까울 정도이다.[10] 하지만 이제 도시가구 10가구 중 3가구가 맞벌이를 하고 있다.[11] 남녀 구별 없이 경제활동에 참여하는 요즘, 부부는 유별한 것이 아니라 동등한 파트너이다. 부모들은 자식 뒷바라지에 온 정성을 들이고 있다. 자식 1명을 대학까지 졸업시키는 데 평균 2억 원 이상이 든다는 조사도 있다. 그런데 자식은 과연 노후대비가 될까? SBS와 갤럽의 조사에 따르면, 노부모를 모시는 것이 불행의 원인일 수 있다는 응답이 66%가 넘었다. 서글픈 일이지만 노후에 기댈 언덕은 자식이 아니라 본인 스스로라는 것이 현실이다.

가족의 일은 가족만의 책임이란 생각이 아직도 지배적이다. 직장인의 70% 이상이 어린아이 키우는 일을 부모에게 의존하고 있다. 노부모 부양과 수발도 대부분 가족의 책임이다. 한국은 사회가 지출하는 가족 관련 비용이 OECD 국가 가운데 최하위이다. 그러나 이제는 자녀 양육 책임이 사회와 국가로 확대되어야 한다는 응답이 50%를 넘는다. 노부모 수발 역시 가족과 사회가 책임을 나눠야 한다는 응답이 50%가 넘었다.

가족 형성을 위협하는 저출산이 지속될 경우 저성장과 양극화, 사회 갈등 심화로 사회경제적인 문제를 유발한다. 이 때문에 세계 각국은 국가의 명운을 걸

---

**10** 가족과 행복에 대한 의식조사(SBS-듀오, 2005).
**11** 맞벌이 가구 비율 2004년 33.1%(통계청).

고 출산율 제고를 위해 총력을 다하고 있다. 따라서 우리나라도 근원적인 저출산 대책이 필요하다. 이를 위해 먼저 노년층과 청년층 복지지출의 균형을 위해서 국가 재정의 세대회계를 도입해야 한다. 주로 노년층을 위한 복지를 택한 남유럽 국가는 저출산의 덫에 빠진 반면, 청년층을 위한 사회투자적 복지를 한 북유럽은 높은 출산율을 기록하고 있다. 우리나라도 노년 복지와 미래세대를 위한 복지의 형평성을 유지해야 한다. 다음으로 교육비 부담 축소를 위한 학제 개편 논의가 필요하다. 교육비 부담은 저출산의 가장 큰 원인이다. 현재 인문교육 중심의 단선형 학제는 대학을 목표로 공부할 수밖에 없다. 복선형 학제를 도입하면 인문교육과 직업교육을 선택할 수 있고, 직업학교를 선택했더라도 나중에 대학에 들어갈 수 있다. 따라서 학제 개편에 대한 본격적인 논의를 시작해야 한다. 마지막으로 양성평등을 위한 남녀 임금격차 해소에 적극적으로 나서야 한다. 우리나라 성평등 지수는 세계 115위로 최하위권이다. 결국 저임금과 장시간 근로에 빠진 여성들은 결혼을 안 하고 결혼을 해도 출산을 꺼리게 된다. 따라서 남녀 임금격차 해소는 양성평등과 저출산 탈출을 위한 첫걸음이다.

# 제10장

# 흔들리는 일자리

## 제조업 강국을 위한 모색[1]

금융시장의 불안정성이 상수가 되고 저성장이 고착화되면서 위기대응력 제고와 지속 가능한 성장에 대한 관심이 고조되고 있다. 고용창출과 지속 가능한 성장을 위해 정부는 오래전부터 서비스업 강화에 무게 중심을 두고 산업구조 재편을 주도하고 있지만, 현재 한국의 서비스업은 지식 기반의 고부가가치 산업보다는 유통이나 음식, 숙박 등의 업종에 치우쳐 있다. 잇단 위기 속에서 서비스업 주도의 선진국 경제가 크게 흔들렸던 반면, 독일 등 제조업 강국이 위기에 대한 내성이 뛰어난 것으로 평가됨에 따라 제조업에 대한 관심은 여전히 중요하다. 한국 경제는 지속 성장을 위한 제조업의 중요성과 과제, 서비스업과의

---

[1] 이 절은 SBS 전문가회의에서 "제조업, 지속가능성장의 디딤돌 주목"이라는 주제로 김용기 아주대 교수가 발표(2011. 12)한 내용을 재정리한 것이다.

시너지 제고방안을 모색해야 한다.

주요국의 GDP와 일자리에서 서비스업 비중이 증가하고 있다. 미국과 영국은 GDP에서 서비스업 비중이 80%에 육박하며 독일, 스웨덴 등 제조업을 중시하는 국가도 70% 이상인 반면, 한국은 최근 오히려 줄어들어 60% 미만으로 떨어졌다. 미국과 영국은 전체 고용 중 제조업 비중이 10% 미만, 서비스업 비중은 80%를 초과하고 있고 독일, 스웨덴, 한국에서 서비스업의 고용 비중은 대략 70~75%이다. 한국, 독일, 스웨덴 등 제조업 중심 국가는 경상수지 흑자인 반면 미국과 영국 등 서비스업 중심 국가는 내수를 지향한 결과 경상수지가 적자를 기록하고 있다. 미국과 영국은 서비스수지에서 1000억 달러 이상의 흑자를 기록하고 있으나 상품수지의 부진으로 경상수지는 여전히 적자이다. '잃어버린 20년'으로 대변되는 장기적 경기침체 속에서도 일본이 여전히 버티고 있고 유럽 위기 속에서도 독일이 막대한 무역흑자를 기록하며 승승장구하고 있는 것은 제조업 강국이기 때문이다. 2008년 글로벌 위기 속에 한국이 가장 먼저 위기탈출에 성공한 것도 같은 맥락이다. 서비스 상품은 본질적으로 비교역재이기 때문에 수출이 어려워 경상수지 악화를 초래한다. 제조업 비중을 줄이고 서비스업을 늘려 산업구조를 바꾸더라도 필수 상품이나 고급상품의 구매 욕구는 불가피하기 때문에 수입에 의존한다. 즉, 미국이나 영국 등 유럽국가의 만성적 경상적자는 서비스 기반 산업 때문이다.

따라서 제조업 강화는 여전히 중요하다. 무엇보다 서비스업 발전의 원동력이 제조업이다. 미국에서 제조업은 회계, 금융, 법률, 원천기술의 개발과 생산, 엔지니어링, 디자인, 교통, 실험과 테스트 분야 등 고숙련 서비스 일자리의 원천이다. 생산자 서비스업의 상당 부분은 과거 제조업체가 내부에서 수행하던 서비스 부문을 외부 서비스업체로 아웃소싱하여 생긴다. 제조업으로 분류되었던 매출액이 서비스업으로 이관됨으로써 서비스업의 비중이 증가했다. 실제 OECD 연구에 따르면, 프랑스의 제조업과 제조업 관련 서비스의 GDP 대비 비중은 1980년대 27%에서 1990년대 29%로 오히려 증가했다. 또 서비스업 상품은 점점 더 제조업 제품과 결합되어 등장하고 있다. 제조업 제품 최종재의 가치를 높이는 형태로 스마트폰처럼 제조업 상품에 디자인을 강화하고 첨단기능을 갖춘 서비스 상품이 함께 탑재되는 방식이다. 1990년대 초반 프랑스 미니텔의 사례를 시작으로 통신 등 서비스업체가 낮은 가격이나 무상으로 단말기 등 제조업 제품을 나눠준 경우가 있다.

둘째, 혁신과 생산성 증가는 여전히 제조업이 주도한다. 제조업은 제조업 내에서 생산성 향상을 촉진할 뿐 아니라 다른 섹터로부터 노동력을 끌어당겨 서비스업 등 타 섹터의 생산성 향상을 촉발했다. 사실 서비스업의 비중이 증가하는 것도 제조업 제품가격은 계속 하락하는 반면 서비스업 가격은 유지됨으로써 야기된다고 할 수 있다. 아웃소싱에 따라 공장이 이전되면 지식, 숙련된 노동력, 공급 인프라 등 혁신의 기반이 되는 '산업공유지Industry Commons'도 뒤따라 이전된다. 독일의 자동차, 공작기계 산업의 경쟁력은 독일의 '기계공학 공유지'가 있기 때문에 가능한 것으로 평가된다. 제조업 공장의 아웃소싱은 핵심 지식과 숙련 노동, 소재와 생산설비 및 부품 공급자의 이전을 야기하여 해당 산업과 연관 산업의 경쟁력을 떨어뜨린다.

셋째, 서비스업 중심 경제는 지속 가능하지 않다. 서비스업 상품은 본질적으로 비교역재이기 때문에 경상수지 악화를 초래한다. 미국 상무부는 선진국이 탈산업화해도 해외의 좋은 상품을 구매하기 때문에 필연적으로 무역적자와 외채의 구조적인 증가를 가져온다고 분석한다. 호주와 뉴질랜드는 수출에서 서비스업 상품의 비중이 급격히 늘어나고 있지만 이는 제조업과 서비스업 상품 간 상대가격의 변화 때문이다. 제조업 제품은 생산성 증가에 따라 가격이 하락하지만, 서비스업 제품은 가격을 유지하기 때문에 전체 수출액 중 서비스업의 비중이 증가한 것이다. 영국은 제조업의 비중이 낮아 경제위기가 발생했고 또 이 때문에 위기 후 회복이 더디기도 했다. 선진국의 GDP 대비 제조업 비중이 축소된 것은 사실이지만 영국은 그 속도가 다른 나라에 비해 훨씬 빨랐던 것으로 평가된다. 영국 GDP에서 제조업이 차지하는 비중은 1979년 30%에서 금융위기 직전인 2007년에는 14%로 하락했다. 제조업 부문 축소는 경상수지 적자로 이어졌다. 적자 규모는 2000년대 들어 GDP 대비 2%를 초과해 2006년은 3.4%,

2007년은 2.9%를 기록했다. 제조업의 비중이 낮아지다 보니 2008년 경제위기 이후 위기탈출에 어려움을 겪었다. 서비스업이 경기방어적이기 때문에 외부충격에 안전한 것으로 여겨지지만 꼭 그렇지만은 않다. 서비스업도 경기변동에 따라 성장률이 줄어들거나 늘어나며 경기 침체기에는 일자리가 없어진다. 경영컨설팅과 건축 등 서비스업은 특정 프로젝트에 기반하므로 경기 위축기에는 같이 위축되고 인력 공급, 컴퓨터 서비스도 경기 순응적이다. 다만 헬스케어, 사교육과 보육, 오락 및 레크리에이션은 비교적 덜 경기순응적이다.

따라서 경제가 더 튼튼해지기 위해서는 제조업의 중요성을 폄하하는 것이 아니라 이 중요한 제조업이 지닌 문제점을 개선하는 것이 필요하다. 제조업의 집중화 현상과 고용 없는 성장의 문제를 개선시키기 위해서는 먼저 중소기업의 체질 개선이 필수적이다. 제조업이 한 단계 업그레이드되기 위해 우량 중소기업은 필수적이다. 우리나라는 독창적이고 경쟁력 있는 기술력으로 자체 생존이 가능한 강소기업의 수가 적고, 65%의 중소기업이 대기업의 하청업체 성격이다. 이에 따라 대기업 위기가 중소기업 위기로 전이되는 구조이다. 대기업의 납품가 압박, 기술 및 인력 빼앗기 등의 고질적인 병폐도 있고 중소기업인 자체의 기업가정신이 부족한 것이 현실이다. 정부의 보호 위주 지원책이 경쟁력 강화보다 체질 약화를 가져왔다. 독일은 전체 기업의 99%가 중소기업이고 중소기업의 고용이 81%를 차지하고 있다. 장인 정신으로 장수기업이 즐비하며 세계시장의 70% 이상을 차지하는 히든 챔피언들이 많다. 우리 중소기업들은 내수시장 확보에 주력한 반면, 독일의 경우 대를 이어 한 가지 제품만을 특화 생산해 세계시장의 틈새를 공략했다. 대를 이어 경영함으로써 전문성과 기술력을 인정받고 있으며 대기업으로부터도 독립적이다. 이에 따라 전 세계 2천 개의 히든 챔피언 가운데 절반이 독일에 있다. 히든 챔피언이란 세계 점유율 1~3위를 점유하면서 연매출 40억 달러 이하 규모의 강소기업을 말한다. 유럽위기가 진행됐던 2010년 영국이 1642억 달러, 프랑스가 845억 달러의 무역적자를 기록한 반면, 히든 챔피언이 버티고 있는 독일은 1517억 달러의 무역흑자를 기록했다. 둘째, 아웃소싱에 대한 재검토가 필요하다. 고용 없는 성장의 큰 배경 가운데 하나는 제조업의 해외 아웃소싱이다. 인건비 절약을 위해 나섰던 많은 아웃소싱이 현지 인건비 상승과 노사문제, 기술유출 등의 문제로 한계점에 이르렀다. 이런 현상은 제조업 강국인 독일과 일본에서도 나타나고 있다. 세계에서 가장 큰 선박 크레인 제조업체 중 하나인 독일의 노이엔펠더Neuenfelder는 중국의 양쯔홍에서 중요한 생산 설비를 철수했다. 배터리 제조업체인 바르타 컨슈머 배터리Varta Consumer Batteries는 중국 공장을 폐쇄했다. 독일의 경우 2004~2006년에는 기업 중 16%가 해외 제조시설을 설립했지만, 2007~2009년에는 9%로 줄었으며 해마다 5백 개 이상의 해외진출업체가 현지공장에서 철수하고 있다.


## 홀대받는 중소기업[2]

중소기업은 최근 10년간(2013년 기준) 40만 개가량 증가해 300만 개가 넘는 일자리를 창출했고, 우리나라 전체 고용의 88%를 차지하면서 고용의 요람으로 불리고 있다. 반면 대기업은 같은 기간 동안 1만 6천 개 이상 감소하면서 50만 개가량의 일자리가 사라졌다. 경제 전체적으로는 수출-대기업 중심의 성장구도가 고용창출에 불리한 것으로 평가되고 있다. 일자리 문제를 풀기 위해서는 중소기업을 육성해야 하지만, 문제는 중소기업이 좋은 일자리가 아닌 나쁜 일자리 창출의 창구가 되고 있다는 것이다. 또 중소기업 수가 늘어나면서 자연스럽게 따라왔던 일자리 증가도 과당경쟁과 산업 전체의 여력상 더 이상은 어려운 것으로 평가되고 있다. 중소기업 부실화의 원인은 그동안 많이 논의되어왔던 대기업 부당행위 외에도, 중소기업에 대한 과도한 보호정책을 들 수 있다. 정치권이 선거 때마다 표를 의식해 보호정책을 남발하다 보니 과당 경쟁 속에서도 부실 중소기업들이 도태되지 않고 있다. 탄탄한 중소기업 육성이 좋은 일

---

**2** 이 절은 SBS 전문가회의에서 "좋은 일자리를 위한 중소기업 육성 전략"이라는 주제로 조덕희 산업연구원 연구위원이 발표(2013. 2)한 내용을 재정리한 것이다.

자리 만들기의 근본적 해법으로 부각됨에 따라 중소기업의 구조조정 및 체질개선 그리고 강소기업의 선택적 육성 방안을 찾아봐야 할 것이다.

외환위기 이후 대기업은 빠른 임금 인상에도 불구하고 총 노무비 부담이 오히려 감소했으며, 외주가공비 비중이 꾸준히 증가했다. 대기업의 경우에 총제조비용에서 노무비가 차지하는 비중은 1995년 10.1%, 2005년 6.4%, 2010년 5.4%로 계속해서 낮아졌다. 이에 비해서 총제조비용에서 외주가공비가 차지하는 비중은 1998년 3.3%를 기록한 이후 완만하지만 계속해서 상승하여 2009년 5.1%까지 높아졌다. 결과적으로 1995~2010년 사이에 대기업의 총제조비용 중 노무비 비중의 감소와 외주가공비 비중의 증가가 계속되면서, 노무비 대비 외주가공비의 상대적 비율은 1995년 39.4%에서 2005년 59.2%, 2010년 74.2%로 크게 높아졌다. 결국 대기업은 중소기업과 임금격차를 벌리면서도 외주 생산의 확대를 통해 자체 고용한 종사자 수를 점차 줄여감으로써 인건비 부담을 오히려 줄여왔다는 것이다. 지금까지 대기업이 외주 생산을 확대하면서 조달 비용을 절감하기 위해 하도급거래에서 비용-절감<sup>cost reduction</sup>을 매우 강력하게 추진해왔다는 것은 이미 널리 알려진 사실이다. 이러한 상황에서 대·중소기업 간 임금격차는 축소되기보다는 오히려 점차 확대되어왔다고 말할 수 있다. 제조업 중소기업의 종사자 1인당 평균 임금 수준은 1995년 대기업의 64.3%에서 2009년 대기업의 50.1%로 하락했으며, 1995~2009년 사이에 대기업과 중소기업 간 임금격차는 계속해서 확대된 것으로 나타난다. 통계청의 조사 결과에 따르면, 중소기업의 종사자 1인당 평균임금은 1995년 약 1093만원(대기업 1700만 원), 2009년 약 2349만 원(대기업 4685만 원)으로 나타났다. 우리나라의 대·중소기업 간 임금격차는 일본, 미국 등에 비해서 그 격차 폭이 매우 클 뿐만 아니라 장기간에 걸쳐서 계속 확대되고 있다는 점에서 심각한 문제이다. 대·중소기업 간 임금격차가 계속 확대되면서 중소기업의 고용 증가 및 대기업의 고용 감소는 결과적으로 저임금 일자리의 증가와 고임금 일자리의 감소로 나타난다. 이는 기업 규모별 임금격차와 기업 규모별 고용의 증가 추이를 비교해보면 분명하게 알 수 있는 사실이다. 그림 5-1에서 보듯이, 소규모 기업일수록 대기업과의 임

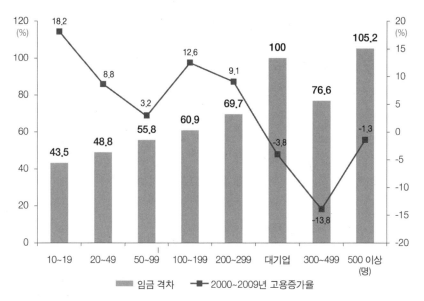

**그림 5-1 기업규모별 임금격차(2009년 기준) 및 고용증가율**
주: 기업 규모별 임금격차는 2009년 기준이며, 고용증가율은 2000~2009년 기간 연평균 고용증가율. 대
　기업은 300인 이상 기준.
자료: 통계청, 「광업·제조업 조사」(각 연도).


금격차는 큰 반면 2000~2009년 사이의 고용증가율은 상대적으로 높은 것으로
나타났다. 결국 **그림 5-1**은 2000~2009년 사이에 중소기업의 고용 증가 및 대기
업의 고용 감소가 결과적으로 저임금 일자리의 증가와 고임금 일자리의 감소로
연결되었다는 사실을 보여주고 있다.

　2000~2009년 사이에 중소기업의 고용이 증가하면서 같은 기간 임시·일용직
종사자 수도 더불어 크게 증가한 것으로 나타났다. 2000~2009년 기간 동안 고
용형태별 변화를 살펴보면, 중소기업의 총 종사자 수는 5만 4055명 증가했지만
중소기업 부문의 상용근로자수는 같은 기간 3만 5019명이 오히려 감소하고 임
시·일용직 근로자수가 10만 3056명 증가한 것으로 나타났다. 이에 비해서 대기
업은 2000~2009년에 종사자 수가 15만 3040명 감소했으며, 이는 대부분 상용
근로자수가 감소했다는 뜻이다. 결국 중소기업의 고용이 증가하고 대기업의 고

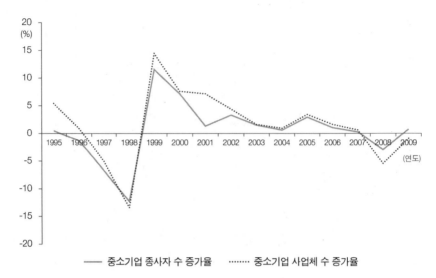

**그림 5-2 중소기업 사업체 수 증가율 및 종사자 수 증가율 추이**
주: 2008년 이후 5~9인 사업체에 대한 조사 미실시로 해당 자료는 추산함.
자료: 통계청, 「광업·제조업 조사」(각 연도).

용이 감소한 이면에는 대기업의 상용근로자수가 줄고, 그 대신에 중소기업 부문에서 임시·일용근로자수가 크게 늘어났다는 사실이 존재한다. 중소기업의 고용 증가와 함께 중소기업 부문에서 임시·일용직 근로자수가 증가했다는 사실은 다른 측면에서도 확인할 수 있다. 2000~2009년 기간 중 증가한 임시·일용직 근로자 총 10만 5866명 중에서 종사자 수 1~4인 기업에서 증가한 비중이 26.5%, 5~9인 기업에서 증가한 비중이 40.8%, 10~29인 기업에서 증가한 비중이 20.6%로 총 87.9%를 차지했다. 중소기업이 장기간에 걸친 낮은 이윤에도 불구하고 고용을 꾸준히 늘릴 수 있었던 이유는 사업체 수의 증가(창업) 및 저임금 고용의 확대 덕분이다. 중소기업의 고용 증가가 사업체 수의 증가(창업)를 통해 이루어져 왔다고 하는 사실은 관련 시계열 지표의 장기 변화 추이를 함께 살펴보면 분명하게 유추해볼 수 있다. **그림 5-2**는 1995~2009년 사이에 중소기업 종사자 수의 증가율과 같은 기간 중소기업 사업체 수의 증가율을 함께 나타낸 것이다. 그림에서 보듯이 두 지표는 장기간에 걸쳐서 매우 밀접한 관련성을 보이면서 함께 변화해왔다는 사실을 분명하게 알 수 있다.

다음으로 사업체 수 증가를 통한 고용증가 요인 이외에, 지금까지 우리나라 중소기업의 고용이 증가할 수 있었던 배경으로는 대·중소기업 간 임금격차가 확대되는 가운데 중소기업이 저임금 고용을 흡수하는 방식으로 고용을 증가시켜왔다는 사실을 지적할 수 있다. 개념적으로 본다면, 대기업과 중소기업 간 임금격차가 확대되면서 중소기업 고용이 증가하는 현상은 전통적인 이중구조론으로 설명할 수 있는 대표적인 가설이기도 하다. 앞서 언급했듯이 우리나라 제조업에서 중소기업의 고용 비중과 대·중소기업 간 임금격차의 변화 추이를 동시에 보면, 장기간에 걸쳐서 대·중소기업 간 임금격차가 계속해서 확대되는 가운데 중소기업 고용 비중이 꾸준히 증가해왔다는 사실을 확인할 수 있다. 결국 대·중소기업 간 임금격차가 확대되는 가운데 중소기업은 저임금 고용을 흡수하는 방식으로 고용을 증가시켜왔다고 하는 이중구조론적 가설을 유추해볼 수 있다. 지금까지 논의한 바를 정리하면, 우리나라 제조 중소기업의 고용 증가는 사업체 수 증가(창업)와 저임금 고용(임금격차)의 확대를 통해 이루어져 왔다고 할 수 있다.

지금까지는 중소기업 고용이 사업체 수의 증가 및 대·중소기업 간 임금격차의 확대 과정을 통해 증가했지만, 앞으로는 지금까지와 같은 방식의 중소기업의 고용 증가는 다음과 같은 몇 가지 이유로 인해 한계에 직면할 것으로 예상된다. 우리나라 제조업 부문의 사업체 수 증가율은 이미 2000년 이후 감소하고 있으며, 이러한 추세는 앞으로도 상당 기간 계속될 가능성이 매우 크다. 이는 현재 우리나라 제조업의 총생산 대비 사업체 수가 일본, 미국에 비해서 상대적으로 매우 많은 편이며, 영세 소기업 비중도 지나치게 높은 상황이어서 중소기업 사업체 수가 앞으로도 빠르게 증가할 것으로 기대하기는 어렵기 때문이다. 결국 중소기업 사업체 수의 빠른 증가를 통한 중소기업 고용의 증가는 이미 한계에 도달했으며, 앞으로는 사업체 수 증가가 아니라 기존 사업체 규모의 성장을 통한 고용 증가를 기대해야 하는 상황이 도래하고 있다. 다음으로 대·중소기업 간 임금격차는 지금도 크게 확대된 상황이며, 앞으로도 대·중소기업 간 임금격

표 5-1 고성장 기업의 고용창출 기여도 연구 결과

| 구분 | 고용창출 기여도 |
|---|---|
| 한국 제조업 | 상위 10% 기업이 총 고용창출의 68.3% 차지 |
| 미국 | 상위 4% 기업이 총고용의 약 60% 차지 |
| | 상위 4% 기업이 신규 일자리의 50% 공급 |
| 영국 | 상위 6% 기업이 신규 일자리의 50% 창출 |

차가 계속해서 확대되는 것은 바람직하지 못하다. 현재도 이미 저임금이 중소기업 인력난의 가장 큰 원인이 되고 있으며, 저임금→저생산성의 악순환에 빠질 우려가 커지고 있다. 특히 대·중소기업 간 임금격차가 계속 확대되어왔음에도 불구하고, 대·중소기업 간 인건비 부담의 격차는 오히려 축소되고 있다는 사실은 앞으로 대·중소기업 간 임금격차의 확대가 중소기업 고용 증가로 연결되지 못할 가능성이 크다는 것을 시사한다.

따라서 일자리 확대를 위한 바람직한 방향을 모색해야 할 때이다. 정책적 측면에서 본다면, 이는 사업체 수 증가(창업) 및 저임금 요인 이외에 중소기업 고용창출의 새로운 원천을 발굴하여 정책 역량을 집중해야 한다는 것을 의미한다. 이 경우 현실적으로 볼 때 고성장 중소기업gazelles의 육성을 통한 고용창출 전략 이외에 별 다른 대안을 찾기 어렵다. 기업의 고용창출 정도를 기준으로 10분위 계층으로 구분했을 때, 최상위 10%에 해당하는 기업군이 총 고용창출의 68.3%를 차지하며, 최하위 10%에 해당하는 기업군에서 총 고용감소의 71.6%를 차지한다. 이러한 사실은 고용창출에서 최상위 10%에 속하는 고성장 (중소)기업을 육성하는 것이 고용창출에 매우 중요하다는 것을 여실히 보여주고 있다 하겠다. 표 5-1에서 보듯이 고성장 기업의 고용창출 기여도가 매우 높다고 하는 사실은 우리나라뿐만 아니라 외국에서도 대부분 인정되고 있으며, 이에 따라서 많은 국가에서 고성장 (중소)기업의 육성을 위한 정책 지원을 실시하고 있다.

이와 함께 대기업이 하도급 거래를 통해 인건비 부담을 중소기업에게 전가하지 못하도록 하도급 공정거래 질서를 확립하는 것이 필요하다. 만약 대기업이 하도급 거래에서 무리하게 비용절감<sup>CR</sup>을 시도하는 경우에는 이것이 납품단가 인하 압력으로 이어져서 중소기업의 이윤을 압박하고 결과적으로 중소기업 저임금을 초래하게 된다. 이와 관련하여 현재 대·중소기업 간 동반성장 차원에서 이루어지는 성과공유제의 경우에도 개선할 여지가 없지 않다. 예컨대 대기업은 약간의 기술지도를 할 뿐이고 실제로는 중소기업이 독자적으로 달성한 생산성 향상의 성과가 성과공유라는 명분으로 사실상 대·중소기업 간 1:1로 배분되는 사례가 없는지를 감독할 필요가 있다. 그뿐 아니라 현재는 "성과공유제"가 대기업 중심의 비용절감이라는 한쪽 방향으로만 편중되어 추진된다는 문제점도 있다. 앞으로는 불안정 발주 혹은 원자재 가격 변동 등과 같은 사업 위험 및 비용 상승 등과 관련한 대·중소기업 간 위험·비용 분담에 대해서도 정책적인 노력을 배가해야 할 것이다.

## 말뿐인 동반성장[3]

고용창출의 88%를 차지하는 중소기업의 창업과 성장 없이는 견고한 경제성장을 이끌어가기에는 한계가 있다. 또한 거대해진 덩치 때문에 창조적 아이디어나 혁신역량이 떨어지는 대기업의 경쟁력 강화를 위해서도 혁신 중소기업과의 협력이 필수적이다.

대기업-중소기업 간 양극화와 갈등에는 다음과 같은 배경이 있다. 먼저 수직계열화의 고착이다. 한국의 산업화는 정부주도, 수출, 대기업 중심의 압축 성장으로 요약된다. 대기업의 선도적인 경제 활성화와 중소기업의 부품 공급자로서의 역할은 한국 경제의 지속적인 성장을 떠받쳐 왔다. 중소기업의 매출 중 내수 비중은 2003년의 81.5%에서 2008년에는 87.7%로 증가해 내수 의존도가 크다.

---

3 이 절은 SBS 전문가회의에서 "大-中小기업 상생 생태계 전략"이라는 주제로 이장우 경북대 교수가 발표(2012. 2)한 내용을 재정리한 것이다.

내수 중심이지만 B2C 비중은 10%에 불과하며 대부분 B2B 형태의 납품 비즈니스이거나 하도급 형태로 유지하고 있어서 중소기업의 존립 기반이 대기업에 종속되어 있는 수직적 분업체계가 고착됐다. 둘째, 중소기업 육성정책의 비효율성이다. 1975년 「연관생산육성법」 제정 이래 중소기업은 부품공급 기지로서 산업화의 2차적 역할을 수행하게 되었다. 중소기업진흥공단, 신용보증기금, 기술보증기금, 중소기업청 등이 설치되어 금융지원과 기능인력 공급 역할을 하는 등 정부와 지원기관의 직접적인 공급 위주로 중소기업 육성이 진행되었다. 이러한 접근은 경제적 약자로서의 불특정 다수(전체 기업의 99%)인 중소기업을 사회적으로 배려해야 한다는 인식에 치중하여 중소기업 문제의 본질에 대한 인식과 고려가 미흡했다. 범용적 정책대안 중심으로 원론적 당위성만 있을 뿐 정책의 핵심과 방향성이 부재했다. 셋째, 양극화 심화이다. 성장성 면에서 중소기업의 매출액 증가율은 대기업에 계속 뒤처지고 있다. 2009년 대기업의 평균 영업이익률이 5.56%에서 2010년 6.80%로 증가한 반면, 중소기업은 2009년 4.84%에서 2010년 4.47%로 오히려 감소했다. 미국이나 프랑스의 경우 중소기업의 이익률이 대기업보다 더 높다. 우리나라 중소기업과 대기업의 임금격차도 지속적으로 벌어지는 추세이다. 중소기업의 근로자 월급은 대기업을 100으로 볼 때 60에도 미치지 못한다. 중소기업의 생산성은 1999년 대기업의 31.8%에서 2008년 27.4%로 떨어져 1인당 부가가치 생산액은 대기업의 약 4분의 1 수준이다.

더구나 불공정거래가 만연하다. 대기업들의 우월적 지위를 이용한 불공정한 거래관행은 산업화 성장 이후 지금까지 대기업-중소기업 간의 갈등 원인이 되었으며 사회적 신뢰 기반을 약화시켰다. 이는 사회통합을 저해하는 1차적 요소이다. 대표적 부당행위는 첫째, 납품단가 인하 압력이다. 대기업이 절대적 교섭력을 이용해 중소업체들에게 납품단가 인하 압력을 행사하는 것이 관행이다. 대기업의 수익률 저하, 매출 감소를 납품단가 인하의 방법으로 중소기업에게 전가하는 경우가 많고, 환율이 하락하면 납품 대금 결제 화폐를 원화에서 달러로 바꾸면서까지 단가를 낮추는 불공정거래 관행도 존재한다. 둘째, 구두 발주와 기술 탈취이다. 구두 발주란 대기업이 계약서 작성을 이행하지 않은 채 구두로 개발 의뢰나 사업 지시를 해놓고는 보상을 해주지 않는 경우이다. 2009년 공정거래위원회의 조사에 따르면 대기업으로부터 기술 자료를 요청받은 중소기업 가운데 22.1%가 기술 탈취나 기술 유용을 경험했다. 셋째, 무분별한 사업영역 침투이다. 최근 30대 대기업군의 계열사 확장 추이를 보면 2007년 656개에서 2010년 1311개로 급격히 증가했다(공정거래위원회). 지속적인 매출 확대를 위해 계열사 수를 확대하는 방식으로 중소기업 영역에 침투함으로써 대기업-중소기업 간의 격차를 벌리는 원인이 되고 있다. 대기업들의 사업영역 침투로 인해 중소기업이 사업 조정을 신청한 건수는 2009~2010년 1년 동안 245건에 이른다. 과거 10년간 사업 조정 신청이 27건에 불과했던 점에 비춰볼 때, 최근 대기업들의 시장 영역 확장이 크게 증가했음을 알 수 있다.

반면 선진 각국은 문화와 경제 발전 단계에 따라 서로 다른 동반성장 모델을 발전시켰다. 집단 중심의 비교적 고신뢰 문화를 형성하고 있는 일본은 문화 기반의 생산성 향상 모델을 발전시켰다. 시장자본주의가 발달한 미국은 시장 중심의 기술 혁신 유발 체제를 촉진시켰다. 유럽은 일본과 미국에 비해 신뢰 문화나 시장자본주의 발전이 미흡하기 때문에 후발주자로서 정부가 주도적으로 생산성을 제고하고 기술 혁신을 촉진하고자 정책 주도형 체제를 많이 사용했다.

일본은 개인의 이익보다 집단의 이익과 질서를 우선시하는 특유의 집단문화를 갖고 있다. 신뢰를 중시하는 사회분위기의 토대 위에서 대기업과 중소기업 간에도 상생협력 체제를 일찍부터 구축했다. 제2차 세계대전 이전까지 일본 경제는 혈연세습 경영으로 기업을 지배하는 재벌구조에 의해 지탱되어왔다. 패전 이후 재벌구조는 연합국에 의해 강제 해체되고 이후 상호 주식소유를 통해 미쓰이, 미쓰비시, 스미토모 등의 기업집단이 재구성됐다. 이들은 경영자들의 모임인 사장회를 중심으로 상호주식 보유제도를 통해 연계했고, 실질적 대주주는 없었다. 1960년대 고도 성장기에는 기업집단화를 강화하면서 후요, 다이치강교, 산와 같은 은행계열의 기업집단들이 탄생했다. 이처럼 느슨한 계열화를 통한 집단 중심의 새로운 경영체제가 동반성장 분위기 형성의 밑거름이 됐다. 성과공유제는 일본의 대표적 상생 모델이다. 도요타는 1959년 세계 최초로 성과공유제를 도입해 부품 공급업체들의 부품 국산화를 유도했다. 공급사들로부터 제안을 받아 성과가 날 경우 그 성과를 50대 50으로 나누는 정책을 도입했다. 성과공유제 도입 후 3년간 30%의 원가절감을 실현할 수 있었으며 이 제도가 정착된 이후에는 공급업체 제안을 체계적으로 관리하기 위해 전담기구까지 만들어 성과측정에 대한 공급업체의 불만을 해소했다. 도요타의 성과공유제는 닛산, 마쯔다, 미쓰비시 등 다른 자동차 기업들로 확산됐다. 그리고 범위도 제안제도→부품 국산화→공급사 개발→신제품 공동개발의 단계로 점차 확대됐다. 1980년대 말에는 기계, 운송장비, 정밀기계, 건설 분야의 기업 60% 이상이 성과공유제를 도입함으로써 전 산업으로 확대됐다. 오늘날 일본이 조립 산업은 물론, 부품 및 소재 산업에서 세계적인 경쟁력을 갖게 된 것은 성과공유제에 기인하는 바가 크다. 성과공유제는 1980년대 중반부터 미국과 유럽에도 도입되기 시작했는데, 일본의 완성차 업체가 미국에 현지 공장을 설립하면서 성과공유제를 전파했다. 1980년대 말 이후 일본 기업들이 세계 경제를 석권하자 선진 각국에서 제도 도입에 열을 올렸다. 크라이슬러, 존디어, 델파이 등은 공급업체 제안제도, 공급업체 개발제도를 확대 발전시켰다. 성과공유제는 공급업체에 지속적인 개선과 혁신을 요구하며 설비와 인력투자를 유도해 공급망 전체의 경쟁력을 높일 뿐 아니라 끊임없는 개선과 혁신으로 완성품은 물론 부품과 소재산업의 고도화에 기여했다. 궁극적으로는 수요자인 대기업과 공급자인 중소기업 모두가 상생할 수 있는 제도적 노력이 지속될 수 있도록 분배의 불균형을 제거하여 사회통합을 유도했다. 지금까지의 성과공유제는 원가절감과 부품 공동개발을 중심으로 추진되어왔다. 최근에는 차세대 제품의 공동개발과 같은 고신뢰를 요구하는 미래지향적 사업을 위한 제도로 인식된다. 성과공유 방식도 현금배분이나 납품가 조정에서부터 신규사업 우선권이나 공동특허 출원의 형태로 바뀌어 가고 있다.

미국은 잘 발달된 시장경제와 자본시장을 중심으로 특유의 혁신적 동반성장 모델을 갖췄다. 새로운 아이디어나 우수한 기술을 보유한 개인이나 기업들의 협력 인프라가 잘 구축되어 있다. 새로운 사업계획을 가진 개인들이 창조기업이나 벤처기업을 만들고, 기회가 오면 세계적인 대기업들과 제휴하거나 자본적으로 결합했다. 중소기업들은 우수한 기술력이나 적응력으로 대기업들을 투자자나 사업파트너로 끌어들였다. 실리콘밸리는 1980년대 중반 이후 전 세계 하이테크 산업의 중심지로 부상하여 미국의 100대 하이테크 기업 중 3분의 1이 위치하고 있다. 이들의 성장동력은 창조력과 열정으로 무장한 젊은 엔지니어와 창조기업들로 이들은 한 세대를 거치면서 세계적인 대기업으로 성장하고, 다시 다음의 젊은 세대를 키움으로써 성장 기회를 나누는 방식으로 새로운 성장동력을 확보했다. 실리콘밸리식 성장 모형은 중소 벤처기업-대기업 간의 협력관계로 이루어진다. 한때 세계 최고의 기업 가치를 자랑했던 글로벌 통신기업 시스코Cisco 사는 허브, 라우터, 스위치 등 하드웨어적 장비 사업에서 외부 벤처기업들과의 협력을 통해 기술을 흡수했다. 수십 건의 벤처기업 투자를 통해 자본적 결합으로 동반자적 협력관계를 구축했다. 기술변화가 심한 미래형 산업일수록 소수 기업의 능력보다 크고 작은 여러 기업들의 협력관계가 경쟁력의 크기를 결정한다. 가장 잘할 수 있고 남들이 모방하기 어려운 부분만 내부에서 하고, 나머지는 외부와 협력하는 것이다. 경영환경이 복잡하고 기술이 빠르게 변하는 시대에 개별 기업의 각개전투식 대응으로는 장기적인 발전을 도모하기 힘들다는 인식이 이러한 접근의 바탕이 되었다. 중소 벤처기업은 대기업으로부터 자본, 제조, 유통 분야에서 도움을 받고 대기업은 벤처기업의 기술을 활용함으로써 동반성장 관계를 구축했다. 이런 구도하에서 대표적 미국식 동반성장 모델인 실리콘밸리가 형성되었다. 미국은 남북전쟁 이후 독과점 기업들이 등장하면서 양극화가 심해지자 1890년 세계 최초로 「셔먼 법」이라는 반독점법을 제정했다. 이후 「클레이튼 법」 등으로 반독점법을 보완해가면서 시장의 불공정 경쟁을 규제했다. 미국의 반독점 규제는 일반인도 기업의 독점행위로 인한 손해를 보상받을 수 있게 한 것이 특징이다. 개인이 소송에서 승리할 경우 손해분의 3배에 해당하는 금전적 보상 및 소송비용도 보상받을 수 있게 했다. 1976년 제정된 「하트-스코트-로디뇨 법」은 기업 간 인수합병에도 관여해 시장경쟁이나 소비자 이익을 위협하는 불공정 행위를 엄중 처벌한다.

유럽은 정부 주도 아래 기업들이 협력을 했다. 대기업과 중소기업이 자발적으로 참여하여 협력하도록 정부가 매개자 역할을 하며 대기업-중소기업 간의 자율적인 협약을 유도하기 위한 정책 프로그램을 구축했다. 정부의 개입목표는 고용확대와 새로운 성장분야의 개척에 있다. 프랑스 정부는 2005년부터 중소기업협약제도를 만들어 대기업과 공공기관들이 중소기업 제품을 우선적으로 구매하도록 하고 있다. 대기업과 중소기업의 협약은 자율적으로 이뤄지며 협약 후 혁신 중소기업들이 시제품을 만들어 대기업에 공급한다. 협약에 참여한 대기업은 매년 협약 금액만큼 혁신 중소기업의 제품을 우선적으로 구매하여 이를 정부에 보고한다. 정부는 실질적인 이행 여부와 정도를 확인하는 동시에 협력에 필요한 제도적 지원을 시행했다. 2010년까지 60여 개 대기업이 참여한 이 프로그램은 중소기업 제품의 구매율을 매년 10% 이상(200억 유로) 늘리고 있다. 이는 기술력 있는 중소기업들이 기술혁신에 매진할 수 있게 해주는 효과를 거두고 있다. 노르웨이는 인구 460만 명의 작은 나라로 수출을 통해 내수시장의 한계를 극복해야 할 필요성이 높았다. 그에 따라 국제무대에서 성장가능성이 있는 중소기업들을 적극 지원하고 있으며, 해당 기업들은 일자리 창출과 경제발전에 기여했다. 산업연구개발IFU 제도는 대기업-중소기업이 협력하여 기술개발을 하고자 할 때 정부가 기술 자금을 지원하는 제도이다. 대기업-중소기업이 각각 3분의 1을 부담하고 정부가 나머지 3분의 1을 부담하는 방식으로 운용한다. 이러한 파트너십은 소비자 요구에 맞춘 제품을 개발한다는 측면에서 한국의 구매조건부 신제품 개발사업과 유사하다. 하지만 노르웨이의 지원방식은 다양한 통로로 대기업과의 파트너십을 보장하는 것이 특징인데, 중소기업이 완제품이나 솔루션 등의 개발을 통해 대기업 영업망으로 시장에 진입할 수 있도록 협약을 유도한다. 독일연방 중기업경제협회는 중소기업 CEO들이 직접 회사를 홍보할 수 있도록 전시회를 열어주고 대기업 참여를 유도한다. 대기업과 중소기업은 '혁신의 날' 행사를 공동 주관하거나 중소기업 CEO 워크숍 등을 개최해 기업 간 네트워크를 구축한다. 기업 간 컨소시엄을 구성할 때 정부가 매개 역할을 하기도 한다. 일례로 파키스탄 여행자 센터 건립공사 응찰 때 정부가 나서 대기업 건설사와 케이블회사, 난방회사, 방음회사 등을 연결해주고 기업 간 협력을 지원하기도 했다. 중기업경제협회를 중심으로 중소기업의 특허등록, 절세방안, 각종 교육 및 세미나 업무를 진행하고 중소기업 간 네트워크를 형성해 대기업과의 교섭력을 키울 수 있도록 지원했다. 독일은 사회경제를 이끄는 주체를 중소기업으로 선택했다. 독일 경제를 이끄는 중소기업들은 대부분 50명 이상의 중간 규모로 좁은 사업영역을 개척함으로써 세계 최고의 경쟁력을 보유한 히든 챔피언들이 많다. 중소기업의 평균 영업이익률은 대기업을 능가하고 임금수준은 대기업의 90%에 근접한다. 정부는 직업훈련 시스템을 직접 운영해 훈련생의 80%를 중소기업에 취업할 수 있도록 지원한다. 정부는 경쟁법으로 독과점과 카르텔을 엄격히 규제하지만 대기업에 비해 교섭력이 떨어지는 중소기업들에게는 카르텔을 허용하면서까지 성장기회를 보장한다. 정부 기관인 연방카르텔청Bundeskartellamt은 대기업-중소기업 간의 불공정거래가 발생할 때 최대 매출액의 10%까지 벌금을 내도록 하는 등 강력한 법 규정을 두고 있다.

대기업과 중소기업이 윈-윈하는 선진국 사례에서 공통적으로 발견되는 요소는 상호 간의 높은 신뢰를 바탕으로 한 수평적 협력관계이다. 상호 신뢰 외에 각 나라는 전통과 문화에 기반한 상생모델을 갖고 있다. 따라서 선진국 사례의 장점과 우리의 문화적 특징에 비추어 대기업과 중소기업이 모두 이익을 얻을 수 있는 한국형 모델을 모색해야 한다.


## 신음하는 비정규직[4]

비정규직 확대는 양극화와 노노갈등, 근로빈곤 등의 핵심 원인인 만큼 근본 해법에 대한 논의가 필요하다. 1997년 외환위기에 따른 대폭적인 구조조정 이

---

**4** 이 절은 SBS 전문가회의에서 "비정규직 '중간 일자리'로 만들자"라는 주제로 최영기 전 노동연구원장이 발표(2011. 2)한 내용을 재정리한 것이다.

전에도 비정규직이 존재했지만 당시는 비정규직 대부분이 1~2년 있다가 정규직으로 전환되거나 정규직과 비정규직 간 근로조건에 큰 차이가 별로 없었기 때문에 지금처럼 큰 문제가 되지 않았다. 구조조정 이후 은행이나 공공부문 등에서 퇴직했던 사람들을 비정규직으로 다시 채용하면서 분란의 단초를 제공했다. 2000년 이후 비정규직의 정규직 전환비율이 20% 전후에 그치는 등 비정규직이 정규직으로 옮겨가는 통로가 아닌 하나의 고착된 고용형태로 자리 잡으면서 임금과 고용조건을 놓고 갈등이 시작됐다. 비정규직은 또 기존 노동자뿐만 아니라 청년실업에도 영향을 미치는데, 청년들은 비정규직 일자리를 구할 경우 낙인이 찍혀 평생 비정규직을 전전할 것이라는 두려움 때문에 취업을 꺼린다. 많은 전문가들은 비정규직 문제 해결의 관점을 정규직에 대한 고용유연화를 통해 해결하라고 권유하지만 현재 대기업이나 공기업에 근무 중인 상위 20%를 제외하고는 대다수가 이미 유연한 고용상태에 놓여 있기 때문에 공허한 메아리에 그치고 있다. 비정규직 해법은 고용유연화보다는 비정규직의 질을 높여 좋은 노동력이 유입되는 구조로 가야 한다.

현재 비정규직의 가장 큰 문제는 고용불안이다. 1년 동안 절반 이상의 비정규직이 직장을 유지하지 못하며, 실직 경험률은 정규직의 2.5배, 비자발적 이직률 또한 정규직의 4.3배이다. 둘째, 더 나은 일자리로의 이동이라는 희망이 부재하다. 비자발적 사유에 의한 비정규 근로의 선택이 많고(2006년 8월 48.5%→2010년 8월 54.5%), 1년 후 정규직으로 전환할 확률은 20% 내외의 수준에 불과하며, 이마저도 최근 들어 하락하여 비정규 고용의 고착화 우려가 높다. 셋째, 부당한 차별이라는 인식의 확산이다. 고용노동부 조사에 따르면 정규직 대비 비정규직의 임금총액수준은 시간당 임금 기준으로 57.2%(2010년 기준)이지만, 동일 사업체 내 정규직과 비정규직 간 성·연령·학력·경력·근속년수 등이 같다고 가정할 경우 그 격차는 15.7%(2009년)이다. 넷째, 노사갈등의 확산이다. 2000년대 주요 노사갈등의 중심에는 비정규직 문제가 있었고 장기 분규로 비화되는 사례(KTX, 기륭전자 등)가 급증하고 있다. 비정규직 증가는 세계적인 현상이라고 할 수 있지만, 우리나라에서 특히 이로 인한 노사갈등과 사회갈등이 심화되는 이유는 97년 외환위기 극복 과정에서 정규직을 비정규직으로 대대적으로 대체했기 때문이다. 또 고용주가 쉽게 해고할 수 있다는 고용불안과 눈에 보이는 차별, 간접고용을 통한 사용자 책임의 기피, 직접적인 노사관계의 회피와 같은 부작용이 확산되면서 갈등의 핵심 쟁점으로 부각되었다. 다섯째, 비정규직의 과도한 남용문제이다. 한국 비정규직이 특히 문제가 되는 이유는 단기간에 너무 빠르게 증가했고 정규직으로 전환되는 비율이 낮아졌기 때문이다. 비정규 근로자는 2004년까지 빠르게 증가하다가 비정규직법 도입을 전후하여 감소하고 2008년 세계금융위기 와중에 다시 소폭 증가하여 2010년 8월 기준으로 임금 근로자의 33.3%(536만 2000명)에 달한다.[5] 여섯째, 청년층의 비정규직 기피이다. 청년층에게 제공되는 중간수준의 일자리 기회가 감소하면서 취업준비 중이거나 불안정한 일자리와 미취업을 전전하는 청년층이 증가하고 있다. 미취업기간이 길어짐에 따라 청년층 눈높이는 조정되고 있다. 오히려 문제는 비정규직으로 빨리 취업하는 경우 비정규직 함정에 빠지거나 낙인으로 작용할 우려가 높다는 점이다. 일곱째, 비정규직은 저임금 고용과 근로빈곤의 원인이다. 임금분포에서 중위임금의 2/3 미만을 받는 저임금 고용은 2010년 현재 전체 임금 노동자 가운데 26.3%로 OECD 회원국 가운데 최고 수준이다. 2010년 정규직 가운데 18.3%가 저임금 고용인 반면 비정규직의 저임금 고용 비중은 42.3%이다. 특히 저임금 고용 비중의 증가는 주로 비정규직에서 발생한다. 마지막으로 비정규직 증가에 따른 노동시장 양극화이다. 97년 외환위기 이후 고용률 정체와 소득분배의 악화가 지속되고 있다. 문제는 외환위기 극복 이후에도 지난 10년 동안 고용률 정체와 분배악화가 지속되고 있다는 점이다. 대기업의 분사화와 외주화 확대에 따라 300인 이상 대기업 고용 비중은 1993년 22.6%에서 2009년 13.7%로 대폭 축소되고, 외주가공비는 급증하는 추세이다. 이에 따라 중간수준의 일자리가 감소하는 U자형의 일자리구조를 보인다. 기업은 단기 수익성 위주

---

5 2015년 8월은 임금근로자의 32.5%로 627만 명.

의 경영 및 직접고용 최소화 전략으로, 노조는 조합원만의 고용안정과 임금극대화 전략으로 맞서왔다. 이 때문에 사회보험은 지속적인 적용 확대에도 불구하고 보험료 부담 또는 영세사업주의 의무 기피 등의 이유로 사각지대가 광범위하게 존재하고 있다.

외국에서도 비정규직은 풀기가 어려운 문제이다. 네덜란드는 공식적 비정규직 비중이 41%로 선진국 중 가장 많다. 신뢰를 바탕에 둔 노사관계 속에서 고용안정과 비정규직의 동등대우를 위해 노사가 93년과 96년 두 차례에 걸쳐 고용안정 협약을 체결한 이후 비정규직이 급속히 확산됐다. 비정규직과 정규직의 임금격차를 줄인 것이 파트타임을 선호하는 여성을 일자리 시장으로 끌어냈다. 반면 스페인은 지난 97년 기업이 정규직을 채용할 경우 퇴직금 부담을 30%까지 경감시켜주고 처음 2년 동안은 고용보험과 건강보험 등 사회보험료의 40%에서 60%를 정부 재정에서 지원하기로 사회적 합의를 이뤘다. 이후 2000년부터 4년 동안 150만 개의 일자리가 새로 창출됐고 이 중 76%가 정규직으로 일자리를 찾았다. 비정규직에서 정규직으로 전환한 계약건수도 250만 건에 달했고 실업률은 24%에서 11%까지 떨어져 IMF가 성공사례로 한국에 권고할 정도였다. 하지만 이후 정부의 재정 부담이 급격히 늘어나면서 사회적 합의기한이 끝난 2001년 정부가 정규직 채용에 대한 지원중단을 선언했다. 이후 재정압박을 받고 있는 공기업 일자리부터 비정규직이 다시 급증추세를 보이고 있다. 일본에서는 도요타 같은 일부 기업의 경우 비정규직 임금이 일본 근로자 평균 임금보다 높다. 미국은 비정규직이 17% 정도이지만, 정규직의 경우에도 임의고용의 원칙하에 회사 사정에 따라 수시로 채용과 해고를 반복하고 있다.

우리 노동시장은 소규모의 좋은 일자리와 대규모의 나쁜 일자리만 존재하는 극단적 이중구조이다. 정규직의 고용유연화나 비정규직의 임금 상승 등은 허울은 좋으나 실행가능성이 약한 방안인 만큼, 비정규직의 사회안전망 강화를 통해 비정규직을 A, B, C 가운데 B급 정도의 스펙을 갖춘 중간 일자리 형태로 만들어 여성 및 청년층의 유입을 유도해야 할 것이다. 이와 함께 일자리 창출과 비정규직 고용 축소를 위해서는 연공임금체계의 개선이 필요하다. 현재의 연공

표 5-2 임금의 연공성 국제비교(남성, 제조업)

| 구분 | 근속기간 | 한국 | 스웨덴 | 프랑스 | 독일 | 영국 | 일본 |
|------|----------|------|--------|--------|------|------|------|
| 관리사무<br>기술직 | 0~1년 | 100.0 | 100.0 | 100.0 | 100.0 | 100.9 | 100.0 |
|  | 2~4년 | 130.2 | 110.0 | 110.8 | 105.9 | 107.0 | 120.1 |
|  | 5~9년 | 152.6 | 112.3 | 124.9 | 111.3 | 112.0 | 127.7 |
|  | 10~19년 | 178.8 | 127.5 | 126.1 | 119.2 | 113.5 | 162.6 |
|  | 20년 이상 | 218.0 | 112.9 | 131.0 | 126.9 | 101.9 | 214.7 |
| 생산직 | 0~1년 | 100.0 | 100.0 | 100.0 | 100.0 | 100.0 | 100.0 |
|  | 2~4년 | 133.1 | 111.6 | 116.1 | 105.8 | 107.7 | 119.7 |
|  | 5~9년 | 163.9 | 110.6 | 122.9 | 111.7 | 112.9 | 135.1 |
|  | 10~19년 | 205.6 | 109.5 | 133.5 | 119.8 | 118.0 | 163.9 |
|  | 20년 이상 | 241.0 | 112.4 | 150.1 | 123.9 | 119.6 | 210.8 |

자료: 이병희 편, 『통계로 본 20년』(한국노동연구원, 2008).

급 임금체계는 고성장 시대에 기업의 특수적 숙련 형성에 적합하던 모델이다. 하지만 최근 기업의 성장률이 떨어지고, 노동자의 고령화가 급속하게 진행되면서 기업에게는 커다란 부담으로 작용하고 있다. 이런 부담 때문에 중장년층의 조기퇴직, 희망퇴직이 많아지고 결국 개인의 생애주기와 노동시스템의 불일치가 생기는 악순환이 발생했다. 연공급 임금체계를 갖고 있는 대기업과 근속 기간이 짧을 수밖에 없는 중소기업 간 임금 불평등이 확대되는 문제점도 발생한다. 연공급 임금체계의 부담 때문에 기업들이 정규직 일자리를 축소시키고, 단순 직무의 비정규직을 고용하거나 아예 간접고용으로 돌리는 경향이 증가하고 있다.

한국 기업의 임금시스템은 연공급 성격이 강할 뿐만 아니라 연공에 따른 임금상승폭이 매우 큰 것이 특징이다. 표 5-2에서 보듯이 이러한 임금시스템과 짧은 기대 근속기간으로 인해 대기업의 정규직을 중심으로 기득권 계층이 형성되었다.

임금이 생산성과 일치하도록 유연하게 움직인다면, 기업은 생산성보다 임금이 높다는 이유로 근로자를 해고할 유인이 없어진다. 반면, 생산성보다 높은 임금을 받는 근로자들은 기득권 계층으로 이를 향유하기 위해 비정규직의 정규직 전환이나 기업 내의 작업장 혁신에 주저하는 성향을 보인다. 생산성과 임금이 같이 움직인다면 양극화 해소의 핵심은 근로자의 생산성 증대 및 생산성의 형평성 확보가 되어 기업의 경영이 비교적 자유롭다. 그러나 경직적인 임금시스템 아래에서는 초과노동비용을 해소하기 위해 기득권을 지닌 근로자들의 동의 및 양보가 있어야 한다. 그렇지 못하면 기업은 정규직 임금이 생산성을 넘어섬에 따라 발생하는 초과노동비용 부담을 해소하기 위해 비정규직에게 생산성보다 낮은 임금을 지급하거나 하청업체 등에게 전가하기 때문이다. 이러한 상황은 대기업 정규직과 비정규직 사이, 그리고 원청업체와 하청업체 근로자들 사이의 임금격차가 확대되는 양극화로 연결된다. 그리고 기업은 장기근속 근로자를 해고하거나 신규채용을 가능한 줄이려는 동기를 가지게 된다. 임금이 생산성을 초과하는 경우 시간이 경과할수록 기업의 인건비 부담은 증가하고 이를 해소하기 위한 가장 간편한 방법으로 조기퇴직, 명퇴 등을 선택한다. 그 결과 사오정, 오륙도와 같은 말처럼 40대 후반에서 50대 중반에 걸쳐 직장을 그만두는 사례가 급증한다. 따라서 임금직무혁신을 통해 근로자의 직업능력을 제고함과 동시에 임금시스템을 현실에 맞게 조정하여 고용안정을 도모하고 양극화를 완화해야 한다.


## 사회적 질병: 장시간 근로

한국의 근로 문화는 이례적이다. 2013년 '도그하우스다이어리' 세계지도에서 한국의 대표 키워드는 '일중독'이다. 미국의 ≪애틀랜타 저널Atlanta Journal≫은 '한국은 주말에도 일하는 나라'라고 보도했다(2013년 10월 6일 자). 실제로 연간 실근로시간은 2092시간으로 멕시코(2317시간)에 이어 두 번째로서, OECD 평균(1705시간)에 비해서 400시간 더 일하고 있다. 이는 영세 소규모 기업 근로자, 비정규직은 워낙 임금이 적어서 생계비를 충당하기 위해 장시간 노동에 내몰릴 수밖에 없고 대기업 정규직 노동자들도 언제 해고될지 모른다는 불안감에 '일할 수 있을 때 바짝 벌자'는 심정으로 장시간 근로를 자청하고 있기 때문이다. 장시간 근로는 단지 여유가 없는 것뿐 아니라 개인과 가족에 직접적인 악영향을 주는 것으로 나타났다. 우선 개인의 건강에 치명적이다. 특히 2교대의 경우 연구 결과에 따르면 교대근무자의 약 85%가 수면장애로 고생하고 있으며, 1일 11시간 이상 근무 때는 심근경색 발생위험이 2.94배나 높다(2008년 연세대). 주 52시간 이상 근로 때는 우울, 불안장애가 3배 증가한다(2012년 산업안전보건연구원). 주야간 교대근무는 2급 발암추정 요인으로 수명이 13년 단축된다는 발표도 있다(2007년 국제암연구소). 이뿐만 아니라 가족의 가치를 심각하게 훼손한다. 잦은 야근의 피해로는 가족과의 마찰 증가(65%), 가족과의 대화 급감(51%), 수면으로 보내는 주말 52.7% 등이 조사됐다(08년 취업포털). 이와 같이 우리나라의 직장인들은 가족과 보낼 시간을 낼 수 있기는커녕 본인 몸 하나 건사하기 어려울 정도로 노동에 나서고 있어서 돈을 벌기는 벌지만 삶의 여유와 보람을 느끼는 사람이 드물다. 따라서 직업을 갖고 일을 하지만 행복하지 않은 것이 한국 근로자들의 현실이다.

그런데 장시간 근로는 개인과 가족뿐 아니라 기업의 경쟁력에도 직접적인 악영향을 준다. 특히 한국의 장시간 근로에 대한 문제점은 국제적인 비교에서 확연하게 나타난다. 세계적인 인사 분야 컨설팅 회사인 타워스왓슨Towers Watson이 전 세계 29개국에서 근무하는 직장인 3만 2천 명을 대상으로 설문을 실시했다. 조사 결과 자신의 일에 '매우 몰입한다'고 응답한 비율이 17%로 인도(48%), 중국(53%), 아시아 평균(33%)에 비해 현저하게 떨어지는 것으로 나타났다. 타워스왓슨은 장시간 근로로 인한 업무의욕 저하, 성취도 감소가 한국 사회에 만연하다고 분석했다. OECD 자료에서도 우리나라의 시간당 노동생산성은 거의 꼴찌 수준이다. OECD 34개국 가운데 29위(2012년)로 미국의 46% 수준, OECD 평균의 63% 수준에 불과하다. 결과적으로 우리나라는 엄청나게 많은 시간을 일하지만, 가장 적은 성과를 내는 나라인 것이다.

이처럼 장시간 근로의 문제점은 오래전부터 지적되어왔는데 왜 고쳐지지 않고 계속되는 것일까? 장시간 근로는 기업과 노동자들의 일종의 암묵적 담합이다. 기업은 최소인력으로 장시간 근로를 통해 고정비용을 줄이려 하고, 개인은 잔업, 휴일특근 수당 등으로 임금을 높이려는 목적이 맞아 떨어지는 것이다. 사실 우리나라의 법정근로시간은 2004년에 주당 44시간에서 40시간으로 이미 감축됐고 회사 규모에 따라 적용 대상이 단계적으로 확대되어 2011년 5인 이상 사업장까지 도입됐다. 하지만 법정노동시간인 주 40시간에 추가하여 노사 합의로 주당 12시간까지 초과 근로가 가능하다. 게다가 전체 근로자의 절반 정도는 아예 근로시간 규제 자체가 없을 정도로 사각지대가 크다. 운송업, 금융업을 비롯한 26개 특례업종 등 전체 근로자의 47%는 근로시간 규제 자체가 없다. 5인 미만의 사업체 종사노동자, 경비업, 농림, 축산, 임업, 잠업 등 현행 적용에서 제외되는 산업 종사자들은 시간주권 개념이 아예 없다. 또 실제 초과근로 시간과는 상관없이 미리 정한 액수만 받는 '포괄임금제'가 전 산업에 만연해 있어서 장시간 근로가 관행처럼 이뤄지고 있다.

근로시간을 줄이면 어떤 변화가 생길까? 최근 연구를 진행한 노사발전재단에 따르면 근로시간을 1% 단축하면 약 3.4%의 생산성이 증가한다. 이를 '숨은 생산성의 발견'이라고 표현했다.[6] 실제로 여러 기업에 대한 컨설팅 결과, 근무시간 단축을 통해 로스타임loss time을 개선하는 등 작업장 혁신이 일어나 불필요하게 낭비되는 시간과 공정이 개선되었다. 중요한 변화를 비교해보면 **표 5-3**과 같다.

또 근로시간 단축은 생산성 향상뿐 아니라 영세 중소기업이 가장 어려움을 겪고 있는 구인난을 해소시켜줄 가장 중요한 요인으로 작용했다. 조사에 따르면 중소기업 취업 희망 요인의 1순위는 일정 수준 이상의 연봉(49%)이며, 2순위는 정확한 출퇴근시간 준수(20%)로 나타났다(2012년). 또 OECD 통계 **표 5-4**를 통해서도 알 수 있듯이 근무시간 단축은 생산성 향상과 밀접한 관계가 있다.

근로시간 단축의 핵심은 '사용자의 비용' 대 '근로자의 임금보전' 문제이다.

---

**6** 노사발전재단, 「장시간 근로 개선에 따른 일자리창출 영향요인 연구」(2013. 12).

표 5-3 근로시간 단축 시 변화 비교

**근로자들의 직무 만족도**
- 근로시간 단축업체: 조금 증가(44.8%), 크게 증가(34.5%)
- 근로시간 미단축업체: 변화 없음(77.8%), 조금 증가(22.2%)

**노동생산성 변화**
- 근로시간 단축업체: 증가(60%), 변화 없음(36.7%)
- 근로시간 미단축업체: 증가(44.4%), 변화 없음(55.6%)

**이직률 변화**
- 근로시간 단축업체: 이직률 감소(48.3%)
- 근로시간 미단축업체: 이직률 감소(11%)

표 5-4 주요 국가의 근로시간-노동생산성 비교

| 시간당 부가가치 | 1600시간 미만 | 1600~1800시간 | 1800시간 이상 |
|---|---|---|---|
| 50달러 이상 | 네덜란드, 노르웨이, 독일, 벨기에, 아일랜드, 프랑스 | 룩셈부르크, 미국 | |
| 30~50달러 | 덴마크 | 뉴질랜드, 스위스, 스웨덴, 스페인, 영국, 오스트리아, 슬로바키아, 아이슬란드, 이탈리아, 일본, 캐나다, 포르투갈, 핀란드, 호주 | 그리스 |
| 30달러 미만 | | | 멕시코, 터키, 폴란드, 체코, 한국, 헝가리 |

전경련, 경총 등 사용자 단체에서는 급격하게 근로시간을 줄일 경우 인건비 상승 등 비용이 커져 기업 경쟁력에 심각한 위기가 올 수 있다고 강하게 반발하고 있다. 근로자들 역시 근로시간이 줄어들면 임금이 줄어들 수 있기 때문에 부담을 갖고 있다. 양쪽의 걱정을 적절하게 조정할 수 있는 노사정의 본격적인 대화가 필요한 이유이다. 예를 들면 직원들이 근로시간을 줄이면서 임금의 10~20%를 양보할 경우, 사측은 교대제 전환에 따른 추가 인원을 채용하면서 줄어든 임금의 5% 수준을 기본급 인상으로 보충하고, 정부는 근로시간 단축에 따른 인센티브로 부족한 임금을 보충해주는 방안 등을 생각해볼 수 있다. 이런 개별적인 기업에서의 노력과 함께 한국의 현재 고용시스템에 대한 패러다임 전환이 필요

하다. 현재 한국의 고용시스템은 과거 산업화, 고도성장기 방식에 머물고 있는 상황이다. 앞으로는 값싼 임금으로 같은 제품을 대량 찍어내는 방식으로는 국제시장에서 경쟁력을 갖기 어렵다. 지금까지의 성장전략이었던 '로우로드low-road'의 양적 성장에서 '하이로드high-road'의 질적 성장으로 전환해야 하는 것이다. 남성 가장 중심의 장시간 모델에서 벗어나 맞벌이 중심의 지속 가능한 새 고용모델을 정착시켜야 근로시간 단축에 따른 불가피한 임금삭감의 부담을 줄일 수 있다. 또 근로시간 단축은 고용률 상승에도 결정적인 역할을 한다. 전 세계에서 연간 1800시간 이상 근로하면서 고용률 65%를 넘는 국가는 없다. 한국노동연구원이 OECD 국가의 2000~2010년의 연간 근로시간과 고용률의 상관관계를 연구한 결과, 연 근로시간이 100시간 줄어들면 고용률이 1.8% 상승하는 효과가 있다. OECD 수준으로 400시간 이상 줄이고, 줄어든 근로시간의 30~50%가 일자리로 전환된다고 가정하면 최대 98~169만 개의 일자리가 창출 가능하다. 근로시간이 줄어 개개인의 여유가 늘어나면 휴가, 휴일 사용 증가로 일자리 창출 여지가 높은 서비스산업이 발전하여 내수 활성화 효과도 있다. 결국 더 많은 사람이 더 오래 일할 수 있는 구조로 고용모델이 전환되어야 한다.

# 제11장

# 일자리를 위한 사회적 대화*

한국 경제는 1990년대 중반까지 8% 안팎의 고성장을 해왔지만, 이후 성장률이 크게 둔화되었다. 경제성장 기여요인을 노동, 자본 투입, 생산성과 인적 자본으로 나누어봤을 때 특히 노동과 자본 투입이 경제성장에 기여하는 정도가 전반적으로 낮아지는 추세이다. 생산요소 투입을 양적으로 늘려서 경제를 성장시키는 과거의 방식이 한계에 다다랐다는 것을 확인할 수 있다.

경제성장에 기여하는 요인별로 살펴보면 노동 투입량을 늘려 경제를 성장시키는 것은 인구 증가가 정체되고 노령화가 급속히 진행 중인 우리나라에서는 더 이상 기대하기 어렵다. 이제 노동력에서 중요한 것은 양보다 질이다. 인적자본의 중요성이 그만큼 커지고 있다. 자본투입을 살펴보면 특히 민간 투자가 저조하다. 자본 투입 증가세가 둔화되는 것은 산업 구조가 고도화하면서 일어나

---

* 이 장은 제7차 미래한국리포트에서 "위기를 넘어서"라는 주제로, 제11차 미래한국리포트에서 "어떻게 사회적 합의를 이룰 것인가"라는 주제로 장덕진 서울대 교수가 발표한 내용을 재정리한 것이다.

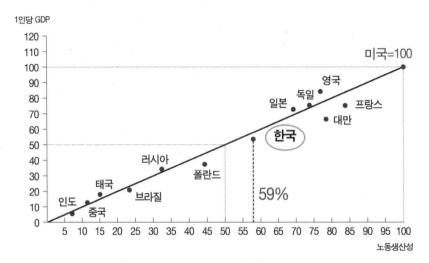

**그림 5-3 노동생산성 국제비교**
주: 양 축은 1인당 GDP 구매력 평가지수를 기준으로 하며 미국을 100으로 환산하여 조정. GDP는 2008
   년 미국 달러.

는 추세이기는 하지만, 걸림돌을 제거한다면 지금보다 투자를 훨씬 더 늘릴 수 있다. 기업의 보수적인 경영, 경직된 노사관계, 각종 규제와 높은 거래비용이 투자의 걸림돌로 꼽힌다. 이렇게 양적 요소인 노동과 자본의 기여도가 둔화되는 추세라면, 질적 요소인 생산성을 높여 이를 보완해야 하는데, 이 생산성이 충분히 향상되지 못하고 있다. **그림 5-3**에서 보듯이 노동생산성이 높을수록 1인당 GDP가 높은 것으로 나타나는데, 우리나라의 노동생산성은 미국의 59%에 불과하다.

한국 경제는 양적 발전 단계에서 질적 효율이 중시되는 단계로 빠르게 전환되고 있다. 대기업과 대기업이 주력하는 수출·제조업 분야는 이 변화를 주도하며 생산성을 높이고 있는 반면, 다수의 중소기업들은 사양길을 걸으며 생산성이 떨어지고 있다. 즉, 변화를 주도하는 분야와 그렇지 못한 분야의 격차와 지체 현상이 경제 전반의 경쟁력을 갉아먹고 있다. 우리 경제의 문제를 대기업과 중소기업, 제조업과 서비스업의 격차, 고용과 소득 문제, 제도와 문화의 지체 현상으로 나눠 살펴보자.

먼저 대기업과 중소기업의 격차이다. 대기업과 비교한 중소기업의 생산성은 1980년대 후반 이후 지속적으로 떨어져 대기업의 30% 수준에 불과하다. 이는 단순 제조업 부문의 중소기업들이 후발 공업국, 특히 중국과의 경쟁에 내몰리는 것과 관련이 있다. R&D, 즉 연구개발비 투자는 대기업 얘기이다. 대기업의 R&D 투자는 꾸준히 증가해왔지만, 중소기업의 R&D 투자는 벤처 붐 시기에 일시적으로 늘었다가 정체 상태에 빠져 있다. 중소기업의 R&D 투자액을 모두 합쳐봤자 삼성전자 한 기업의 R&D 투자액에도 훨씬 못 미친다. 혁신이 생명인 벤처 기업들의 성적도 부진하다. 지난 10년간 코스닥 기업의 위험성과 수익성을 비교해보면 초창기 고위험, 고수익을 추구했던 벤처 기업들이 점점 거꾸로 가고 있다. 위험은 회피하고 적은 수익에 만족하는 벤처답지 않은 벤처로 변해가고 있다. 그러면 대기업은 안심해도 될까? 중소기업보다 높은 수준이기는 하지만, 최근 몇 년 동안 대기업의 영업 이익률은 계속 떨어지고 있다. 현재에 안주할 것이 아니라 계속해서 혁신하고 새로운 성장동력을 찾아야 한다. 그리고 핵심 원천 기술의 해외 의존도가 높은 것도 문제이다. LCD의 핵심 소재 국산화율은 30%에 불과하고, 2007년 휴대폰 수출액의 15%를 퀄컴 사[1]에 지급했으며, 조선업은 호황기 당시 대형 엔진, LNG선 특수 탱크 제작에 3억 달러의 로열티를 지급했다.

제조업을 제외하고는 생산성과 성장률이 하락하고 있고, 특히 비시장 서비스 분야의 생산성은 크게 뒷걸음질치고 있다. 선진국은 서비스업과 제조업의 생산성에 별 차이가 없지만, 우리나라는 서비스업 생산성이 제조업의 3분의 2에 불과하다. 서비스업 종사자 가운데 자영업자의 비중이 OECD 평균의 두 배인 26%이다. 서비스업 하면 떠오르는 것이 부부 둘이 일하는 동네 구멍가게, 분식집, 통닭집일 정도로 영세하다는 얘기이다. 지식 기반의 고부가가치 서비스업보다는 도소매, 숙박, 요식업 등 부가가치가 낮은 업종에 많은 사람들이 종

---

1 삼성전자 등 국내 기업들이 매년 2조 원 내외의 로열티를 퀄컴 사에 지급하고 있다.

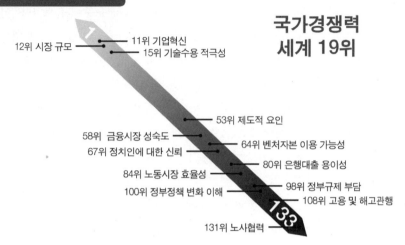

경쟁력 항목별 순위

국가경쟁력
세계 19위

12위 시장 규모 ── 11위 기업혁신
                  15위 기술수용 적극성

53위 제도적 요인
58위 금융시장 성숙도 ── 64위 벤처자본 이용 가능성
67위 정치인에 대한 신뢰 ── 80위 은행대출 용이성
84위 노동시장 효율성
100위 정부정책 변화 이해 ── 98위 정부규제 부담
                        108위 고용 및 해고관행
131위 노사협력

그림 5-4 한국의 국가경쟁력 항목별 순위

사하고 있다. 우리나라 서비스업의 부가가치 비중은 OECD 국가 중 최하 수준이
고, 고용 비중 66%도 OECD 평균보다 낮다. 서비스업 일자리를 더욱 많이 창출
하고, 생산성을 더 높여 경제성장에 기여할 여지가 그만큼 많다는 뜻이다. 2000
년 28억 달러였던 서비스수지 적자는 2007년 197억 달러[2]로 무려 7배나 늘어나
면서 서비스수지 적자 세계 3위를 기록했다. 관광이나 교육 등 경쟁력이 낮은
분야에서 해외 서비스 구매가 크게 증가했기 때문이다. 2008년 우리 국민이 해
외 유학 연수[3]에 쓴 돈은 44억 8천만 달러로 상품 수출로 번 돈의 70퍼센트가
넘는 액수가 고스란히 빠져나갔다.

다음은 제도와 문화의 지체 현상이다. **그림 5-4**에서 보듯이 세계경제포럼
(2009년)은 한국의 국가경쟁력[4]을 세계 19위로 평가했다. 기업혁신이나 시장 규

2 2015년 서비스수지 적자는 157억 달러.
3 2015년 해외 유학 연수비용은 36억 8천만 달러.
4 2016년 국가경쟁력은 26위.

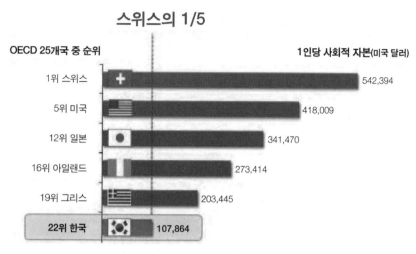

그림 5-5 사회적 자본 국제비교

모, 기술 수용 적극성 등에서는 상위권이지만 노동시장 효율성, 금융시장 성숙도, 제도적 요인 등에서는 하위권을 면치 못하고 있다. 세부 항목별로는 노사협력 131위, 정부 규제 부담 98위, 정치인에 대한 신뢰 67위 등이 전체 순위를 끌어내리고 있다.

이런 문제점은 **그림 5-5**에서 보듯이 각국의 사회적 자본을 비교해봐도 잘 드러난다(세계은행, 2007). 사회적 자본은 신뢰, 규범, 네트워크 등 사회적 맥락에서 발생하는 일체의 무형자산으로, 경제 발전과 사회 안정의 핵심 조건이다. 한국의 1인당 사회적 자본은 1위 국가인 스위스의 5분의 1에 불과하다. 이런 가운데 한국 경제의 성장 잠재력은 크게 약화되고 있다. 국제 경제 분석기관 글로벌 인사이트Global Insight는 향후 한국 경제의 연평균 성장률을 3.1%로 전망했다 (Global Insight, 2009). 어느 정도의 성장 둔화는 선진국에는 일반적인 현상이지만, 한국은 선진국의 문턱을 채 넘기도 전에 지나치게 빨리 성장이 둔화되면서 성장 잠재력이 떨어지고 있다. 이런 경제, 사회 문제들은 결국 일자리 문제로 이어진다. 선진국들의 고용률은 대부분 70% 이상인 데 비해 우리나라의 고용률은 60%대 초반으로 OECD 평균에도 못 미친다. 88만 원 세대라는 말이 나올 정도로 청년층의 고용 문제는 더욱 심각하다. 성장을 주도해온 수출, 제조업의 고용 창출력이 떨어지면서 경제가 성장할 때에도 새로 생기는 일자리 수는 도리어 줄어들고 있다. 주력 산업인 전기 전자, 조선, 철강, 자동차 등은 IT를 활용한 기술의 고도화, 다국적 기업화가 진행되어 산업 활동이 활발해도 국내 고용이 크게 증가하지 않는다. 또 중국과 경쟁하는 경공업 분야는 급격히 사양길에 접어들면서 고용 창출력이 약화됐다. 그나마 늘어나는 일자리도 영세하고 생산성 낮은 서비스업과 중소기업, 비정규직이 많아 소득 격차도 커지고 있다. 소득불평등 정도를 나타내는 지니계수와 상대빈곤율은 수년간 계속 높아지는 추세이다.

제2차 미래한국리포트(2005년) 당시 분석에 따르면 일자리 문제는 한마디로 노동수요, 공급, 시장 모두가 고장이 났다. 기존 일자리는 줄어들지만 새로운 일자리 창출은 더디다. 일자리에 맞는 사람도 부족하다. 일자리와 사람을 맺어주는 시장도 제대로 작동하지 않는다. 노동수요를 보면 먼저 국제분업 속에서 한국의 입지가 흔들리고 있다. 과거 우리나라는 낮은 임금에 양질의 인력으로 제조업을 중심으로 발전했다. 하지만 지금은 쫓아오는 중국과 인도, 즉 친디아 Chindia와 앞서가는 선진국 사이에 끼여 설 땅이 좁아지고 있다. 세계의 제조공장으로 부상한 중국으로 국내 제조업체들이 앞다퉈 옮겨가면서 우리의 고용능력은 갈수록 줄어들고 있다. 둘째, 저부가 서비스로는 일자리 창출에 한계가 있다. 제조업의 일자리는 계속 줄어들고 있다. 세계 시장을 놓고 벌이는 치열한 경쟁의 결과이다. 일자리는 다른 곳에서 찾아야 한다. 바로 서비스 분야이다. 실제로 지금까지 제조업에서 일자리가 줄어든 것 이상으로 서비스업에서 일자리가 늘어왔다. 하지만 우리나라의 문제는 전체 서비스업 가운데 53%가 식당, 숙박업, 공인중개사 같은 저부가 서비스업으로, 그 비중이 OECD 국가 중 최고 수준이라는 데 있다. 저부가 서비스업 근로자는 대부분 비정규직이거나 자영업 근로자이다. 경기가 나빠질 경우 대량 실업으로 전환될 가능성이 높아서 이런 분야의 일자리 창출은 근본적으로 한계가 있다. 셋째, 취업취약계층이 갈 곳이 없어진다는 것도 큰 문제이다. 산업구조의 변화로 저학력, 여성, 노인 같은 취업

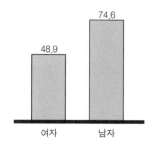
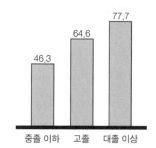

**그림 5-6** 성별 및 학력별 경제활동참가율(2003년)

취약계층부터 일자리에서 밀려나고 있다. 세계적인 현상이기는 하지만 우리는 밀려난 약자들이 일할 곳을 준비하지 못했다.

　노동공급은 어떤가? 실업난의 이면에 구인난이 자리 잡고 있는 역설적 현실이 그 핵심이다. 한쪽에서는 일자리가 없다고 하고 다른 한쪽에서는 사람이 없다고 호소하는 노동공급의 불일치, 패러독스이다. 먼저 대학에서 그 이유를 찾을 수 있다. 한마디로 대학과 산업이 따로 놀고 있다. 예를 들어 보면, 건설업의 경우 막상 사람이 필요하면 관련학과 인력이 모자라고 불경기면 넘치는 '미스매칭'의 전형을 보여준다. 금속산업의 경우는 초기에는 인력이 과잉공급되었지만 지금은 모자라는 추세이다. 대학은 기초적인 인력 수급에서조차 산업의 변화를 따라가지 못하고 있다. 더 큰 문제는 학교를 졸업하면 끝이라는 점이다. 새로운 기술과 산업 발전으로 지속적 학습이 필요하지만 일단 졸업하면 교육 무풍지대로 가고 만다. 교육부 전체 예산에서 평생학습 관련 예산은 선진국의 10분의 1 이하이다. 성인들의 직업교육 참여도 아주 저조하다. 끝으로 그나마 일할 의지가 있는 사람들의 의욕을 꺾어버리는 각종 차별도 문제이다. **그림 5-6**에서 보듯이 성차별, 학력차별, 연령차별은 여전히 여성과 저학력층, 노년층의 경제활동 참가를 가로막고 있다.

　한국노동연구원의 2002년 사업체 실태조사 결과에 따르면, 기업의 신규채용 시 연령을 제한하는 사업체 비율은 전체 사업체의 50%에 이르며 경력직의 경우도 24%에 달한다. 인력선발 시 고령자 기피 정도에 '다소' 또는 '매우 그러한 편'이라 응답한 업체는 각각 전체의 42%와 15%에 이르러 57%의 기업이 고령자를 차별하고 있다. 제조업의 경우 63%의 기업이 고령자를 기피한다.

　결론적으로 우리 노동시장의 문제를 한마디로 요약하면 경직성이다. 전통적인 인사제도, 노조의 강한 저항, 기업의 혁신노력 부족 등으로 임금, 고용, 노동시간, 기능 모두 유연성이 떨어진다. 즉, 연공서열제로 인해 생산력에 상응하는 탄력적 임금 지급이 불가해 임금 유연성이 부족하다. 사회안전망 미비와 해고에 대한 강한 저항으로 고용인원 조절이 어려워 고용 유연성이 낮다. 교대근무, 일자리 나누기 등의 제도 확산이 더디고 파트타임 일자리가 부족해 노동시간 유연성이 미흡하다. 체계적 교육 및 경력 개발의 미비로 기능적 유연성도 부족하다. 이러한 경직성의 이면에는 우리나라의 취약한 사회안전망이 있다. 우리나라는 고용보험 가입 후 일자리를 잃은 다섯 명 중의 한 명만 실업급여를 받는다. 선진국의 절반에도 못 미치는 수준이다. 일자리를 잃으면 당장 먹고살 길이 막막하기 때문에 아무도 지금 일하는 곳에서 나오려고 하지 않는다. 취약한 고용지원 시스템도 문제이다. 공공고용알선기관의 직원들이 상대해야 하는 근로자가 선진국보다 최대 30배나 많다. 더구나 이들 기관의 직원 대부분이 비정규직이라 전문성이 떨어지는 경우가 많다. 이렇다 보니 상담에서 원하는 결과를 얻기가 쉽지 않다.

　우리 경제성장의 가속도가 떨어지고 있다는 것은 점점 확실해 보인다. 이렇게 성장률이 둔화되고 노동과 자본투입이 경제성장에 기여하는 정도가 전반적으로 낮아지는 추세 속에서 생산요소 투입을 양적으로 늘려서 경제를 성장시키는 과거의 방식은 그 한계를 여실히 드러내고 있는 상황이다. 게다가 중소기업 생산성이 저조하고 R&D는 대기업에 집중된 현실 속에서 벤처 기업들은 설 자리를 잃고, IT산업 강국으로 위상을 날렸던 우리나라의 IT산업 순위는 2007년 세계 3위에서 2009년 16위로 추락했다. 핵심, 원천 기술 부족으로 선진국으로의 로열티 지급액수는 날로 늘어나고 있다. 서비스업 생산성이 저조한 점도 심각한 문제이다. 현재 우리나라 서비스업 생산성은 제조업의 3분의 2에 불과해서비스업의 부가가치 비중은 OECD 국가 중 최하, 서비스수지 적자가 세계 3위 (2007년)일 정도로 저조한 상황이다. 이렇게 위기를 겪으면서 전반적으로 성장 잠재력이 크게 약화된 것이 현 경제상황이다. 물론 어느 정도의 성장 둔화는 선진국에서 나타나는 일반적인 현상이지만 한국은 선진국의 문턱을 채 넘기도 전에 지나치게 빨리 성장이 둔화되면서 성장 잠재력이 떨어지고 있다는 점이 걱정스럽다.

이에 따라 제11차 미래한국리포트에서는 일자리에 대한 새로운 접근을 제시했다. 삶에서 일자리는 최고의 복지이자 행복의 시작이라고 할 수 있다. 이렇게 중요한 일자리를 창출하는 것이 이 시대의 과제이다. 그렇다면 경제성장만이 일자리의 해법일까? 우선 사회적 파트너들과의 대화를 통해 신뢰를 형성하고 성장까지 이뤄낸 스웨덴의 사례를 보자.

매년 7월이면 '알메달렌Almedalen'이라는 정치박람회 행사에 참석하기 위해서 수십만 인파가 스웨덴 남부의 관광 섬 고틀란드로 모여든다. 8일 동안 열리는 행사 기간 동안 정치권과 각각의 이익집단, 시민단체와 일반 시민들까지 모두 모여 스웨덴의 현안과 미래를 얘기한다. 행사기간 내내 곳곳에서 토론회가 열리고 미디어는 이를 온종일 시청자들에게 전한다. 어디서나 정치인을 만날 수 있고 장관들이 정부정책을 설명하는 중에도 반대 시위자들의 행동은 거침이 없다. 알메달렌은 평등과 소통의 장이다. 이런 정치문화는 국민과 격의 없이 소통하기를 원했던 올로프 팔메Olof Palme 총리가 46년 전 트럭 위에서 연설하면서 시작됐다. 그리고 이 독특한 문화가 스웨덴 '사회적 대화'의 기초를 만들었다. 중요한 것은 요즘 스웨덴의 최대 고민거리인 일자리 문제도 바로 '노사정'이 '사회적 대화'를 통해 해결하려 노력한다는 것이다. 스웨덴 경제 부처 장관에 따르면 일자리 문제 논의를 위해서 노사정은 1년 반 동안 350번이나 만났다고 한다. 스웨덴은 이미 1930년대에 노사정 대타협을 이뤄낸 뒤 70년 넘게 대화와 합의의 문화를 지켜나가고 있다. 지난 50년대 임금 불평등 완화 정책이나 90년대 조세개혁도 모두 각 주체의 '사회적 대화'를 통해 해결해왔다. 국가적인 중대사에 부딪힐 때마다 이른바 '거버넌스'가 작동하는 것이다. 그리고 이렇게 사회적 대화로 이끌어낸 정책은 정권이 바뀌어도 쉽게 바뀌지 않는다. 정당 관계자는 그 이유를 사회적 대화라고 말한다. 항상 다른 정당들이 모여서 대화를 하기 때문이다. 정부 정책에 대해 국민의 신뢰가 높은 것도 바로 '사회적 대화'를 통해 문제를 해결하고, 한번 약속한 정책은 반드시 지켜지기 때문이다. 국민의 신뢰 속에 탄탄한 성장을 이어가는 스웨덴. 그 비결은 바로 성장과 복지 그리고 일자리에 대한 고민을 '거버넌스'를 통해 슬기롭게 극복해온 결과일 것이다.

갈등으로 점철된 것처럼 보이는 우리나라에게 스웨덴 '알메달렌' 행사가 시사하는 바는 남다르다. 그렇다면 한국에서도 과연 사회적 대화가 가능할까? 이것이 가능할지를 알아보기 위해 몇 단계의 연구 과정을 거쳤다. 먼저 국민의 생각을 알아보기 위해 일반 국민을 대상으로 한 여론조사를 실시했다. 다음으로 여론조사만으로는 드러나지 않는 진짜 속사정을 들어보기 위해 다양한 집단을 대상으로 표적집단 인터뷰를 진행했다. 세 번째로 정부와 경영계, 노동계, 관련 학계 등 다양한 인사들을 심층면접해서, 당사자들의 생각이 무엇인지를 들어보았다. 임금이나 고용 같은 노동시장의 문제들은 이해관계가 첨예하게 얽힌 사안이라서 합의가 쉽지 않을 것으로 보인다. 하지만 우리는 이번 연구를 통해 생각보다 많은 합의의 가능성을 찾을 수 있었다. 일자리 나누기를 예로 들어보면 일자리를 나누기 위해서는 기존에 일자리를 가지고 있는 노동계의 양보가 필요하다. 노동계는 일자리 나누기를 위해 양보할 준비가 되어 있을까? 우리가 인터뷰한 민주노총 위원장은 이렇게 말했다. "노동자들이 할 수 있는 것은 일자리 나누기이다. 좋아서 나누는 것은 아니지만 이것이 양보의 핵심이다. 단, 비정규직 노동자들의 기본 권리와 소득을 개선하기 위한 정부와 기업의 노력이 동반돼야 한다." 즉, 몇몇 전제 조건만 충족된다면 한국 사회의 여러 문제들을 해결하기 위해 일자리 나누기를 받아들일 수 있다는 것이다. 일자리 나누기에 동의하는 여론도 높은 편이다. 전체 국민 3명 중 2명은 일자리 나누기를 위해 지금 받는 임금의 일부를 양보할 의향이 있다고 응답했다. 그러나 노동계에 이런 양보를 요청하기 위해서는 기본급의 비중이 낮고 각종 수당으로 채워져 있는 왜곡된 임금구조를 먼저 바로잡아야 한다. 장시간 노동을 해야만 수당을 포함한 소득이 일정 수준 보장되는 상황에서 일자리 나누기를 위해 양보한다는 것은 쉽지 않은 일이기 때문이다. 고용률과 고용 유연성을 동시에 높이기 위해 필요한 것 중 하나가 임금체계 개편이다. 우리나라 대부분의 정규직 일자리는 근속 연한이 길어지고 연공서열이 높아질수록 임금이 올라가는 연공급 임금체계를 가지고 있다. 그런데 연공급 체계하에서는 정규직 신규 채용이 쉽지 않다. 한번 채용하면 그 사람의 생산성과 상관없이 연차가 높아질수록 임금을 올려줘야 하기 때문에 기업들이 신규 채용을 꺼리는 것이다. 정부도 이 문제를 잘 인식하고 있는 것으로 보인다. 기업이 근로자를 부담으로 생각하면 가급적 일찍 내보내려고 하게 되고, 이것은 결국 복지지출 증가와 같은 정부의 재정 부담으로 남게 되기 때문이다. 비정규직 노동자를 대변하는 쪽에서도 연공급 체계의 문제점을 인식하고 있었다. 동일노동 동일임금 원칙을 위해서는 임금체계 개편이 필요하다는 것이다.

지금까지 본 것처럼, 민감한 노동시장 이슈에도 생각보다는 꽤 광범위한 합의가 존재한다는 점을 알 수 있다. 그런데도 왜 합의에 이르는 것이 실제로는 잘 되지 않을까? 한국형 거버넌스가 없기 때문이다. 누가 참여해서 어떤 방식으로 대화하고 합의를 시도한다는 대화의 틀이 있다면 합의에 도달할 수 있을 텐데, 그런 대화의 틀이 없다 보니 번번이 갈등으로 귀결된다. 한국형 거버넌스를 만들기 위해 필요한 일들은 다음과 같다.

먼저, 한국의 경우 정부의 역할이 대단히 중요하다. 스웨덴이나 독일 같은 나라들에서는 정부의 개입을 가급적 최소화하고 노사 양자 간의 대화를 중시하지만, 사용자 단체와 노동자 단체의 위상이 모두 취약한 한국에서는 당분간 정부의 중재자 역할이 중요할 수밖에 없다. 첫 번째 정부의 역할은 법을 존중하고 불편부당하게 집행함으로써 '공정한 중재자'의 역할을 하는 것이다. 일자리 나누기를 통해 양보할 의향이 있다고 말한 노동자 단체에서는 "노동조합을 인정하고 모든 노동자에게 노동기본권이 주어지고 함부로 해고하지 않는다면 사회적 대화에 참여할 용의가 있다"라고 말했다. 이것은 헌법을 비롯해 이미 만들어져 있는 법률에서 정한 사항들이고, 따라서 보장하지 않을 이유가 없다. 정부가 노사 어느 한쪽에 치우친다는 인상을 주는 한 대화와 합의는 불가능해진다. 정부의 두 번째 역할은 정책 수단을 유효적절하게 활용하는 것이다. 기업이 비정규직 근로자를 정규직으로 전환하기 위해 비용이 발생하는 경우 세제 혜택과 같은 인센티브를 제공한다거나, 노조가 일자리 나누기를 쉽게 할 수 있도록 수당 중심의 임금구조를 바로잡아 주는 것 등이 대표적인 예가 될 것이다. 무엇보다 이런 문제들을 자기들 임기 내에 끝낸다는 조급함에서 벗어나 장기적 안목에서 개혁을 실시해야 한다. 다음으로 사회적 파트너들을 조직화하고 대표성을 강화하려는 노력이 필요하다. 지금은 사측은 사측대로 노측은 노측대로 대표성이 매우 취약한 상태로, 단체교섭은 각 사업장 단위로 알아서 하는 방식이다. 스웨덴이나 독일 같은 나라에서 경영자 단체들이 오히려 산별 교섭을 선호하는 이유가 무엇인지 진지하게 생각해보아야 한다. 그들은 노동자 단체의 책임성만 보장된다면 같은 갈등을 사업장 단위로 수천 번 반복하기보다는 한 번의 산별 교섭을 통해 해결하는 것이 경영자 측에도 큰 도움이 된다고 말한다. 세계 시장에서 우리와 경쟁하는 나라들이 한 번의 교섭을 통해 갈등을 해결하고 기업 활동에 전념하는 동안 우리는 같은 갈등을 사업장 단위로 수천 번 반복하고 있는 것이 현실이다. 산별노조로의 전환과 협약적용률 제고 등의 구체적 방안을 고려해야 할 필요가 있다. 또 양대 노총은 비정규직을 비롯한 노동시장의 약자들과 적극적으로 연대함으로써 명실상부한 사회적 파트너로 발전하는 노력을 경주해야 한다. 사측이든 노측이든 지금보다 훨씬 넓은 대표성을 확보해야 비로소 그들에게 책임 있는 자세를 요구하는 것이 가능해진다.

　이제 우리는 사회적 합의의 틀, 즉 거버넌스가 없이는 더 이상의 성장과 복지를 이루어내기 어려운 상황에 직면해 있다. OECD 국가들과의 비교연구를 통해 우리가 지향해야 할 거버넌스는 '합의형 모델'이라는 것을 알 수 있었다. 또한 국민들의 인식과 각계 전문가들의 의견을 모아보면 합의형 모델로 가기 위한 공통분모들이 분명히 존재한다는 점도 확인할 수 있었다. 사회적 대화를 통해 합의할 수 있다면 우리는 고용률을 높이고, 고용의 유연성을 높이고, 기업의 부담을 줄이고, 양극화된 일자리의 격차를 줄이고, 더 착한 성장을 해나갈 수 있을 것이다. 하지만 스웨덴처럼 합의형 국가로 가기 위해서는 넘어야 할 난제들이 많다. 정부는 일방적 통치가 아니라 주요 사회적 파트너들과 함께 합의하는 질서, 즉 협치의 개념으로 전환해야 한다. 정치적으로는 지금보다 합의제 민주주의 요소가 훨씬 더 강화되어야 한다. 노조는 지금보다 더 광범위한 대표성과 책임을 함께 가져야 하고, 기업은 노동을 성장의 동반자로 인식하고 책임과 성과를 함께 나눌 준비를 해야 한다. 불신의 경험에서 과감히 벗어나 작은 약속부터 함께 만들어내고 그것을 지킴으로써 신뢰의 경험을 쌓아나가야 한다. 결국 개발 단계를 벗어나 고성장을 영위할 수 없는 성숙한 국가의 일자리 해법은 사회적 합의에 있다는 것을 이 연구는 보여주고 있다.

끝으로 우리나라 일자리문제를 다시 정리해보면, 우선 경제성장률이 크게 떨어지면서 대기업 수출주도형 경제 체제로 성장이 고용을 창출하는 정도가 매우 약하다는 점을 들 수 있다. 실제로 성장의 고용 창출력은 OECD 국가 가운데 최저를 기록하고 있다. 자영업 창업 등을 통해 기업 수가 증가하면서 일자리가 늘어왔지만 이제는 과당 경쟁 때문에 그것도 힘들다. 기업이 커나가면서 일자리는 늘어야 하지만 그것도 여의치 않다. 생산성을 이유로 대기업이 공장을 해외로 옮기고 있기 때문이다. 여기에 외국 인력이 많이 들어오다 보니 국내 일자리도 줄었다. 일자리 양극화가 심해지면서 좋은 일자리를 찾지 못한 청년층이 취업을 미루는 현상이 나타나고 있다. 그 와중에 베이비부머 대량 퇴직에다 저출산 고령화로 생산가능인구가 줄어가는 상황이다.

여기에다 상황을 더 어렵게 하는 두 가지 요인이 있다. 먼저 기존 일자리 부분을 살펴보면 임금과 복지가 높은 이른바 주된 일자리, 즉 대기업 등의 일자리 근무 기간이 OECD 국가 가운데 가장 짧다는 것이다. 그러다 보니 이왕이면 좋은 직장에 들어가겠다고 해서 취업재수를 거듭하고, 어렵게 들어온 좋은 직장 안 놓치려 하다 보니 노조가 강성화된다. 또 짧은 생애근로를 보전하려고 초과 근로를 많이 하다 보니 근무시간이 길어져 자연히 일자리 나누기도 힘들어진다. 조기퇴직 후에는 생계형 창업을 하지만 실패를 반복하다 보니 노인 빈곤율이 OECD 1위인 상황으로 이어지고 있다. 또한 일자리 창출 부분도 문제이다. 중소기업이 일자리의 90% 가까이를 차지하고 있지만, 사실상 비정규직이 95%이다. 임금은 대기업의 절반 정도로, 이른바 나쁜 일자리 창출의 근원이 되고 있다.

이런 점에서 일자리문제의 최우선 과제는 두 가지이다. 먼저 지나치게 근무기간이 짧은 일자리를 개선해 생애근로를 연장해야 한다. 세부적으로는 주된 일자리, 좋은 일자리 근무 연한을 늘리는 동시에 그 이후에 인생 2막을 제대로 찾아줘야 한다. 둘째, 중소기업 전체를 다 같이 끌고 나갈 것이 아니라 잘되는 중소기업을 선별해서 끌고 나가는 동시에, 과다한 경쟁에 허덕이는 생계형 창업보다는 벤처창업 같은 기술창업으로 성장성이 높은 기업을 만들어야 한다. 앞서 보았듯이 상위 10% 고성장-중소기업이 고용창출의 70%를 차지한다. 반면 하위 10%가 고용 감소의 70%를 차지하는 것으로 나와 있다. 그만큼 중소기업을 선별해서 키워야 하는 이유로 볼 수 있다.

일자리 생애근로 연장 부분에서는 정년 연장과 더불어 청년들이 처음 직장을 잡는 시기를 당겨야 한다. 중소기업 부분에서는 기존 일자리의 체질을 개선해야 한다. 기술창업을 활성화해서 좋은 일자리를 만들어야 한다. 그리고 기업 간 부당거래도 근절해야 한다. 이것들을 일자리 만들기-지키기-나누기 세 부분에서 엮어보면, 일자리 만들기에서는 이른바 고성장 중소기업을 통해 일자리를 만들고, 생애근로 연장을 통해 일자리를 지키고, 생애근로 연장을 통해 일자리 안정성이 높아진 만큼 자연스럽게 일자리 나누기를 시도해볼 수 있다. 항목별로 살펴보면, 현재 기업이 정한 명목 정년은 평균 57세(2013년 기준)이지만 사실상 그전에 이런저런 이유로 명퇴하면서 실질 정년은 53세에 불과하다. 이렇다보니 장시간 근로를 유도한다. 자동차 업종의 경우 초과근로수당의 비중이 월급의 40%가 된다. 이렇게 일할 시간과 임금을 정규직이 독점하면서 기업 입장에서는 비정규직 채용으로 비용을 줄여 경기 변동에 대응하는 측면이 있다. 또다른 문제는 늦은 입직이다. 청년층이 처음 직장을 갖는 시기가 늦다. 고학력자 양산과 대기업 선호, 중소기업 기피현상, 거기에다 벤처 거품이 꺼진 이후 청년층이 안정적인 직장을 선호하면서 기업가정신이 사라진 부분도 영향이 있다. 이를 극복하기 위한 생애근로 연장방안은 정년연장과 함께 그에 맞춰서 새로운 직무를 개발하는 것이어야 한다. 정년 연장에 따른 기업부담을 줄이는 차원에서 인사제도 개편이 세부과제로 보인다. 청년층의 늦은 입직과 관련해서는 고용친화적인 교육개혁, 기업가정신 함양, 좋은 중소기업과 구직자를 연결해주는 시스템을 개선해야 한다.

중소기업의 체질을 악화시키는 가장 큰 요인은 무엇보다 특정 업종의 과다창업이다. 한 조사를 보면 GDP 1억 달러당 중소기업 수가 307개이다. 미국보다 훨씬 많다. 이 때문에 중소기업 애로사항을 설문 조사해보면 동종업계의 이전투구가 가장 어렵다는 대답이 많이 나온다. 결국 과다하게 창업하고 구조조정은 부진하고 기업 간 불공정거래로 수익성이 악화되다 보니 좋은 인력을 뽑아갈 수 없고, 좋은 인력이 없으니 기업이 커나가지 못하는 악순환이 계속된다고 볼 수 있다.

또 다른 부분은 성장 가능성이 높다고 할 수 있는 기술창업이 크게 감소한 것이다. 벤처거품 붕괴 후에 기업가정신이 크게 위축된 부분, 투자가 아닌 대출중심의 자금충당 구조가 만연한 부분들, 대주주에 대해서 연대보증을 세운 부분, 한번 실패하면 다시 일어서기 힘든 패자부활제도가 미흡한 부분이 원인이다. 또 다른 부분에서는 대기업 중심 육성 전략 때문에 생긴 대·중·소기업 간 하청 구도가 기업 간 부당거래의 원인으로 꼽히기도 한다. 하지만 근본적인 원인은 일본이나 미국, 유럽에 있는 이른바 동반성장문화가 없다는 것이다. 예를 들어, 일본은 집단주의적 성향 같은 것이 그들 고유의 성과공유제를 만들어낸다. 우리나라에도 이런 제도를 적용하기 위해서는 우선 중소기업의 옥석을 가리고 고성장 중소기업을 선별해 이들에게 집중적으로 투자하는 방식으로 체질을 개선할 필요가 있다. 동시에 부실기업은 자연스럽게 도태되게 해야 한다. 이를 위해서는 정책금융이나 은행심사가 개선되어야 한다. 중소기업 스스로도 서로 잘하는 것 중심으로 네트워크를 구성한다든지 하여 자체 경쟁력을 키워야 한다. 기술창업이 잘되게 하기 위해서는 대주주 연대 보증제를 개선하고 투자 활성화 정책을 좀 더 적극적으로 펼쳐야 한다. 부당거래 부분에서는 지금까지는 대-중소기업 간 문제만 부각되어왔는데 중소기업 간의 부당거래 역시 다뤄야 한다. 실제로 불법 하도급 거래 현황을 보면 중소기업 간 부당거래가 전체의 70% 정도 된다. 눈에 띄는 대기업 1차 협력업체 부분은 많이 개선되어온 반면 1, 2, 3차 밴드에서는 여전히 불공정행위가 계속되고 있기 때문이다.

결국 실타래처럼 엉켜 있는 일자리문제를 풀기 위해서는 사회적 대화가 절실하다. 프랑스의 경우 사회 대토론회에는 노사정은 물론이고 사회단체 대표까지 300여 명이 참석한다. 이 자리에서는 프랑스의 경제, 사회, 환경 정책에 대한 방향을 논의한다. 프랑스의 노조 가입률은 10% 남짓으로 우리나라와 비슷하다. 그런데 노동자 단체는 5개나 된다. 그래서 기본적으로 사회적 대화를 추진하기가 매우 어려운 구조이다. 이 때문에 대통령이 사회적 대화의 전면에 나섰다. 올랑드Francois Hollande 대통령은 사회적 대화는 골칫거리이거나 문제의 해결책은 아니지만 정부가 정책을 집행하는 데 있어 반드시 통과해야 할 하나의 관문이라고 말함으로써 사회적 대화의 필요성을 강조했다. 프랑스는 헌법기구인 경제사회환경위원회가 상시로 사회적 대화를 시도하고 있다. 따라서 우리도 비슷한 성격의 대통령 자문기구를 더 활성화시키면 사회적 대화와 타협의 기능을 높일 수 있다. 이와 더불어 사회적 대화와 좋은 거버넌스가 문화와 제도로서 정착되도록 지속적으로 노력해야 한다. 그리고 그 중심에는 정부와 정치권이 있다.

# 제12장

# 기후변화의 위험*

최근 기상이변이 잦아지면서 지구환경에 대한 관심이 높아지고 있다. 기상이변의 주된 원인으로 온실가스 증가로 인한 지구온난화가 지목됐다. 온실가스가 인간의 산업 활동과 함께 급증한 것으로 나타나면서, 지구온난화의 원인이 인간에 있다는 방향으로 과학계의 입장이 정리됐다. 온실가스 감축은 1차적으로 생산비용의 상승으로 이어지기 때문에, 성장을 심각하게 둔화하는 부작용을 초래한다. 온실가스로 인한 위기감이 점증하면서 감축을 위한 국제적인 노력이 지속되고 있지만, 합의에 도달하는 데는 어려움을 겪고 있다. 온실가스 감축에 대한 국제적인 합의가 이뤄질 경우 글로벌 산업지도의 재편이 예상된다. 에너지 산업의 지각변동이 1차적으로 이뤄지고, 이산화탄소 배출 정도에 따른 기업 경쟁력 변동이 예상된다. 신재생에너지 생산능력은 국가별 경쟁력에도 큰 변화

---

* 이 장은 SBS 전문가회의에서 "기후변화 대응과 에너지 패러다임"이라는 주제로 강호정 연세대 교수가 발표(2011. 12)한 내용을 재정리한 것이다.

를 줄 전망이다.

지난 100년 동안(1906~2005년) 지구 평균 온도는 0.74도 상승했으며 1960년부터 2005년까지 0.6도가 오르는 등 상승속도가 빨라지고 있다. 지구온난화는 1972년 로마클럽보고서에서 처음 공식적으로 지적됐다. 1985년 세계기상기구 WMO와 국제연합환경계획UNEP이 온실가스 중 이산화탄소가 온난화의 주범임을 선언하고, 기후변화와 관련된 위험을 평가하고 대책을 마련하기 위한 기구로서 1986년 '기후변화에 관한 정부 간 협의체IPCC: Intergovernmental Panel on Climate Change'를 구성했다. IPCC는 기후변화 문제 해결을 위한 노력으로 2007년 노벨평화상을 수상했다. 1990년 이후 4차례의 보고서를 발표했으며 2014년 5차 종합보고서를 발표했다. 2000년에 발간한 특별보고서에서 현재 추세대로라면 지구의 평균 기온은 금세기 말에 최대 6.4도 올라갈 것으로 예측했다. 지구온난화로 인해 극지방 빙하가 녹아내리면서 해수면은 지난 1961년에서 2003년까지 매년 평균 1.8mm씩 상승했다. 금세기 말까지 해수면은 59cm 상승할 것으로 예상된다.

지구온난화에 대한 경각심을 확산시킨 공로로 노벨평화상을 받은 앨 고어Al Gore는 온난화가 극단적인 기상현상을 초래할 것이라고 경고했다. 온난화가 해수 증발량을 늘려 대기 중의 수증기를 늘리기 때문이다. 온도 1도 상승이 수증기 용량 7%를 증가시키는데, 지난 30년 동안 수증기는 4% 늘어난 것으로 추정된다. 집중된 수증기로 국지성 폭우 가능성을 높이고, 기온 상승에 토양에서는 물 증발이 빨라지면서 가뭄이 심해지는 등 온난화가 해수와 강수의 증발로 대표되는 물 순환시스템에 이상을 초래한 것으로 앨 고어는 주장한다. 환경론자인 레스터 브라운Lester Brown은 2010년 여름 밀 가격이 60%나 급등한 것은 러시아에서 나타난 기온 급등 때문이라고 분석했다. 여름 평균 기온이 8도 상승(모스크바 7월 기준)하면서 곡물생산이 40%나 줄었다는 것이다. 곡물수확량이 줄자 러시아는 식량안보 차원에서 곡물 수출을 금지했다. 이상기온에 따른 곡물생산 감소와 곡물수출국의 곡물 무기화의 연쇄작용은 앞으로 더 늘어날 것으로 예상된다.

기후변화의 원인에 대해 그동안 논란(화산활동설, 태양흑점설 등)이 있었지만 최근에 들어서 다수의 과학자들은 기후변화가 온실가스를 배출하는 인간의 활동 때문이라는 데 공감하고 있다. 대기 중 온실가스인 이산화탄소 농도는 지난 1만 1700년 동안 180~200ppm 범위에서 변동해왔다. 그러나 인류가 농경을 시작한 8000년 전부터 260ppm으로 상승했고, 1800년에는 280ppm이던 농도가 2005년 379ppm, 지금은 390ppm으로 가파르게 상승 중이다. 지구온난화와 관련된 쟁점으로는 온실가스 배출 억제와 에너지 절감, 신재생에너지와 같은 대안 에너지 활용 등이 있다. 적용 부문에서는 변화된 자연환경으로 농업생산성이 낮아지는 문제, 아열대성 전염병의 확산, 빗물 배수 등의 문제가 쟁점이다.

중위도 지역에 위치한 한반도의 온난화 정도는 지구 평균보다 심하다. 2005년 기준으로 이산화탄소 평균농도는 389ppm으로 세계 평균보다 10ppm 높다. 기온은 지난 100년 동안 1.5도 상승해 상승률이 지구 평균(0.7도 상승)의 2배에 달한다. 여름이 길어지고 봄, 가을, 겨울이 짧아지면서 건기와 우기의 아열대성 기후로 변하고 있다. 농산물 주산지가 북상하면서 사과 주산지가 대구에서 청주로 바뀌었고, 대나무의 북방한계선이 충청도에서 북상하면서 서울에서도 대나무를 조경으로 사용하는 사례가 늘고 있다. 바다에서는 온난화 현상으로 명태와 같은 한류성 어종이 감소하는 대신 오징어 등 난대성 어종이 늘어났다. 바다의 수온이 올라가면서 연근해에 바다가 죽어가는 백화현상이 일어나며 물고기 서식처를 파괴하고 있다.

제6차 미래한국리포트(2008)에서 SBS가 전문조사기관 TNS에 의뢰해 우리국민 1000명을 상대로 조사한 결과, 응답자의 97%가 우리나라도 기후변화의 영향을 받고 있다고 답했다. 특히 절반 이상이 그 영향이 큰 것으로 인식하고 있었다. 또 다른 여론조사(**그림 6-1**)에서 앞으로 10년 동안 한국 사회를 위협할 요소를 복수로 응답해달라고 했더니 무려 89%가 기후변화를 꼽았다. 심지어 실업이나 빈곤을 꼽은 사람보다도 많았다. 위험요소 10가지 가운데 7가지가 기후변화와 관련된 항목이었다.

기후변화에 따라 태풍이나 홍수, 산사태 등 자연재해의 규모도 커지고 있다. **그림 6-2**를 보면 지난 10년 동안 기상재해로 발생한 피해비용과 이를 복구하는

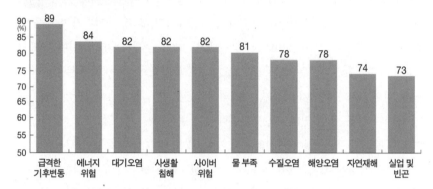

**기후변화가 최대 위협**

그림 6-1 위험과 에너지 관련 국민의식조사 결과
주: 표본크기는 전국 만 19세 이상 성인 남녀 1200명/ 표본오차 ±3.1%p, 95% 신뢰수준.
자료: SBS-서울대학교 사회발전연구소, 중앙대학교 차세대에너지안전연구단(2008.8.12~24).

데 든 비용이 합쳐서 34조 원을 넘었다. SBS-TNS 조사에서도 5명 가운데 1명이 자연재해 피해를 경험한 일이 있다고 답해 자연재해가 늘고 있음을 실감할 수 있었다.

기후변화 하면 가장 피부에 와 닿는 것이 기온의 상승이다. 지난 100년 동안 전 세계 평균 기온은 섭씨 0.72도가 올랐는데 우리나라 6개 주요 도시의 평균기온은 같은 기간 1.5도나 올랐다. 도시화 효과를 감안하더라도 세계 평균보다 빠르게 온도가 오르고 있음을 알 수 있다. 국립기상연구소는 오는 2100년 한반도의 평균 온도가 지금보다 섭씨 4도 이상 오를 것으로 예측하고 있다. 서울의 평균 기온이 지금의 서귀포 정도가 될 것이다. 이렇게 되면 한반도에 서식하는 생물종의 20~30%가 멸종할 것이라는 생태학자들의 경고도 나오고 있다. 지구온난화로 빙하가 녹고 바닷물 온도가 높아져 팽창하면서 세계 해수면은 매해 평균 1.8mm 정도씩 상승했다. 그런데 우리나라 주변 해수면의 상승속도는 훨씬 빠르다. 남해안은 1년에 3.4mm, 제주는 5.1mm씩 오른 것으로 나타났다. 제주는 지난 40년 사이에 무려 22cm나 해수면이 오른 것이다.

한국의 현 경제 규모는 세계 13위 수준이다. 그런데 지난 1990년부터 2006년

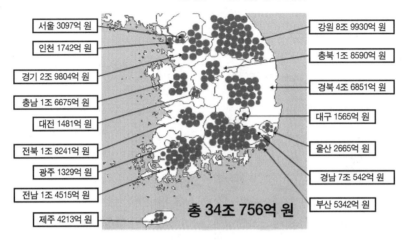

- 250억 원  ● 1000억 원  ● 2500억 원

| 서울 3097억 원 |
| 인천 1742억 원 |
| 경기 2조 9804억 원 |
| 충남 1조 6675억 원 |
| 대전 1481억 원 |
| 전북 1조 8241억 원 |
| 광주 1329억 원 |
| 전남 1조 4515억 원 |
| 제주 4213억 원 |

| 강원 8조 9930억 원 |
| 충북 1조 8590억 원 |
| 경북 4조 6851억 원 |
| 대구 1565억 원 |
| 울산 2665억 원 |
| 경남 7조 542억 원 |
| 부산 5342억 원 |

총 34조 756억 원

**그림 6-2** 10년간 자연재해 규모(1997~2006년)
자료: 소방방재청, 『재해연보』(2006), 25쪽.

까지 15년간의 이산화탄소 배출증가율을 조사해봤더니 OECD 나라들 가운데 우리나라가 가장 높았다(**그림 6-3** 참조). 이산화탄소를 배출하는 절대량도 전 세계에서 9번째로 많다.[1] 한국은 특히 70년대 이후 고도 경제성장을 하면서 집중적으로 $CO_2$를 배출해 세계 22위를 기록했다. 우리도 지구온난화에 상당 부분 책임이 있는 것이다.

기후변화 성과지수라는 다소 생소한 지수는 독일의 대표적인 환경단체 저먼워치Germanwatch가 각 나라의 기후정책, 그리고 분야별 이산화탄소 배출 추이 등을 평가해서 기후변화 정도를 산출한 수치이다. 여기서 한국은 2008년 평가 대상 56개 나라 가운데 51번째로 최하위권이다. 세계의 굴뚝으로 불리는 중국과 비교해도 11단계나 뒤진다.

이제 석유와 같은 유한자원에 의존한 경제성장은 한계에 부딪히고 있다. 철

---

**1** 2013년 이산화탄소 배출량 세계 7위.

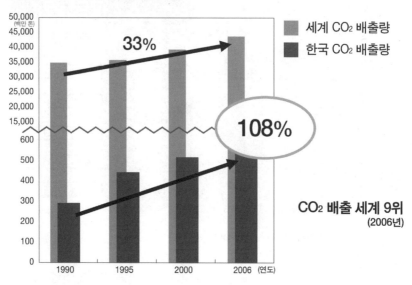

그림 6-3 $CO_2$ 배출량 비교
자료: 2008 key world energy statistics(2006).

강, 조선, 석유화학 등 화석연료 의존도가 상당히 높은 업종을 주력산업으로 갖고 있는 우리나라의 경우 에너지 다소비구조를 변화시키지 않고는 향후 경쟁력을 유지하기 어렵다는 분석이 많다. 정부에서도 문제의 심각성을 깨닫고 '녹색성장'을 화두로 내걸었다. 국가에너지 기본계획을 완전히 새롭게 정비하고 신재생에너지 비중을 선진국 수준으로 높이는 야심찬 계획에 착수한 것이다. 하지만 '기후변화' 측면에서 우리의 대응은 아직 초보 단계이다. 이미 한반도 곳곳에서 지구온난화로 인한 이상기상현상을 몸소 체험하고 있지만, 막상 '한반도의 기후변화'를 놓고는 먼 미래의 얘기로 생각하는 사람이 많다. 생태 관련 연구와 미래예측을 위한 기초자료가 턱없이 부족하고 국토 전반적으로 종합적인 그림을 그려낼 수 있는 역량도 부족하다는 평가이다. 다소 늦은 감이 있지만 한국이 효율적인 에너지 정책수립과 신재생에너지 개발을 통해 '녹색성장'의 계기를 마련하고자 노력하는 것은 상당히 고무적인 일이다. 하지만 과제도 많다. 신재생에너지 관련 원천기술 확보를 서둘러야 관련 산업 발전에 따른 과실이 국내 경제에 온전히 되돌아올 수 있다. 환경보호과 개발논리 사이에서 갈등관계를 최소화한 해법을 도출하기 위해서는 어느 한 분야만이 참여해서는 안 되며 사회 전반의 공조와 노력이 담보되어야 한다.

# 제13장

# 지속 가능한 환경을 위한 과제

환경·에너지·자원 분야에서는 문제가 비교적 분명하다. 지구온난화와 환경오염, 자원 부존량에 대한 우려와 자원가격의 강세를 들 수 있다. 우리뿐만 아니라 전 지구적 차원에서 공통으로 느끼는 문제들이다. 우리가 처한 상황은 좀 더복잡하다. 전력부족 문제가 최근 꾸준히 제기되고 있기 때문이다. 소비를 따라가지 못하는 전력공급이 원인이다. 최근에는 원전 사고도 자주 일어나고 있다. 원전에 대한 의존도가 높은 상황에서 상황을 복잡하게 만드는 요인이다. 반면대체 에너지에 대한 기술개발은 아직은 만족스러운 수준이 못 된다. 자원가격은 최근 다소 완화되기는 했지만 여전히 강세이다. 온실가스에 대해 본격적인규제는 아직 나타나고 있지 않지만 여전히 뇌관이다. 무엇보다 이런 요인들에우리 경제가 자칫 성장동력을 잃지 않을까 하는 우려도 제기되고 있다. 대안을찾기에 앞서 두 가지 질문을 생각해야 한다. 첫째, 앞으로 자원과 에너지를 충분히 공급할 수 있는가? 둘째, 원자력 발전소 문제는 어떻게 대응해야 하는가? 신재생에너지 기술이 비교적 짧은 시간에 대안이 될 수 있는지에 대해서도 질문이 필요하다. 어떻게든 산업경쟁력을 잃어서는 안 된다는 것이 가장 핵심적인 질문이라고 할 수 있겠다. 모두가 답하기 쉽지 않은 문제이다.

따라서 문제 해결을 위한 세 가지의 과제가 있다. 지속적으로 성장하기 위해서는 먼저 에너지를 안전하게 생성할 수 있어야 한다. 지구온난화를 막기 위해서라도 친환경적인 에너지 비중이 늘어야 한다. 기존 에너지 기술을 개선하는 것도 필요하고, 또한 어떤 새로운 방식도 개발해야 한다. 에너지 없이 지속 가능한 미래를 개척하는 것은 사실상 불가능하다. 안정을 유지하면서 지속적으로 성장하기 위해서는 무엇보다 에너지 공급 능력이 충분해야 한다. 물론 에너지 공급 방식을 놓고 논란이 많다. 안정을 잃지 않는 선에서 변화를 모색하려면 중간단계를 찾아야 할 것이다. 두 번째가 프로세스 개선이다. 이 부문은 무엇보다 에너지 소비를 줄이는 방향으로 진행돼야 한다. 그동안의 값싼 전력을 기반으로 한 산업구조나 관행도 개선이 필요하다. 마지막으로 '거버넌스'의 문제를 짚고 넘어갈 필요가 있다. 이를 자세히 살펴보면, 최근에 나타나는 에너지 불안요인들은 전력수요 증가와 공급능력 취약, 원전 장애, 이상기후 등이다. 전력예비율은 지난 2012년에 9.8%로 떨어졌다(2016년 20% 선). 우리나라는 원전사고도 끊이지 않고 있는데, 전체 원전의 무려 3분의 1이 이런저런 이유로 전력을 생산하지 못하는 경우가 발생한다. 중요한 것은 이런 불안요인이 사회 안정과 경제성장을 훼손할 수 있다는 것이다.

대용량의 에너지를 안전하게 공급할 수 있는 방법이 있다면 우리가 고민할 필요는 없을 것이다. 하지만 안전한 에너지 생산방식은 아직 기술 수준이 떨어진다. 특히 대용량의 전력 공급에서 취약하다. 원전에 대한 우려가 높지만, 이를 버리기 쉽지 않다. 전력발전 단가에서 원자력과 태양광의 차이를 보면 매우 큰 것을 알 수 있다. 원전은 1기로 무려 1GW라는 대용량의 전력을 공급할 수 있는 것이 최대 장점이다. 안전한 발전방식으로 옮겨가는 데 징검다리로 원전이 꼽히는 것도 이런 이유에서이다. 이 과정에서 현재 에너지 사용을 둘러싼 제도나 관행이 정상적이라 할 수 없기 때문에 프로세스 개선이 불가피하다. 현재 전력 가격은 원가에도 미치지 않는다. 다른 선진국과 비교하면 우리 전력요금이 얼마나 싼지 쉽게 알 수 있다. 실제로 1차 에너지를 써서 생산하는 전력 가격이 1차 에너지 가격보다 낮다. 이런 이유 때문에 과거 비닐하우스에 연탄이나 등유, 경유를 쓰던 것이 지금은 전기를 사용한다. 난방에도 전기를 쓰는 것이 대세이다.

원전에 대한 부정적 인식 때문에 원전 확대는 여의치 않다. 신재생에너지는 설치 운영에 더 많은 비용이 든다. 자원 자체의 가격도 여전히 강세이다. 정부도 에너지 절감 쪽으로 방향을 틀고 있어서 앞으로 에너지 효율화와 같은 식으로 대응하는 것은 불가피하다. 효율적인 프로세스를 만들어서 에너지를 적게 써야 한다는 것이다. 하지만 전력을 많이 사용하는 업체들의 전력 소비 증가율이 오히려 높게 나타나는 것을 볼 수 있다. 정부는 산업 육성 차원에서 전력 소비에 대한 보조금을 지급한다. 전력소비가 집중되는 시기에 전력사용을 줄이면 지급하는 보조금도 이 중 하나인데, 정부 지원금의 많은 부문을 전력 다소비 업체들이 받고 있는 것이다. 전력을 많이 쓰다 보니, 보조금을 받을 가능성도 높은 것 아니냐는 주장이 나올 수 있다. 하지만 '전력을 효율적으로 쓸 수 있는데 그렇지 않은 것 아니냐'는 식의 해석도 가능하다. 전력 다사용 업체일수록 하루빨리 에너지 절감 노력에 적응하도록 이끌어야 한다. 그것이 우리 경제에 미치는 충격과 비용을 줄이는 비결이다.

변화의 필요성은 공감하지만 아직 '이게 답이다'라는 방향이 없다. 그나마 원칙은 세울 수 있겠다. 먼저 에너지를 안전하게 생산할 수 있어야 한다. 지구온난화를 막기 위해서라도 친환경적인 에너지 비중은 늘어야 한다. 또 기존 에너지 기술을 개선하는 것도 필요하고, 지금까지 없던 새로운 방식도 개발해야 한다. 에너지 없이 지속 가능한 미래를 개척하는 것은 어렵다. 미국이 2012년 40년 만에 처음으로 에너지 수입국 1위 자리를 중국에 내주었다. 많은 사람들이 셰일가스 덕이라고 말한다. 미국은 실제 셰일가스 등 비전통 화석연료를 많이 개발해왔다. 하지만 이것만으로 1등 자리에서 벗어날 수 있었다는 것은 과장이다. 그동안 에너지 효율 개선 등으로 에너지 소비를 꾸준히 줄여왔고, 재생에너지 등 대체에너지 개발에도 주력해왔다.

에너지 문제의 원인을 원전이나 대체에너지만으로 보면 안 되는 시대가 됐다.

주민들의 송전탑 건설 반대가 대표적 사례이다. 송전탑이 건설되지 않으면 전력을 아무리 많이 생산해도 수요처까지 옮길 수 없기 때문이다. 발전소만으로는 전력을 충분히, 안정적으로 공급하는 데 한계가 있다. 주민들의 송전탑 건설 반대가 단순히 '내 뒷마당에는 안 된다Not In My Backyard'는 '님비'현상일 뿐이라고 생각해서는 안 된다. 본질은 그렇지 않다. 정부의 잘못된 정책집행 과정이 누적되어 사고가 터진 것이다. 정부도 그렇고, 지역 주민도 그렇고, 우리 사회도 갈등을 어떻게 조정하는지 익숙하지 않다. 이런 문제가 에너지 공급체계의 근간을 흔들 정도로 심각하다. 하지만 기회도 될 수 있다. 절박하기 때문이다. 우리에게 부족한 문화를 일으켜 세우는 기회로 만들어야 한다. 신재생에너지는 이런 부문에서 장점이 있다. 생산자가 곧 소비자가 되는 점을 주목해야 한다. 이렇게 되면 더 많은 사람들이 에너지의 소중함을 알 수 있게 된다. 전력 인프라에 대해 같이 고민할 수 있는 계기도 될 수 있다. 또 안전한 발전을 위해 모두가 감시자 역할을 할 수 있다. 전력요금을 조금 더 부담하는 것에 대해서도 긍정적일 수 있다. 최근 활성화되고 있는 협동조합은 재생에너지와 시너지를 이룰 수 있다는 점에서 주목할 필요가 있다. 에너지 협동조합도 같이 늘고 있는데, 에너지를 지역 주민이 참여해 생산하는 방식이다. 물론 아직은 미미한 실정이다. 앞에서 말한 장점 외에 우리에게 절실하게 필요한 일자리나 복지 부문에서 도움이 될 수 있다. 에너지 협동조합이 만들어낸 일자리는 경기에 민감하지 않기 때문이다.

요약해보자면, 먼저 에너지 공급이 충분해야 안정과 성장을 이룰 수 있다. 다음으로 프로세스 개선은 수요관리와 연결된다. 그동안 무시된 측면이 적지 않았지만 전문가들이 가장 중요하다고 말하는 부문이다. 변화의 방향성은 참여와 합의이다. 지속 가능한 사회를 만들기 위해 무엇보다 중요한 부문이다. 민주주의 역사가 짧은 우리에게는 가장 부족한 부문이기도 하다.

# 전기 요금과 원전 '딜레마'[1]

2011년 9월 15일 서울은 대규모 정전사태를 경험했다. 이 때문에 우리나라의 모든 전기시설이 일시에 정전되는 '블랙아웃' 위기가 발생할 가능성이 제기되었다. 전기 공급량이 수요에 미치지 못하면 블랙아웃이 일어난다. 2011년 기준으로 우리나라의 발전설비 예비율은 4%대[2]로 주요 선진국의 15% 수준에 비해 크게 낮다. 일시적 기상이변으로 전력수요가 4%p를 넘어서는 현상은 충분히 나타날 수 있는 상황이었다. 당장 발전설비 예비율을 15% 수준까지 늘리려면 775만kW의 발전설비를 추가로 증설해야 한다. 이는 화력발전소로는 16기, 원자력발전소로는 8기를 더 건설해야 하는 것이다. 화력발전소 1기당 건설비는 평균 3조 원이어서 48조 원이 더 필요한 셈이다. 세계 9위 이산화탄소 배출국인 우리나라는 2008년부터 의무화된 1차 이산화탄소 의무감축국에서는 빠졌지만, 2015년 파리 기후협정으로 온실가스 배출을 줄여나가야 한다. 이에 따라 온실가스를 배출하는 석탄발전 비중을 계속 줄여야 하는 상황이다. 원전은 발전단가가 저렴한 것이 장점이다. kW당 단가가 40원인 데 반해 석유는 180원이다. 온실가스 배출량도 kWh당 10g으로 석유의 782g에 비해 크게 낮다. 또 원전은 1년 중 연료 교체 시간 20일을 제외하고 일정한 출력을 낼 수 있는 것도 장점이다. 따라서 자원이나 환경, 기후변화적 측면에서 신재생에너지나 여러 대안에 대해 고민한 결과 정부는 현실적으로 원자력이 대안이라는 데 합의했다.

하지만 이런 원자력의 경쟁력에 대해서는 논란이 꾸준하게 제기되고 있다. 일본 정부는 지난 2004년 발전원별 단가를 원자력이 kWh당 5.9엔(약 89원), 석탄화력은 5.7엔(약 86원)으로 분석했다. 후쿠시마 원전 사고 이후 일본은 총리실 산하 '코스트 검정위원회'에서 2011년 12월 발전단가를 다시 계산했다. 원전

---

1 이 절은 SBS 전문가회의에서 "기후변화 대응과 에너지 패러다임"이라는 주제로 강호정 연세대 교수가 발표(2011. 12)한 내용을 재정리한 것이다.
2 2015년 발전설비 예비율 19%.

에 대해서는 노심손상 및 수소폭발을 막기 위한 보강설비 비용 등 안전대책비와 입지 선정을 위한 지역지원비, 기술개발비 등의 정책 경비, 사고 원자로의 해체철거비와 오염토양 정화비, 주민 피난 및 재정착 비용, 그리고 영업손해, 재산피해, 정신적 피해 등과 같은 사고 대응비의 세 항목을 추가해 이 작업을 다시 실시했다. 그 결과 원전의 발전단가는 최소 8.9엔으로 다시 평가됐다. 8.9 엔은 후쿠시마 원전 사고 이후 확인된 피해 복구비만을 감안한 최저값이라는 부연설명이 따랐다. 위원회는 석탄화력에 대해서도 '이산화탄소 감축 대책비'를 반영해 다시 계산한 결과 'kWh당 9.5~9.7엔 이상'이라는 평가결과를 내놓았다.

원자력에서 안전문제는 근본적인 이슈로 현실적인 쟁점은 폐기물 처리문제이다. 경주 방폐장은 원전에서 사용됐던 장갑, 작업복 등 쓰레기를 말하는 중저준위 폐기물 처리장이다. 원전에서 타고 남은 사용후핵연료 등 고준위 폐기물은 논의가 안 되고 있다. 고준위 폐기물은 울진과 월성, 고리, 영광의 4개 원전 부지에 총 저장용량의 68%인 1만 1370톤을 임시로 보관 중인데, 2016년부터 고리 원전을 시작으로 점차 저장능력이 포화에 이르고 있다. 민감한 문제라서 정면 돌파보다는 결국 다음 정부로 공을 돌리는 '폭탄 돌리기' 분위기이다. 정부는 지난 2007년에 고준위 폐기물 처리방안 마련을 위한 공론화 작업 태스크포스를 구성하고 2009년까지 공론화 위원회를 구성했지만 이후 이를 백지화한 경험이 있다. 고준위 폐기물 처리장은 짓는 데만 최소 10년이 걸리고, 기존 원전 부지 내에 짓더라도 6년이 소요된다. 또 고준위 폐기물을 저준위로 낮추는 기술은 15~20년 정도의 개발기간이 필요하다. 핵연료 재처리 이슈는 국제정치적으로도 민감한 사안이다.

신재생에너지는 발전용량이 크지 않고 원자력의 경우 '생존문제'가 얽히면서 기존 화석연료의 대안이 못 되고 있다. 결국 대안은 발전에서 찾는 것은 힘들고 소비에서 찾아야 하는 실정이다. 우리나라 에너지 정책의 심각성은 소비에 있다. 소비를 조절하기 위해서는 가격체계와 세금제도에 손을 대야 한다. 국민 정서에 호소하는 절전, 절약 캠페인성 정책은 근본적인 대책이 안 된다. 전기요금

표 6-1 가정용 에너지원별 상대가격비교(2009년, IEA)

| 구분 | 한국 | OECD 평균 | 미국 | 영국 | 일본(07년) |
|------|------|-----------|------|------|-----------|
| 석유 | 100 | 100 | 100 | 100 | 100 |
| 전력 | 83.3 | 213.3 | 181.3 | 303.4 | 252 |

은 원가에 미달하는 상황이다. 원가회수율은 일반용보다 산업용, 농사용이 더 낮다. 2010년 기준으로 주택은 94.2%, 일반은 96.3%로 원가에 근접했으나 산업용은 89.4%, 농사용은 36.7%, 가로등용은 78.1%이다.[3] 국내 전기요금은 주요 OECD 국가 대비 절반 수준이다. 주택용 전기요금은 우리나라가 2010년 기준으로 kWh당 0.083달러인 데 반해 OECD 평균은 0.156달러이다. 국제에너지기구[IEA]가 2010년 조사한 바에 따르면 주택용은 OECD 평균의 47.8%, 산업용은 54.6%에 불과하다.

전기요금이 시장 현실을 반영하지 않으면서 시장왜곡 현상이 나타난다. 전체 에너지 소비 증가율에 비해 전력소비 증가율이 크게 높은 실정이다. 2001~2010년 전력소비는 68% 늘었는데, 이는 최종에너지소비 증가율 27%나 GDP 증가율 44%보다 높다. 국제비교(표 6-1)에서도 지난 10년간 미국, 일본, 영국의 전력소비 증가율은 경제성장률의 0.4~1배 수준이지만, 우리나라는 1.5배로 중국의 1.2배보다 높다. 전력은 1차 에너지를 전환해 생산하는 2차 에너지인데, 2차 에너지 가격이 1차 에너지 가격보다 낮은 기현상이 발생하고 있다.

전기요금 규제로 인해 석유류 소비가 전기로 대체되는 현상도 심화되고 있다. 2010년 등유 가격은 2001년 대비 87% 상승하여 소비는 52% 줄어든 반면 전기 가격은 16% 인상에 머물러 소비가 68%나 증가했다. 예컨대 석탄이나 경유가 쓰이는 주물공장 동력이나 경유가 쓰이는 컨테이너 크레인 동력이 전기로 대체

---

3 2016년 10월 국회 산업통상자원위원회 조배숙 의원(국민의당)이 한전에서 받은 '2011~2014년 (추정) 원가회수율'은 상업용이 104.2%로 가장 높았고 산업용 101.9%, 교육용 91.1%, 가로등 91.0%, 주택용 86.7%, 심야 76.4%, 농사용 35.8% 순서였다.

되는 사례가 증가했다는 것이다. 농가 하우스 난방이나 농산물 건조 시설에 면세유가 쓰이는 대신 전기보일러나 전기를 쓰는 열건조 방식으로 전환되기도 했다. 학교 가스난방도 전력을 쓰는 시스템 에어컨으로 바뀌고 있다.

열병합발전소는 전기를 만들 때 발생하는 열로 보일러까지 가동하는 방식이다. 일반 화력발전소는 투입 에너지의 49%만이 에너지로 생산되는 데 반해 열병합발전소는 에너지 효율이 80%에 달한다. 전기요금이 낮다 보니 열병합발전소를 가동하면 오히려 연료(천연가스) 비용이 더 드는 상황이다. 열병합발전의 생산단가는 kWh당 205원인 데 반해 한전의 전기요금은 149원에 불과하다. 에너지경제연구원 분석에 의하면 전기요금이 10% 오르면 연간 전기소비는 4% 줄어든다. 이를 환산하면 연간 190억kWh로 1조 4800억 원에 달한다. 100만 kW짜리 원전 2.5기를 가동하지 않아도 된다.

전기요금 등 에너지가격이 국제 기준에서 너무 싸지만, 정치권에서는 '서민 부담'을 이유로 에너지가격 인상 계획에 부정적이다. 문제는 이러한 에너지가격체계의 주된 혜택이 포스코나 삼성 등 대기업에 집중된다는 점이다. 값싼 산업용 전기요금으로 인한 혜택은 지난 5년 동안(2006~2010) 삼성이 7523억 원, 현대차 5241억 원, LG는 4534억 원 규모에 달하는 것으로 분석됐다(한나라당 김재경 의원). 정부는 60년대부터 산업용 전기요금을 다른 용도에 비해 싸게 책정했다. 기업의 원가부담을 낮춰 국내 물가를 안정시키고 수출경쟁력을 강화한다는 명분이었다. 이런 '기업 우대성' 전기요금 정책을 그대로 유지한 채 일반 시민들의 전기 요금을 인상하는 조치는 받아들여지기 어려울 것으로 보인다.

## 전력 인프라 구축[4]

기후변화와 생활수준 향상 등으로 전력수요가 빠르게 늘고 있지만 전력설비 증가는 수요 증가폭에 못 미치고 있다. 이에 따라 전력수급 경보발령이 2011년에 이어 2012년과 2013년에도 이뤄지는 등 전력부족 우려가 높아졌다. 전력부족 우려는 지구온난화로 더 뜨거워진 여름철뿐만 아니라, 이상기온 발생 가능성에 따라 연중 나타날 수 있다. 연간 최대 전력수요가 여름보다 겨울에 발생하는 경우가 늘고 있어 겨울철에 전력부족 현상이 나타날 가능성도 크다. 전력부족 현상이 나타나는 것은 잘못된 수요예측과 발전소 건설 지연 또는 무산 등이 주요 원인이다. 대용량 발전소와 수요 지역을 연결하는 송전선 건설을 둘러싸고 지역 주민과 갈등이 잦아지면서 송전선발 전력부족 가능성도 있다. 2011년 순환정전 대란은 혹서기가 끝난 뒤인 9월에 발생했다. 지구온난화로 이상기온 발생빈도가 늘면서 예기치 못하게 전력수요가 증가할 가능성이 높아지고 있다. 또 전력부족은 여름철보다 겨울철이 더 우려된다. 2009년 이후에는 최대 전력수요가 여름보다 겨울에 나타난다. 2011년의 경우 설비 예비율이 10% 아래로 떨어진 날 27일 가운데 26일이 겨울철이었다. 교류 전력계통의 경우 수요와 공급의 균형이 이뤄지지 않으면 주파수가 일정 수준을 벗어나게 된다. 주파수 안정에 문제가 발생하면 전력계통에 연결된 발전기가 정지하는 이른바 '광역정전'이 발생할 수 있다.

사회 인프라의 대부분이 전력에 기반하고 있기 때문에 정전은 정상적인 생활이 불가능할 정도로 사회 시스템을 마비시킨다. 기반 시설의 정지는 국민 생활뿐만 아니라 안보에 상당한 지장을 초래하면서 사회적 혼란을 야기한다. 실제로 2003년 미국 8개 주와 캐나다 2개 주의 북미 동북부 지역에서 대규모 정전 사고를 겪었다. 사회 인프라가 마비되며 약 5500만 명이 큰 불편을 겪었다. 발

---

**4** 이 절은 SBS 전문가회의에서 "전력인프라 부족"이라는 주제로 김창섭 가천대 교수가 발표(2012. 7)한 내용을 재정리한 것이다.

전소 운전 정지에 따른 제한 송전, 펌프 가동 중지에 따른 급수 제한 등으로 기본적인 생활 유지가 곤란해졌다. 통신 및 방송망의 마비, 금융거래 불능, 항공 운항 취소, 지하철과 같은 대중교통 마비 등이 발생했다. 전력 공급이 중단되면 생산차질이 빚어져 결과적으로 산업 및 국가경제에 부정적인 영향을 초래할 수도 있다. 한국의 주력산업인 반도체, 철강, 석유화학 등의 연속공정 장치 산업은 정전 이후 설비 복구에 장시간이 소요되기 때문에 더욱 치명적이다. 2010년 일본의 도시바는 0.07초의 짧은 정전에 100억 엔의 피해를 입었다. 2003년 북미지역 대정전으로 미국이 입은 손실은 최대 100억 달러로 추정됐다. 정부는 우리나라의 경우 정전복구에 걸리는 시간을 원자력발전소가 최소 5~6일, 일반 발전기는 24시간 이내가 걸릴 것으로 보고 있다. 정전으로 인한 피해 비용은 11조 6485억 원에 달할 것으로 추정한다. 그러나 이는 경제활동 중단으로 인한 단순 GDP 감소액이며, 국가 보안 및 기간시설의 가동중단, 산업 생산시설의 피해 및 복구비용 등까지 감안하면 실제 피해비용은 더 클 것으로 추정된다. 전력불안은 기업경쟁력 약화, 투자환경 악화 등 산업성장의 걸림돌이 된다. 후쿠시마 원전사고 이후 전력부족이 지속되며 반도체와 IT 등 전력사용이 많은 산업을 중심으로 탈일본화 현상이 나타났다. 소프트뱅크가 20억 엔 규모의 데이터센터를 한국에 신설했고, 파나소닉은 태양전지 신규공장 건립 계획지역을 말레이시아로 바꿨다.

전력 설비를 혐오시설로 보고 건설에 반대하는 님비현상은 전력난의 한 원인이다. 증설이 예정된 발전소도 정책환경 변화, 민원, 송전선 연결 등의 문제로 계획에 차질이 발생한다. 2006년에서 2009년까지 발전소 건설계획 대비 실제 이행률은 80%에 불과하다. 2006년 수립된 3차 전력수급 기본계획을 기준으로 볼 때 2012년 준공 예정이었지만 지연되거나 취소된 발전설비 용량이 448만 kW에 달한다. 특히 고압 송전선 구축을 둘러싼 해당 지역 주민과의 갈등이 심각하다. 송전선 구축 지연은 대형 발전기 운전을 제약하고 있으며, 전력의 안정적인 공급과 송전손실 절감도 저해하고 있다. 우리나라의 발전소는 해안지역에 밀집되어 있는 반면, 전력 소비는 도시 및 산업단지에 집중되어 있어 안정적인 공급을 위해서는 고압 송전이 필요하다.

　원전에서 생산한 전기는 생산지 인근이 아닌 서울과 경기도에서 주로 사용한다. 전력은 충남이 전체의 24.9%, 경북 14.9%, 전남 14.4%, 경남과 인천이 각각 13.2%, 경기 1.8%, 서울이 0.3%를 생산한다. 반면 전력 소비는 경기도가 21.4%, 서울이 10.9%로 1, 2위를 차지한다. 우리나라에 현재 설치된 송전탑 개수는 3만 8411개이고, 전체 길이는 무려 18만 4221km(한국전력통계, 2008년)에 달한다. 한전이 전국에서 추진 중인 송전선로 사업만 해도 총 41개로 총길이가 645km, 송전탑 건설 수만 1600개이다. 삼척, 태백에서 출발해 경기도 가평까지 강원도를 횡단하는 765kV 송전망은 철탑부지와 작업도로 확보를 위해 녹지자연도 8~9등급 이상 산림을 포함해 약 1400ha(여의도 면적의 1.7배)를 훼손한다(녹색연합, 1999). 밀양에서 가까운 곳에 고리 원전이 있고, 신고리 4, 5, 6호기가 차례로 완공될 예정이다. 정부와 한전은 신고리~북경남~서경북~신안성을 잇는 310km에 달하는 초고압(765kV) 송전선로를 건설하기로 하고 먼저 신고리~북경남 송전선로(철탑 162기, 90.5km)를 추진했는데, 밀양에 높이가 80~140m나 되는 대형송전탑 67기 건설을 추진했다. 송전탑 건설에 반발해 2012년 초 밀양시 산외면 주민이 분신했다. 주민들은 초고압 송전선이 유발할지도 모르는 암과 같은 건강피해를 우려하며, 경관 파괴와 땅값 하락 가능성에도 반발하고 있다. 그동안 발전소 입지와 부지 문제 등으로 발전소가 신규 부지보다는 기존 부지에 추가 건설되면서 발전단지가 점차 대형화하는 추세였다. 대용량 발전단지는 전력 소비지역과는 지리적으로 떨어져 있어서 송전선으로 연결되어야 한다. 하지만 송전선이 지나는 지역 인근 주민들의 반발로 최근 들어 송전선 연결에 차질이 빚어지고 있다. 송전선 문제 시 대규모의 전력 공급력 상실 및 발전 중단 등이 우려되므로 사전에 송전선을 확장할 필요가 있다.

　전력회사의 대규모 집중형 전원과는 달리 소규모로서 소비지 근방에 분산배치하는 분산형 발전시스템으로 보완할 필요가 있다. 분산형 전원은 원자력이나 대용량 화력 등과 같은 집중적이고 대용량이 아닌 소용량의 전력저장시스템이나 발전시스템을 말한다. 수력, 태양광, 바이오, 풍력 등의 신·재생에너지 전원,

소용량의 열병합발전시스템, 전기 등을 이용한 전력저장시스템을 예로 들 수 있다. 수요지 인근에 발전기를 설치해 전력을 공급하는 분산형 전원으로 발전소 건설의 입지난을 해소하고 송전선로 건설비용 및 송전 손실을 방지할 수 있다. 열병합발전의 경우 대규모 형태의 지역 냉난방사업과 소규모의 구역형 집단에너지, 자가열병합발전으로 나뉜다. 자가열병합발전은 사업체나 대형 건물, 공동주택 등에 주로 설치되어 자가 사용을 목적으로 소용량의 발전을 하게 된다. 대규모 중앙집중식 발전소는 건설에만 수년이 걸리고 비용도 수천억 원이 들어가는 반면, 자가열병합발전은 필요한 지역에 필요한 규모로 단기간에 설치해 운영이 가능하다. 자가열병합발전기는 국내에는 225개소에 457대(2011년 상반기 기준)가 설치되어 224MW의 용량을 갖고 있다. 다만 지난 수년간 전기요금에 비해 가스요금 상승이 급격히 이뤄지면서 자가발전단가가 높아져 발전 가동률이 크게 낮은 것이 문제이다. 시설 확대와 가동률 확대를 위해서는 에너지 가격의 정상화가 전제되어야 한다. 자가열병합발전은 전력피크 시 부하를 낮춰 전력부하 평준화효과를 거둘 수 있게 한다. 전력피크 시 일정량 이상의 전력을 수요가에서 줄이도록 유도하면서 지원금을 지급하고 있다는 점에서 자가열병합도 피크전력 감소 효과에 따른 지원금을 지급할 수 있을 것이다.

전력공급 부족에 대응하기 위해 정부는 2010년부터 건설기간이 짧은 LNG 발전 공급을 대폭 확대했다. 하지만 LNG 발전의 확대는 원전과 석탄 등 기저발전 비중의 감소로 이어졌다. 2010년과 2011년 신규 발전설비 중 LNG 비중이 각각 76%와 38%를 차지한 반면, 기저발전 비중은 각각 0%와 41%를 차지했다. 이에 따라 기저발전 비중은 2009년 57%에서 2011년 54%로 줄어들었다. 기저발전 비중의 감소는 국제유가에 대한 민감도를 높여 전력요금 상승과 물가불안 요인으로 작용할 수 있다.

## 신재생에너지 확산[5]

우리나라는 세계 10대 에너지 다소비국이지만 화석연료는 고갈 위험과 지정학적 위험에 노출되어 있다. 화석연료에 대한 공급 불안으로 가격은 불안정하고 지구온난화 속에 온실가스 감축에 대한 압박이 높아지고 있다. 따라서 각국이 신재생에너지 확산 지원책을 펼치는 가운데, 특히 중국이 내수시장 확대를 기반으로 국제 경쟁력을 빠르게 키워나가고 있다. 우리나라의 신재생에너지 경쟁력은 선진국과 중국 사이에서 낀 '넛크래커Nut-cracker' 상황이다. 정부는 기술 중심으로 산업 경쟁력을 적극 지원하고 있다. 신재생에너지 규제의 골격은 2012년부터 신재생에너지 공급의무화 제도RPS로 전환됐다. 이 제도는 대용량 시설과 에너지 다소비자에 초점이 맞춰져 있어서 중소규모의 신재생에너지 시설에 대한 지원과 보완이 필요하다. 신재생에너지 생산에 지역 주민들의 참여를 장려하는 정책적 지원과 신재생에너지에 대한 사회적 인식 전환, 전기요금 인상이 요구된다.

신재생에너지 확산은 기술개발 및 산업경쟁력 강화를 통한 관련 산업 육성, 국내 재생에너지 보급, 시민 인식 증진이라는 삼박자가 조화를 이루어야 한다. 먼저 산업 초기에 머물고 있는 신재생에너지 부문의 육성을 위해서는 국내 수요를 지속적으로 확충하고 해외 수요를 적극 발굴할 필요가 있다. 산업 육성은 과거 자동차, 반도체, LCD 등과 마찬가지로 선택적 기술개발을 통한 국산화율 증진Catch up, Leapfrogging 전략을 통해 추구해야 한다. 기술개발, 금융·세제지원, 해외진출 지원 등 분야별 세부 대책이 필요하다. 신재생에너지 분야는 최근 들어 글로벌 경쟁이 심해지고 있다. 극심한 가격경쟁 상황에서 생존하는 것이 최대 현안인 '치킨 게임' 양상으로 치닫고 있으며, 이런 가운데 유럽발 재정위기 등으로 각국 정부들이 재정 지출을 줄이면서 시장상황은 악화되고 있다. 신재생에

---

**5** 이 절은 SBS 전문가회의에서 "신재생에너지 확산 전략"이라는 주제로 이상훈 세종대학교 연구실장, 이유진 에너지기후정책연구소 연구기획위원이 발표(2012. 1)한 내용을 재정리한 것이다.

너지가 에너지의 주력으로 부상할 것이 확실한 상황에서 내수시장 활성화를 통해 국내 산업을 육성할 필요성이 있다. 다만 효율성 측면에서 정부의 지원 시기에 대해서는 여러 가지 이론이 있다. 정부는 국내 수요 창출을 위해 2010년 신재생에너지산업 발전전략에서 10대 프로젝트(그린 포스트, 그린 포트, 그린 스쿨, 그린 아일랜드, 그린 물류, 그린 공단, 그린 고속도로, 그린 군대, 그린 공장, 그린 파워) 추진계획을 밝혔지만, 최근 이에 대한 추진의지가 약화된 것으로 보인다. 일례로 '햇살가득 홈' 제도를 도입했지만 이는 대용량 전기 소비자인 고소득자를 대상으로 한 제도에 불과했다. 이들의 경우 태양광 설치를 위한 비용조달에 큰 어려움을 겪지 않거나 태양광 설치 유인이 작을 수 있어 제도 보완이 필요하다. 해외 수요 발굴을 위해 공적개발원조[ODA] 및 대외경제협력기금[EDCF]과 효율적으로 연계하고, 온실가스 감축을 위한 개도국 청정개발체제[CDM] 사업과의 연계를 활용해 해외 프로젝트를 발굴할 필요가 있다. 대기업의 해외 진출 시 관련 중소기업과 협력해 공동 진출을 통해 시너지 효과를 높이는 방안도 추진해야 한다.

둘째, 공급의무화 제도 정착이 중요하다. 규제의 핵심이 발전차액지원제도[6]에서 신재생에너지 공급의무화 제도[RPS][7]로 바뀌었지만 일관되고 투명한 제도의 시행과 재생에너지 보급을 위한 안정적 재원의 확보라는 성공조건은 여전히 유효하다. 국제적 사례를 보았을 때 발전차액지원제도[FIT]의 보완·지속이 재생에너지 보급에 이상적이다. 이에 따라 FIT 제도를 일부 부활시킬 필요성이 꾸준히 제기된다. 현 시점에서는 RPS를 성공적으로 시행하고, FIT의 장점을 되살리는 방식으로 제도를 보완시킬 필요가 있다. RPS 성공을 위해서는 중소발전회사의 시장진입에 제약이 없어야 하고 시설입지 과정에서 주민 참여가 보장되어

---

**6** 신재생에너지 발전에 의해 공급한 전기의 전력거래가격이 정부의 기준가격보다 낮은 경우에 그 차액을 지원하는 제도를 말한다. 2010년 3월 18일 신·재생에너지 의무할당제[RPS]를 규정한 「신에너지 및 재생에너지 개발·이용·보급 촉진법」 개정안이 국회를 통과함에 따라 이 제도는 2011년까지만 존속되었고, 이후 폐지되었다.

**7** 500MW 이상의 시설을 보유한 발전사업자에게 총 발전량에서 일정량을 신재생에너지로 공급하도록 의무화하는 제도.

야 하며 재생에너지 보급에 필요한 비용을 전기요금에 전가하는 요금구조가 마련되어야 한다. 독일, 일본의 경우 태양광발전은 주택과 건물의 지붕을 활용한 것이 주를 이루고 이것이 국민들이 재생에너지에 대한 수용성을 높이는 데 크게 기여한 바 있다. 태양광의 경우 공동주택 등의 소규모 설치에 대한 지원을 강화하는 등 국내 수요를 확충할 필요가 있다. 주택과 건물 지붕에 소규모 태양광발전의 보급을 촉진하려면 건축물 소규모 태양광에 대해 FIT와 유사한 의무매입조치가 필요하다.

셋째, 지역 주민을 참여시켜 함께 이익을 누리게 해야 한다. 국내 재생에너지 보급을 위해서는 신재생에너지 자원을 확보하고 입지를 개발하는 것 등이 매우 중요하다. 하지만 인근 주민에 의해 혐오시설로 인식되거나, 환경훼손 논란 등으로 신재생에너지 시설을 설치하는 데 어려움을 겪는 경우가 많다. 신재생에너지 시설에 대한 주민 기피문제를 해결하기 위해서는 혜택을 지역에서 공유하는 방안이 효과적이다. 신재생에너지 발전사업에 지역 주민이 함께 참여해 혜택을 공유할 수 있는 것이다. 경남 고성군의 '하이산업'은 지역 주민들이 공동으로 투자해 신재생에너지 발전사를 설립한 성공사례로서, 지역 주민들이 삼천포 화력발전소 건설 지원금으로 공동으로 설립한 태양광 발전회사이다. 마을 대표 19명이 주주로 참여하고 있는데, 사실상 2900여 명의 주민이 주주로서, 2010년 발전소 인근 마을에 지원되는 발전기금 24억 원을 투자해 복지회관 옥상 등에 태양광 발전설비를 구축했다. 하루 172kW의 전력을 생산해 전력거래소에 판매하고 있으며 2011년까지 5600만 원의 누적 수익금을 올렸다. 태양광의 경우 건물 지붕이나 공공시설의 공간, 유휴부지 활용 등이 매우 중요하다. 우리나라 전력의 10%를 태양광으로 대체하는 데는 남한 면적 0.64%가 필요하다. 태양광산업협회는 이 가운데 3분의 1은 환경훼손 논란이 있는 지상이 아니라 건축물 일체형 방식으로 가능한 것으로 보고 있다. 이와 관련해 서울시는 공공부지와 공공건물 지붕을 민간에 개방하여 태양광발전을 촉진하는 노력을 기울이고 있다. 전국의 공공건물의 외부 면적을 신재생에너지 사업을 위한 주민 공동사업으로 활용할 수도 있을 것이다.

넷째, '신재생 명품 전기'에 대한 인식이 필요하다. 그동안 설치된 신재생 에너지 시설 운용실태를 살펴보면, 소비자의 자비 시설투자 비율이 높을수록, 또 생산된 전기를 판매해 투자비를 회수할 수 있는 길이 마련되었을 때 설비 운용이 양호하다. 초기 투자비 중 보조비 비중이 큰 시설물은 유지 관리가 제대로 되지 않는 경우가 자주 보고된다. 보조금을 많이 받은 경우, 시설가동을 통한 설치비용을 조기에 상각하려는 의지가 약하기 때문인 것으로 보인다. 시설투자의 대부분을 직접 부담한 후 FIT 제도를 통해 전기를 판매해 투자비를 회수하는 신재생에너지 설비의 경우 운영이 잘되는 편이다. FIT 제도의 기한이 끝나면서, 개별 소비자의 경우 신재생에너지 시설 활용 유인이 낮아질 수 있다. 신재생에너지에 대한 설비투자가 미래세대에 대한 배려라는 차원에서 의식을 전환하는 것이 필요하다. 실제로 독일과 일본 등은 신재생에너지를 통해 생산된 전기를 '명품 전기'로 보고 적극적으로 생산하려는 의지를 보이고 있다.

다섯째, 전기요금 인상이 불가피하다. 전기요금 인상은 전기수요를 압박하고 신재생에너지 시설 투자에 대한 유인을 강화한다. 정부는 FIT 제도 폐지의 이유로 과도한 재정 부담을 들었지만, FIT 제도의 부분 부활을 위해서라도 전기요금에 신재생에너지 생산으로 인한 비용을 반영할 필요가 있다.


## 기후변화 시대의 물 관리[8]

유네스코UNESCO는 인구증가(1995년 57억 명 → 2025년 79억 명, 38.6% 증가) 등으로, 전 세계 수자원 취수량이 1995년 3790km³에서 2025년 5240km³로 38.3% 늘어날 것으로 전망했다. 수자원 취수량 중 농업·공업·생활용으로 소비되는 양은 1995년 2070km³에서 2025년 2753km³으로 33% 늘어날 것으로 보인다. OECD

---

8 이 절은 SBS 전문가회의에서 "기후변화 시대 물안보 전략"이라는 주제로 고덕구 케이워터연구원 원장, 한무영 서울대 교수가 발표(2012. 2)한 내용을 재정리한 것이다.

도 환경전망 베이스라인 시나리오에서, 세계 물 수요가 2000년 약 3500km³에서 2050년에는 5500km³로 55% 늘어날 것으로 전망했다. 제조업 부문의 물 수요가 400%, 전력 부문의 물 수요가 140%, 가계 수요가 140% 늘어나면서 수요 증가를 이끌 것으로 예상된다. OECD 베이스라인 시나리오에 따르면, 주로 물 수요 증가로 인해 2050년까지 보다 많은 강 유역들이 심각한 물 스트레스 지역이 될 것이다. '심각한 스트레스 지역'에는 2000년 16억 명에서 2050년에는 39억 명이 거주할 것으로 예측된다. 이는 전 세계 인구의 40% 이상을 차지한다. 이들 주민의 3/4을 브릭스BRICS(브라질, 러시아, 인도, 중국, 남아프리카공화국)가 차지하는 반면, 미국과 일부 OECD 국가에서는 물 스트레스가 다소 완화될 전망이다. WRGWater Resources Group는 2030년 전 세계 수자원 필요량(6조 9000억m³)의 60%인 4조 1000억m³만이 안정적으로 공급이 가능할 것으로 전망한다. 2010년 기준 취수량은 4조 5000억m³이며 하천 회귀수량, 환경유량 확보 등 감안하여 안정적으로 확보 가능한 수자원 공급량은 4조 2000억m³이다.

지하수는 지구상에서 가장 규모가 큰 담수자원이다. 지구에서 곧바로 사용 가능한 수자원의 90%를 넘는다. 현재 취수되는 담수 중 지하수가 전 세계적으로 가정용수의 50%, 자가 공급 산업용수의 40%, 관개용수의 20%를 차지한다. OECD는 지하수 개발의 경우 많은 지역에서 지속 가능하지 않은 방향으로 이뤄지고 있는 것으로 분석하고 있다. 지구상의 지하수 고갈은 1960년과 2000년 사이 두 배 이상 증가했다[연간 130(±30)km³ → 280(±40)km³]. 지하수 고갈은 지반 침하와 지하 대수층 축소, 홍수 취약성 증가, 지표수 공급 부족의 문제를 야기한다. 물 부족에 시달리는 많은 국가들은 직간접적으로 지하수 개발을 보조하면서도, 취수된 지하수를 재충전하는 정책은 시행하지 않고 있다.

OECD는 우리나라의 담수 취수율이 40% 이상으로 OECD 국가 중에서 가장 높은 것으로 분석한다. 우리나라는 물 스트레스가 심각한 수준이다. 우리나라의 1인당 이용 가능한 수자원량은 1533m³으로 세계 평균 8372m³에 크게 못 미친다. 우리나라의 물빈곤지수WPI는 62.4로 세계 43위 수준이며 OECD 평균인 67에 못 미친다. 물 부족의 원인은 물 이용량이 꾸준히 늘어나고 있고 가뭄 시

이용 가능한 수자원량 역시 부족하기 때문이다. 물 이용량이 지금처럼 늘어나면서 가뭄까지 겹칠 경우 취약성은 더욱 커진다. 계절별로 편중된 가용 수자원 분포 특성은 물 부족을 악화시킨다. 과거 가장 심한 가뭄상황을 가정했을 때 이용 가능한 수자원량이 평년의 45%(337억m³)로 대폭 하락했다.

우리나라의 생활·공업·농업용수 이용량은 2007년 기준으로 255억m³에 달한다. 이는 지난 1965년(51억m³)에 비해 5배에 이른다. 같은 기간 인구는 2870만 명에서 4846만 명으로 약 70% 증가했다. 다만 1990년대 후반 이후에는 물수요관리 강화, 인구 및 경제성장 둔화 등의 영향으로 물이용 증가추세는 둔화하고 있다(1990년 213억m³ → 1998년 260억m³ → 2003년 262억m³ → 2007년 255억m³). 물 수요는 인구성장 둔화, 1인당 물 사용량 감소 및 물 재이용 등에 따라 2020년 264억m³으로, 2007년보다 9억m³ 증가하는 데 그칠 전망이다.

기후변화로 이상가뭄이 빈발할 경우 1.6~4.6억m³의 물 부족이 예상된다. 그동안은 지역에 따라 2~3년 주기로 국지적 가뭄과 7년 주기로 극한가뭄이 발생했다. 2001년에는 가뭄으로 30만 명, 2008~2009년에는 28만 명이 제한급수를 받았다. 또 2002년에는 태풍 '루사'로 5.1조 원의 재산피해, 2010년에는 추석 집중호우로 3만 가구가 침수피해를 입었다. 기후변화로 미래(2061~2090년)에는 1일 100mm 이상 호우 발생 횟수가 과거(1977~2006년)보다 2.7배로 늘어나고 우기는 6~8월에서 7~9월로 이동할 것으로 예상된다. 가뭄발생기간도 3.4배로 증가하여 과거 30년(1977~2006년) 동안 연평균 0.5개월에서 2061~2090년에는 1.7개월로 늘어날 전망이다. 특히 기온상승은 농업용수를 비롯한 각종 용수 수요를 증가시킬 전망이다. 가뭄 정도에 따라 1.6억m³(5년 빈도 가뭄 발생 시)에서 최대 4.6억m³(과거 41년 관측기간 내 최대규모 가뭄 발생 시)의 물 부족이 전망된다. 물 부족의 대부분은 도서·해안 및 산간지역을 중심으로 발생할 것으로 예상된다.

우리나라는 1960년대 이후 도시 지역에 인구가 집중되면서 도시화가 빠르게 진행됐다. 한국의 도시 거주 인구비율은 2009년에 82.7%로 세계 4위에 달한다. 도시에 인구가 집중할수록 필요로 하는 물의 양이 늘어나며, 배출되는 오염물질의 양도 함께 증가하기 때문에 도시의 물 관리가 힘들어진다. 또 도시화는 물

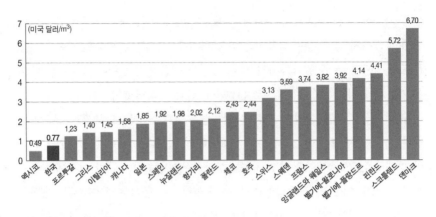

**그림 6-4** OECD 국가의 가정용 상하수도 요금 비교

자료: OECD, *Pricing Water Resources and Water and Sanitation Services* (2010).

이 땅으로 흡수되는 투수량을 줄인다. 이렇게 될 경우 물의 유출속도가 증가하고 지하수 침투가 감소하는 등 물 순환의 건전성이 악화된다. 서울의 경우 불투수면이 1962년 7.8%에서 2006년에는 47.5%로 상승했다. 여기에 2000년대 홍수 시 지표 유출량은 1960년대에 비해 약 6배 증가했다.

  **그림 6-4**를 보면 우리나라의 상하수도 요금(가정용)은 OECD에서 멕시코를 제외하고 가장 낮다. 광역상수도 요금의 경우 2007년 이후 동결 상태로 원가에 크게 미달한다. 100원어치를 팔면 19원의 손실이 발생하는 구조이다. 우리나라 수도요금은 OECD 31개 국가 중 가장 낮다(주요국 평균의 1/3 수준). 이에 따라 물 소비량은 높아서, 가정용 물의 1인당 하루소비량[pcd]이 275로 선진국에 비해서 월등히 많다.

  지구 표면의 71%가 물이지만 실제 활용할 수 있는 물의 양은 이 가운데서 0.01%에 불과하다. 오는 2030년 세계 물 수요는 현재 안정적으로 확보할 수 있는 공급량을 40% 초과할 전망이다. 이상기후와 인구증가, 수자원의 지역적 편중은 물 분쟁의 가능성을 높인다. 기후변화는 호우 발생 횟수를 2.7배로 증가시키고, 가뭄발생기간도 3.4배로 늘릴 전망이다. 물 부족의 대부분은 도서나 해안, 산간 지역에 집중될 것이다. 또 도시화는 대도시의 물 관리를 더욱 어렵게 할 것이다. 세계 물 시장은 한 해 평균 5.6% 성장하면서 오는 2025년에는 8650억 달러가 될 전망이다. 물 산업의 개념이 전통적인 상하수도 분야에서 물 순환체계 전 과정을 포괄하는 차원으로 넓어지고 있다. 첨단 IT 기술과 결합한 수자원 관리 시장 등 해외 시장에서 기회를 확대해야 한다. 생태계는 외부의 다양한 환경변화에 적응하면서 생존해왔기 때문에 가장 지속 가능한 시스템이다. 물 환경 정책이 그동안 깨끗한 물을 확보하고 오염된 수질을 개선하는 데 중점을 맞춰왔다면, 앞으로는 생태 중심의 물 환경 정책을 통해 물 환경의 지속가능성을 높여야 한다.

## 기피시설과 갈등 해결[9]

최근 우리 사회의 사회적 집단갈등 양상(그림 6-5)을 보면, 발생빈도가 매우 높아졌으며 유사 종류의 갈등이 반복적으로 발생하고 있다. 사회적 집단갈등에서 갈등원인에 대한 뚜렷한 진단과 해법을 찾기 힘들 뿐만 아니라 법에 의존해 갈등을 해결하려는 경향도 급증하고 있다. 사회적 갈등은 다양한 원인에 의해 일어나지만 주민기피시설이 촉매가 되는 경우가 많다. 혜택을 다수가 누리면서 피해는 특정 지역에 발생하다 보니 주민기피시설은 지역 간 갈등의 대표적인 원인이 된다. 밀양 송전탑을 둘러싼 갈등이 지역 문제에서 국가 문제로 확대됐지만 원만한 해결책을 찾지 못하고 있다. 또 사용후핵연료 임시 처분장을 조만간 마련해야 하는 상황이어서 이를 둘러싼 사회적 갈등이 곧 첨예하게 드러날수도 있다. 이 외에도 장사시설과 환경시설, 수용 및 요양시설, 발전소 등이 갈등을 유발하는 주민기피시설이며 전국적으로 다양한 유형을 띠고 있다. 한 예로 서울 원지동 추모공원은 계획에서 실제 개장까지 14년이나 소요됐다. 또 부

---

**9** 이 절은 윤종설 한국행정연구원 실장의 "사회적 집단갈등의 영향요인과 해결방안에 관한 연구"(2012. 12) 내용을 재정리한 것이다.

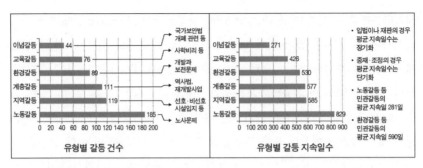

**그림 6-5** 한국 사회의 갈등 양상(1990~2008년)
자료: 사회통합위원회 홈페이지(http://www.harmonykorea.co.kr).

안 방사성폐기물처리장 유치 시도와 같은 사례는 정부와 국민 간의 갈등뿐 아니라 지역 주민들 간에도 아픈 상처만 남긴 사례이다.

**그림 6-6**을 보면 지역 주민은 환경시설과 장사시설을 가장 기피한다. 상대적으로 교통시설과 생활시설은 받아들이나 환경시설과 장사시설은 기피하는 경향이 있다. 서울시정개발연구원의 서울시 갈등사례 분석 결과에 의하면, 심각한 수준으로 느끼는 갈등의 순위는 주민기피시설, 지역개발, 도로, 교통 순이다.[10]

하지만 주민기피시설의 님비현상[11]을 지역이기주의로 몰아세우는 것은 갈등 해결을 어렵게 할 수 있다. 보상권리의 인정, 주민참여, 신뢰성 부족이 기피시설 갈등의 주요 원인이며 기피시설 반대이유는 생활환경 불편, 거주지 미관 저해, 안전과 건강에 대한 우려 순이다. 원자력발전소와 핵폐기물 처리장은 생명

---

**10** 한영주, 「서울시 갈등사례 실태분석과 갈등관리방안」(서울시정개발연구원, 2007).

**11** 주민기피시설은 님비시설, 위해시설, 혐오시설, 비선호시설 등으로 명명된다. 님비NIMBY란 'Not in my back yard'의 준말이다. 다른 곳에 설치하는 것은 몰라도 '우리 집의 뒷마당에는 안 된다'는 뜻으로, 마이클 오헤어Michael O'Hare가 1977년 처음 사용한 용어이다. 폐기물처리장 등 환경처리시설이나 묘지 등 장사시설 등이 필요해서 설치하는 것은 반대하지 않지만 내 집과 주위에 설치하는 것은 반대한다는 뜻이다. 반대의 뜻으로는 핌비PIMBY: Please in my back yard라는 용어를 사용하는데 공원, 교육이나 편의시설 그리고 복지시설은 내 집과 가까이에 적극 유치하려는 생각이다. 님비나 핌비는 '지역이기주의'와 유사한 개념으로 사용되어왔지만, 엄밀한 의미에서는 구분할 필요가 있다.

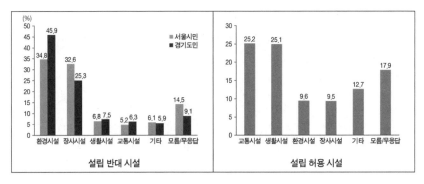

**그림 6-6** 설립을 허용·반대하는 시설(경기도 내)
자료: 경기개발연구원, 「경기도 소재 서울시 소유 기피시설에 대한 주민 인식조사 보고서」(2010).

위협, 환경시설은 주로 건강상의 이유로, 장사시설과 특정계층 수용시설은 주로 심리적인 이유로 기피한다. 님비현상은 피해를 주는 원인이 있기 때문에 발생하는 것이므로 지역이기주의와 동일시하는 것은 문제이다. 님비현상을 둘러싼 갈등은 민주주의의 한 과정이다. (이 과정에서 벌어지는) 반대와 토론은 문제에 대한 다양한 시각과 이해관계를 깨닫게 하는 데 중요한 역할을 한다.[12]

이에 따라 주민기피시설 갈등 해결을 위해서, 먼저 적정 수준의 인센티브를 제공해 피해지역 주민을 설득하는 것이 기본이다. 수원시 연화장은 장례식장 운영권을 지역 주민에게 제공하는 방식을 통해 갈등을 조기에 봉합하고 문제를 해결했다. 2000년 8월 수원시는 도심 화장장을 변두리로 이전하면서 최첨단 설비를 갖춘 깨끗하고 쾌적한 공간으로 준공했다. 지역 주민 174세대가 100만 원 정도(100~300만 원)를 투자해 (주)수원시장례식장운영회를 구성하여 운영하기로 했다. 2008년 매출은 87억 원 정도, 현재는 100억 원 정도에 이르고, 투자에 대한 연 배당률은 50%를 상회할 정도로 경영이 안정됐다.

전주시와 전남 무안군은 주민지원기금을 내걸어 시설유치에 성공했다. 전주

---

**12** 심준섭, 「님비(NIMBY) 갈등의 심층적 이해」, ≪한국공공관리학보≫, 제22권 제4호(2008).

**표 6-2 전주시 소각장 건설을 위한 공모내용**

| 공모내용 | 주민지원사업 |
| --- | --- |
| - 최대 50억 원 유치마을 지원<br>- 수영장 등 복지시설 무료이용<br>- 소각열로 공동주택에 난방 공급<br>- 진입도로 개설<br>- 반입수수료 5%를 주민지원협의체에 지원 | - 주민지원협의체에 연간 6억 원 지원<br>- 센터 내 편의시설(체력단련시설, 찜질방, 수영장 등)<br>　운영: 주민지원협의체가 세운 (법인)상상패밀리랜<br>　드가 운영 중<br>- 소각열로 난방 공급, 진입배관 설치지원(가구난방<br>　시설은 세대별 부담) |

**표 6-3 무안군 폐기물처리시설 건설을 위한 공모내용**

| 공모내용 | 주민지원사업 |
| --- | --- |
| - 지원총액 105억 원<br>- 주민지원기금 26억 원<br>- 지역개발사업비 20억 원<br>- 목욕탕과 찜질방 등 복지시설 무료이용<br>- 지역 주민 채용 43.7억 원<br>- 기타 응모포상금 및 사업비 지원 5.3억 원 | - 주민지원 기금 26억 원(가구별 현금 20억, 20년간<br>　폐기물처리 수수료 6억)<br>- 3개 마을 도로포장 등 지역개발사업비 20억 원<br>- 난방연료보조 연간 1.2~1.3억 원(15년간 19억 예상)<br>- 센터 내 지역 주민 채용 43.7억 원<br>- 응모포상금 및 사업비 5.3억 원 지급 완료 |

시는 2000년 초 소각장 건설을 추진했으나 주민반대로 1차 무산됐다. 2001년 9월에 사업추진방식(표 6-2)을 변경하여 인센티브를 내걸고 주민을 공모했으며,[13] 4개 마을이 유치를 신청하여 2002년 선정한 뒤 2003년 4월 착공에 들어갔다.

　전남 무안군 역시 종합폐기물처리시설 건설을 추진하다가 이런 계획이 주민반대로 무산되자 주민공모(표 6-3)로 변경했다. 9개 마을이 유치를 신청하여 성공적으로 해결했다.

　프랑스 시보Civaux 원자력발전소는 수익의 50%[14]를 지역에 제공하는 파격적 인센티브를 제공했다. 이런 지원금은 지역사회 세입이 되어 안전성 모니터링과 비상훈련, 수자원과 생태계의 보호, 지역 주민 복지시설 등에 투자됐다. 이 외

---

**13** 환경부, 「폐기물처리시설 설치관련 님비(민원) 발생 및 해소사례」(2004).
**14** 대략 연간 300억 원이 넘는 것으로 추정된다.

| | 1일 약 18만 톤 하수 배출 | 서울시 |
|---|---|---|
| 경기도 광명시 | 하수처리비용 연 16억 원 부담 → | 서남물재생센터 (구 가양하수처리장) |

| 광명시 | ← 1일 약 112톤의 생활쓰레기 배출 | 서울시 구로구 |
|---|---|---|
| 자원회수시설 | 쓰레기 처리비용 연 42억 원 분담 | |

| 구로구 | 광명시 |
|---|---|
| • 소각장 건설비 630억 원 절감 | • 투입된 소각장 건설비용 중 273억 원 회수 |
| • 소각장 건설민원 해소 | • 소각장 처리비(톤당 5만 6천 원)와 운영비 절감 |
| • 소각장 예정 부지를 다른 용도로 활용 | • 하수처리장 건설비 1655억 원 절감 |

**그림 6-7** 광명시와 구로구의 환경빅딜
자료: 환경부, 「폐기물처리시설 설치 관련 님비(민원) 발생 및 해소사례」(2004).

에도 온배수로 인한 피해를 줄이기 위해 물고기 이동로를 별도로 조성하고, 생태계를 주기적으로 모니터링해 그 결과를 지역사회와 공유하도록 했다. 파격적인 지원 덕에 발전소가 들어서는 지역에서는 찬성하고, 파리에서는 과도한 지원을 이유로 반대하는 이른바 '도넛donut 현상'이 발생하기도 했다.

둘째, 지역 간 갈등 조정을 위해서는 합리적이고 공정한 비용부담을 모색해야 한다. 공동으로 비용을 부담하거나 '빅딜'을 통해 기피시설을 설치하지 않고도 효과를 누리는 지혜를 찾아야 한다. 경기 광명시와 서울 구로구는 하수처리장과 소각장을 서로 교차활용하는 방식(그림 6-7)으로 건설했다. 구로구는 소각장을 설치하기로 하고 광명시와 경계를 이루는 천왕동 110번지 부지로 예정했다. 이에 광명시 주민들이 집단 반발했다. 이와는 별도로 서울시가 광명시 하수를 수탁·처리해주던 정책을 변경하여 광명시 자체의 하수처리장 건설을 요구했다. 이에 '폐기물 상호교환 처리방안'이 제시되었다. 구로구가 소각장 건설을 철회하는 대신 폐기물을 광명시가 처리하기로 한 것이다. 또 광명시의 하수는 구로구가 처리하는 빅딜이 성사되었다. 이에 따른 예산절감은 2300억 원에 달했다.

경기도 동부권 자원회수시설은 5개 시·군이 공동으로 비용을 분담했다. 이천시는 사업 초기부터 '폐기물처리시설준비위원회'를 구성했다. 입지선정과 관련된 모든 권한을 위원회에 부여해 실질적인 주민참여가 가능하도록 했다. 이행 과정을 살펴보면, 이천시는 정부의 1시군 1소각장 정책에 따라 소각시설을 추진하다 입지지역 주민들의 반대에 봉착했다. 이천시는 「폐기물처리시설설치 촉진 및 주변 지역지원 등에 관한 법률」을 적용해 여주군의 '경계지역협의'를 요청했다. 여주군은 주민반대를 이유로 '협의불가'를 회신했다. 다시 환경분쟁 조정위원회에 조정을 신청했으나 '조정불성립'으로 사업이 취소됐다. 소각시설의 광역화정책이 시행되면서 사업추진방식이 추가인센티브가 제공되는 시설입지공모형식으로 변경됐다. 이에 이천시의 4개 마을이 신청해 2004년 1월에 입지가 결정됐다. 이천시, 광주시, 하남시, 여주군, 양평군이 공동으로 설치하기로 하고, 100억 원의 주민지원사업비를 조성했다. 공사비는 국비와 도비 지원 외에 상생협력 특별교부금 명목으로 각각 1억 6천만 원씩 총 8억 원을 지원받았다. 2005년 11월 착공된 공사는 2008년 11월에 완료되었다. 사업추진 과정에서 충분한 주민설득이 있었고, 축구장과 수영장 등 주민편익시설의 제공도 사업성공의 중요한 요인이 됐다.

미국 뉴욕 시는 공평부담기준Fair Share Criteria을 적용해 시설입지에 성공했다. 뉴욕 시는 1990년 12월 도시 전 지역 차원에서 부담과 편익을 공정하게 분담하는 공평부담기준을 채택하고 1991년 7월부터 시행했다. 공평부담기준은 특정 지역에 위치하는 도시 시설의 신설, 확장, 축소, 폐쇄 시 부담과 편익을 공평하게 분담하기 위한 것이었다. 입지계획 담당자는 근린적인 효과와 광역적인 효과 간의 균형을 유지할 수 있게 계획하고 지역 주민에게 정보를 제공하며 토론과 향후 운영 모니터링 기회를 제공하는 절차를 수립했다. 도시위원회는 계획가가 수립한 계획의 적절성을 검토할 때 지역 주민에게 이 사실을 알리고 운영 상태를 감시할 수 있는 기회를 제공했다. 이 제도에 따라 사업자는 사업이 주민에게 미치는 영향이나 지리적 위치 등의 타당성을 미리 발표해야 하며 이를 지역 주민에게 알리고 모니터할 수 있도록 했다. 고위공무원들이 직접 주민들에게 다가가 투명하게 일을 처리하는 것이 이 제도의 핵심이었다. 주민에게 감추는 것 없이 투명하게 일을 처리하고, 적극적인 주민참여로 불공정 시비를 사전에 차단했다.

셋째, 갈등 조정에 성공한 사례 가운데 많은 부분을 독립적인 중재자의 적절한 활동이 차지한다. 울산시 북구는 시민배심원단을 통해 음식물쓰레기 처리시설 중재에 성공했다. 2010년 12월 음식물쓰레기 처리시설을 두고 주민반대로 난항을 겪어오던 울산 북구는 45명으로 구성된 배심원단의 중재로 최종 합의에 성공했다. 구청은 법적 구속력은 없지만 배심원단의 결정을 존중해 이미 결정된 공사를 중단했고 주민대표들도 결과에 승복하는 합의정신을 발휘했다.

미국의 덴버 시는 중재전문기관을 통해 댐건설 문제를 해결했다. 덴버 시는 1980년 사우스 플랫South Platte 강의 물줄기를 동쪽으로 돌리는 투폭스Two Folks 댐과 저수지 건설계획을 발표했다. 이 결정에 대해 주민, 사업자, 자치단체가 갈등을 빚었다. 중재자인 덴버 시 어코드 재단Accord Associates Denver은 덴버 시 상수국, 지역의 물 공급업자, 서쪽 지역의 자치단체, 환경론자, 개발업자 등의 대표들이 참여한 라운드테이블을 구성하여 합의에 의한 결정방식을 채택했다. 당사자 간 이해관계를 조정하는 전 과정에 중재전문기관의 역할이 결정적이었다.

넷째, 계획 초기부터 해당지역 주민이 참여해 의견수렴에 적극적이어야 한다. 제천시 자원관리센터는 전 과정 주민참여의 모범사례이다. 입지선정위원회 구성, 주민공모, 공청회, 주민협의체 등 전 과정에 주민이 참여했다. 공공의 일방적 결정이 아닌 주민공모에 의해 입지를 선정했다. 주민이 참여하는 입지선정위원회를 구성하여 공모지역에 대한 공모지역 순회조사, 주민설명회 개최, 타당성 검토의 역할을 수행하게 했다. 제천시는 주민의 심리적 불안감 해소를 위해 시설의 안정성을 검토하고, 입지선정의 전 과정에 주민 참여를 보장했다.

다섯째, 창의적인 아이디어를 찾아내는 것도 갈등해결에 결정적인 도움이 된다. 기피시설의 통상적인 위치나 사용 등에서 좋은 아이디어는 돌파구가 된다. 장사시설 설치 문제로 인한 갈등을 전용 진출입 도로 건설로 해결한 사례가 다수 있다. 부산시는 영락공원의 기존 공동묘지 내에 화장시설 도입을 추진했다. 당시 지역 주민들의 심한 반발에 부딪쳐 사업이 취소단계에 이르렀으나, 경부고속도로에서 바로 진입할 수 있는 전용도로를 개설하기로 함으로써 사업을 진행할 수 있었다. 전용도로는 접근성을 높이는 동시에 인근 지역 거주지와의 이격거리를 넓히는 효과를 발휘했다. 원지동 추모공원도 별도의 전용터널을 조성한 것이 갈등해결에 도움이 됐다. 하수처리장을 지하에 설치해 환경문제를 해결한 사례도 있다. 용인시는 하수처리장 시설을 지하에 설치하고 지상에는 주민편의시설을 두어 주민들의 호응을 이끌어냈다. 소각장은 대부분 소각열 에너지를 주변지역 편의시설이나 주택에 공급하는 형태를 띠고 있는데, 이 역시 인근 주민과의 공존을 성공적으로 이끈 사례이다.

# 제14장

# 착한 성장사회의 조건*

한국은 경제지표를 보면 휴대전화, 반도체, 철강, 석유화학, 조선 등 첨단산업
과 중공업 업종에서 1~2위를 다투는 10대 무역 국가이지만 질적 지표를 보면
삶의 만족도가 낮고 세계 최고의 자살률, 노인 빈곤율, 그리고 산업 재해율을
기록하고 있다. 여기에다 출산율은 세계 최저이고 소득 격차는 악화되고 있다.
이를 볼 때 한국 사회에 큰 충격을 준 세월호 침몰은 'GDP' 위주의 양적-고속성
장 지향 이면의 총체적 민낯이 적나라하게 드러난 사고라고 할 것이다. 특히 한
국의 사회 구조는 이중성에 직면했다. 지향점은 글로벌 스탠더드이지만 현실에
는 후진국형 잔재가 그대로 남아 있다. 한국 사회는 이중적 복합 위험사회이다.[1]
즉, 과거의 후진국형 재난이 여전히 일어나면서 미래형 위험이 상존하고 있는
것이다. 과거형(경로의존형) 위험이란 압축적 근대화 과정에서 투명성 결여와

---

* 이 장은 제12차 미래한국리포트에서 "지속 가능한 사회의 조건"이라는 주제로 장덕진 서울대 교수
가 발표한 내용을 재정리한 것이다.
1 정진성·이재열 외, 『위험사회 위험정치』(서울대학교 출판문화원, 2010).

규칙의 타협 등을 통해서 일어난 후진국형 재난으로 체제의 이완현상이 그 원인이다. 대표적인 사례로 90년대에 일어난 삼풍백화점과 성수대교 붕괴 사고가 있다. 미래형 위험은 기후변화 등 지구적 생태위험과 핵발전소 등 기술 발전에 의해 일어날 수 있는 사고이다. 즉, 미국 스리마일 원전 사고와 우주 왕복선 챌린저호 폭발사고 등이 이에 해당한다. 더구나 기술적 문제뿐만 아니라 고령화와 양극화 문제 등 신新사회위험은 한국 사회의 미래를 어둡게 하고 있다. 우리나라는 IMF 외환위기 이후 양극화 심화 → 사회 안전망 부족 → 사회통합 약화 → 미래에 대한 불안 → 상대적 박탈감과 불신의 악순환이라는 위기를 겪고 있다. 한국이 이룩한 근대성 자체는 워낙 압축적으로 형성되어, 다양한 위험 요소들이 응축되어 있는 것이 현실이다. 결국 우리 사회는 불투명성과 부패로 인한 위험뿐만 아니라 불공정과 불평등에 따른 사회적 위험이 공존하고 있다. 이 때문에 세월호 참사는 안전불감증과 같은 후진국형 의식과 한국 사회의 불투명성과 불신이 엮이면서 발생한 전형적인 숙성된 사고incubated accident이다. 즉 불투명성, 부패, 불공정, 불평등 배분이 정부와 사회적 신뢰 상실로 이어졌고 이것이 사회적 위험을 가중시키고 있는 것이다.

하지만 이런 문제를 풀어야 할 정부에 대한 신뢰는 낮다. 정부의 질 평가 기준(불편부당성, 부패, 법의 지배, 관료의 효과성, 민의 반영과 책임성 등)으로 볼 때 한국 '정부의 질'은 OECD 국가 중에서 평균 이하이다. 관료의 질은 0.75로 북유럽(0.98), 독일(0.89), 일본(0.85)에 비해 크게 낮다. 국민 여론조사 결과(국민권익위, 2011)도 유사해 65%가 "한국 사회는 부패했다"라고 답했다. 공무원의 부패에 대한 인식 역시 56%가 "그렇다"라고 응답했고, 부패 해결이 시급한 분야는 정당 54%, 행정 30%, 사법 25% 순으로 꼽힌다. 또 정책 결정 투명성은 세계 137위, 법과 체계의 효율성은 세계 101위로 하위를 면치 못하고 있다(세계경제포럼, 2013). 정부는 통합전자정부지수 세계 1위를 자랑하며 속도를 과시했지만 위기상황에서는 무용지물이었고 리더십과 책임감, 신속성과 통합적 지휘체계는 부재했다. 여기에다 낙하산 인사에 전관예우, 관경유착 등으로 효율성은 떨어지고 변화하는 속도를 따라가지 못해 관리 감독에서 사각지대를 드러내기 일쑤이다. 이뿐만 아니라 법치주의 불신(권력의 눈치를 보는 판결, 유전무죄), 규모를 앞세운 대기업에 절대적으로 유리한 시장 경쟁구조, 겉도는 경제민주화, 사회의 낮은 형평성 순위(OECD 국가 중 29위), 낮은 민주주의의 질[36위: 법치, 정치과정, 정보접근성, 시민권리와 정치적 자유 기준(독일 베텔스만 재단, 2014)]은 신뢰기반을 무너뜨리고 있다. 이런 정부 불신은 정책 집행의 동력을 떨어뜨리고 정책 효과의 실종을 가져온다. 이것은 사람들이 결과에 불복하게 하고 사회통합을 저해하여 변화의 추진세력 부재에 따른 사회 발전 정체로 이어진다. 이런 불신사회 속에서는 공동체에 대한 신뢰마저 붕괴되고, '개인과 국가만 있고 공동체는 없는'[2] 각자도생 사회[3]로 가게 된다[한국인의 주요가치 조사: 건강-가족-돈 순(보건사회연구원, 2012)]. 이런 개인주의 사회는 위기를 맞으면 사회적 복원력이 약해지고 권력에 대한 견제와 감시 역할의 약화로 양극화와 사회 갈등이 심해져 사회통합이 어려운 정글과 같은 사회로 가게 된다.

재난의 발생과 대처, 그리고 그것의 결과는 그 사회의 질social quality과 밀접하게 관련되어 있다. 세월호 참사와 관련하여 우리는 수많은 질문들을 할 수 있다. 선령 21년의 세월호는 일본에서는 운항할 수 없었는데도 어떻게 한국에서는 운항이 가능했을까? 이 질문은 수익을 높이기 위해서 규제 완화가 항상 좋은 것인지 아니면 적정한 규제가 필요한 것인지에 관한 '공익성'의 문제를 제기한다. 과적과 정비부실, 청해진 해운의 비정상적 경영, 그리고 사태 직후 언론을 뒤덮었던 '관피아'라는 사적 집단은 한국 사회의 '공정성'에 대한 질문을 제기한다. 구

---

2 '하루 중 남을 위해 봉사하는 시간은?'(한국 1분 vs. OECD 평균 4분), '필요할 때 의지할 사람이 주위에 있는가?'(한국 77% vs. OECD 평균 90%)를 보면 공동체 부재가 심각한 것으로 나타났다.

3 국가 전쟁 시 어떻게 할 것인가에 대한 청소년들의 답변을 보면[한중일 청소년 국가관 역사인식 비교연구(청소년개발원, 2006)], '앞장서서 싸움'(한국 10%, 중국 15%), '상황 보며 결정'(한국 35%, 중국 25%), 일단 몸을 피함(한국 14%, 중국 1%), 외국으로 출국(한국 11%, 중국 2%), 할 수 있는 역할 수행(한국 31%, 중국 56%)으로 대조적으로 나타났다. 조사 결과 공동체 의식, 국가정체성, 인권의식 등을 포함한 시민성 함양 프로그램이 미흡하고 상대적으로 시민사회 성립 역사가 짧기 때문에 성숙한 시민의식 내재화에서 교육의 중요성이 큰 것으로 나왔다.

조 과정에서 관련 기관들이 보여준 무능과 혼란, 비밀주의와 책임 떠넘기기도 한국 사회의 '공개성'이 일정 수준에 이르렀다면 결코 일어날 수 없었을 것이다. 그리고 우리 사회가 유족들에게 인내와 망각만을 요구하면서 유족들만이 외롭게 사태 해결의 전면에 나설 수밖에 없었던 상황은 시민 참여라는 '시민성'에 의문을 던질 수밖에 없다. 위에서 언급한 네 가지, 즉 공익성, 공정성, 공개성, 그리고 민주적 시민성은 바로 공공성의 핵심 요소이다. 결국 세월호 사고라는 대형 재난의 근원에는 우리 사회의 '공공성'이 부족하다는 원인이 있었던 것이다. 사태 발생 후 6개월 가까이 표류한 세월호 특별법은 공공성을 이끌어 나가야 할 정치권이 공공적인 역할을 하지 못했다는 것을 보여준다. 그렇기 때문에 세월호 참사는 단순히 교통사고가 아니라 한국 사회의 공공성에 빨간불이 켜졌음을 보여주는 심각한 경고등이다.

제12차 미래한국리포트에서 SBS와 서울대 사회발전연구소는 대형 재난을 겪은 다른 나라들에 대한 비교 연구를 수행했다. 즉, 2005년 허리케인 카트리나를 겪은 미국, 2011년 후쿠시마 원전사고가 발생한 일본, 1953년 대홍수 피해를 입은 네덜란드, 그리고 원전 폐기를 선언한 독일 등을 연구했다. 이 연구에서는 이들 나라가 사회적 위험에 어떻게 대처하거나 그것을 어떻게 예방하고 있는지, 그러한 대처가 국가의 앞날에 어떤 결과를 가져왔는지를 살펴보았다. 그중에서도 그 사회의 공공성 수준이 얼마나 높은지 혹은 낮은지에 주목했다. 그렇다면 한국의 공공성 수준은 대체 어느 정도일까? OECD 33개 국가에 대해 23개의 지표를 사용하여 계산한 공공성 수준(그림 7-1)을 보면 네덜란드가 11위, 독일이 12위, 미국이 24위, 일본이 31위이다. 한국은 가장 낮은 33위를 기록하고 있다.

공익성과 공정성, 공개성 그리고 민주적 시민성의 영역별로 다섯 나라의 특징을 보면 다음과 같다. 5개국 중 공공성 순위가 가장 높은 네덜란드는 공익성과 공정성이 특히 높고, 공공성 순위가 두 번째로 높은 독일은 민주적 시민성과 공개성이 특히 높다. 이러한 특징들은 두 나라의 재난 극복 과정에서 그 모습을 여실히 드러낸다. 미국은 공공성 순위가 전반적으로 낮고 특히 공익성과 공정

| | | 공익성 | 공정성 | 공개성 | 시민성 |
|---|---|---|---|---|---|
| 11 | 네덜란드 | 12 | 8 | 14 | 14 |
| 12 | 독일 | 16 | 18 | 10 | 6 |
| 24 | 미국 | 32 | 31 | 8 | 5 |
| 31 | 일본 | 29 | 27 | 27 | 30 |
| 33 | 한국 | 33 | 33 | 29 | 31 |

그림 7-1 공공성 순위 국제비교

성이 매우 낮은 편이지만, 공개성과 민주적 시민성은 대단히 높다. 그 덕분에 미국은 카트리나 때 드러났던 문제들을 상당 부분 극복할 수 있었다.

미국 루이지애나 주 뉴올리언스는 2005년 8월 초대형 허리케인 카트리나로 완전히 초토화됐다. 이재민 110만 명, 확인된 사망자·실종자만 2500명을 넘긴 미국 역사상 최악의 자연 재해였다. 10년 가까이 지난 지금, 도심에서 그때의 흔적을 찾기는 어렵다. 재즈의 고향답게 곳곳에서는 재즈 공연이 한창이고, 범람했던 강가에서는 시민들이 여가를 즐기고 있다. 하지만 참혹한 재난이 할퀴고 간 상처는 아직도 다 아물지 않았다. 유령 마을이 되어버린 주택 안에는 버려진 가재도구들이 널려 있고 악취가 코를 찌른다. 집 전체가 물에 잠기자 인명구조를 위해 지붕을 뚫은 집들은 흉물스럽게 방치되어 있다. 피해가 증폭된 것은 리더십과 시스템 실패 때문이었다. 주정부와 지방정부는 대피와 구호에 실패했고, 9·11 이후 재난보다는 테러대응에 주력한 연방재난관리청도 무기력했다. 그래도 미국은 비극을 그냥 잊지는 않았다. 진상조사를 위해 의회를 중심으로 6개월 동안 22차례 청문회를 열었고 300여 명이 증언대에 섰으며 83만여 쪽의 자료를 조사, 검토하여 최종보고서를 펴냈다. 의회는 1년여 만에 「카트리나 이후 재난관리개혁법」을 처리했고, 재난관리청을 독립적인 기구로 원상복구시켜 권한과 위상도 강화했다. 국가 차원의 변화와 맞물려 지역 사회도 움직였다. NGO가 새로 건립한 재즈 음악인 마을은 단순한 '거주지' 개념을 넘어 지역 문화와 정서를 되살렸다. 카트리나 이후 재즈 뮤지션들이 뉴올리언스를 대거 빠져나가자 이들이 재기할 수 있도록 마을을 만든 것이다. 통신이 두절되어 속수무책으로 죽어갔던 악몽을 되풀이하지 않기 위해, 한 손을 높이 든 모양의 4미터 높이의 '구조거점'을 곳곳에 만들었다. 재난 때 무조건 이곳에 모이면 구조될 수 있고 카트리나를 잊지 말자는 '사회적 약속'을 형상화한 것이다. 남겨진 사람들의 트라우마를 치료하는 일은 일회성이 아니라 10년째 이어지고 있다. 이런 노력 덕분에 2012년 10월 초대형 허리케인 샌디가 미 동부를 강타했을 때 예보와 대피, 복구 작업이 신속하고 효율적으로 진행되어 대형 재난을 피할 수 있었다. 비록 고통스러운 기억이지만 상처를 잊지 않고 끊임없이 되짚어야 재난이 사회를 변화시키는 원동력으로 거듭날 수 있다.

일본과 한국은 공공성의 모든 영역에서 그 순위가 최하위권이다. 그렇다 보니 후쿠시마 사태 이후 지구 반대편의 독일은 그로부터 교훈을 얻어 원전폐쇄와 에너지 전환이라는 사회적 합의에 도달한 반면 일본은 오히려 원전재가동의 길을 가려 하고 있다. 또 한국은 세월호라는 엄청난 재난 앞에서도 제대로 된 교훈을 얻지 못했다. 모두가 공공성이 낮다는 사실과 무관하지 않다.

23개의 지표들을 이용하여 OECD 국가들의 공공성을 분류한 다차원 척도분석 결과(그림 7-2)를 보면 OECD 국가들은 크게 보아 네 가지의 공공성 유형을 가지고 있다. 거의 모든 국가별 평가에서 항상 최상위를 차지하는 북유럽 국가들이 1그룹, 네덜란드를 비롯하여 캐나다, 호주 등의 자유시장경제국가들이 두 번째 그룹으로 모여 있다. 스페인, 포르투갈 등의 남유럽 국가들과 독일, 오스트리아 등 보수주의 복지 국가들이 세 번째 그룹을 이루고 한국, 일본, 미국 등이 마지막 4그룹을 구성한다. 2차원 분석을 보면, 공공성이 낮은 그룹의 한국과 미국은 별 차이가 없는 듯하다. 하지만 이것을 3차원으로 분석하면 좀 달라진다. 한국과 미국은 적지 않은 차이가 있다. 앞서 말한 대로 미국은 공공성이 낮다 하더라도 세부적으로 보면 공개성과 민주적 시민성이 높은데, 그 두 가지가 미

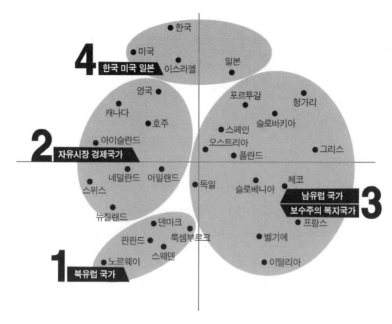

**그림 7-2** 공공성에 따른 국가 분류

국을 유지하는 힘이 되고 있다.

　국가별로, 공공성이 낮으면 재난 대비와 안전에 심각한 문제가 있었다. 먼저 공공성이 낮은 4그룹은 산재사망률이 다른 1, 2, 3그룹에 비해 압도적으로 높은 9.23(2009년)이다. 그중에서도 한국의 산재사망률은 4그룹은 물론 OECD 국가 가운데서도 가장 높다. 공공성이 낮은 국가들은 위험관리 역량도 낮다. 위험관리 역량이란 재난이나 위험을 예방하고 대처하고 복구하는 능력을 말하는데, 이것 역시 공공성이 높으면 역량이 높고 공공성이 낮으면 역량이 낮았다. 2그룹이 가장 낮은 이유는 유럽의 재정위기 때문이다. 한국의 경우 씨랜드 사고 같은 학생들과 관련한 사고가 반복되는 것은, 위험을 예방하고 대처하고 복구하는 한국의 위험관리 역량이 매우 낮다는 것을 보여준다. 공공성이 낮으면 재난 발생 이후 일상으로 돌아오는 회복역량도 매우 낮았다. 한국 사회가 세월호 사고 이후 장시간 일상으로 돌아가기 힘겨워 하고 있다는 것은 한 사례이다. 따라서 재난을 반복하지 않기 위해서 우리는 외재화를 통해 우리 사회의 고질적 문제를 드러낼 용기를 가져야 한다. 이것이 제대로 되지 않는다면 일차적으로 정부에 책임을 물어야 하고 정치에 책임을 물어야 한다.

그러나 다른 한편으로, 한국의 정부와 정치의 공공성 수준은 보통 한국 사람들이 가진 공공성 수준과 큰 차이가 없다. 정부와 정치를 바로 우리가 만들기 때문이다. 그렇다면 우리들 한 사람 한 사람은 공공성이 결여된 사고방식으로부터 과연 얼마나 자유로운 것일까?

지금부터 전 세계 사람들의 가치관을 조사하는 세계가치관조사자료(2014)를 사용하여 분석대상 5개국 국민들이 가진 가치관의 구조를 살펴보자(**그림 7-3**). 먼저 5개국 중 공공성 순위가 가장 높은 네덜란드 사람들이 압도적으로 중요하게 생각하는 가치는 관용과 경쟁이다. 제일 중요한 것은 관용이고, 경쟁은 '금전', '성공' 등과 함께 덜 중요한 것으로 나타났다. 다음으로는 공공성 순위가 두 번째로 높은 독일이다. 독일인들의 사고방식 속에서는 '경쟁'이 가장 높은 순위를 차지하지만, 바로 뒤를 이어서 경쟁을 보완해주는 가치관들인 '평등', '연대', '관용'들이 포진해 있다. 자유시장경제의 대표적 사례로 알려진 미국은 어떨까? 역시나 '경쟁'이 가장 중요한 가치관으로 자리 잡고 있다. 하지만 동시에 '연대'와 '관용'이 바로 그 뒤를 떠받치고 있다. "경쟁할 때는 경쟁하더라도 당신이 침몰하는 순간이 오면 당신은 혼자가 아니다"라는 공동체적 가치의 뒷받침이 있기 때문에 미국 사회는 경쟁의 이점을 더 잘 살릴 수 있는 것이다. 다음으로 공공성 순위가 가장 낮은 일본과 한국의 사례를 보자. 두 나라에서 모두 압도적인 가치관은 '경쟁'이다. 일본의 경우 '경쟁'의 뒤를 이어 '관용'과 '평등'이 자리 잡고 있지만, 이들의 중요성은 '경쟁'에 비해 현저하게 작다. 앞서 언급한 네덜란드, 독일과 다른 점이다.

한국인들의 가치관은 어떨까? **그림 7-3**에서 보듯이 '경쟁'의 중요성이 압도적으로 높고, 그 바로 뒷자리를 '성공'이라는 가치관이 차지하고 있다. '연대'와 '관용'이 세 번째와 네 번째로 나타나기는 하지만 그 중요성은 '경쟁'과 '성공'과는 비교할 수 없을 정도로 미미하다. 충격적인 것은 타인에 대한 관용을 가르쳐야

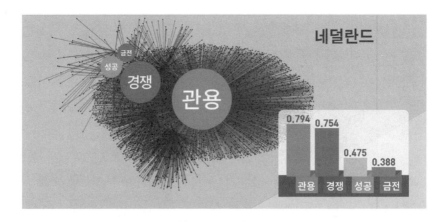

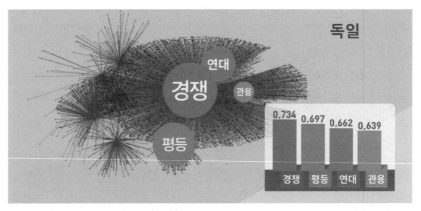

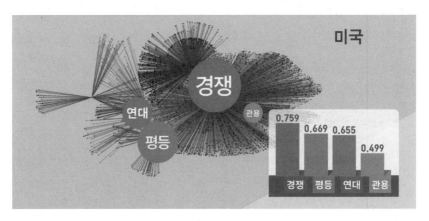

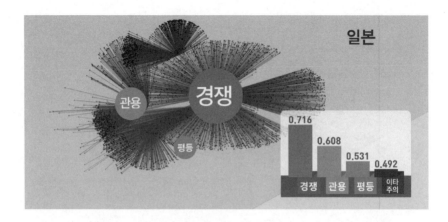

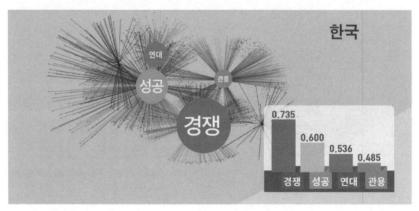

그림 7-3 가치관 국제 조사

한다는 응답에서 한국은 조사 대상 62개국 가운데 꼴찌였다는 점이다. 더구나 한국은 교육 수준이 높아도, 소득수준이 높아도 관용을 가르치겠다는 응답은 낮게 나왔다. 공공성이 결여된 한국 사회가 모두가 알아서 자기 살길을 찾아야 하는 '각자도생'의 사회가 되었다는 방증이다. 이 때문에 공공성이 결여된 사고 방식으로부터 우리들 한 사람 한 사람도 자유로울 수 없는 것이다. 결국 한국 사회의 공공성이 높았다면 과적이나 정비부실, 비정상적 경영은 없었을 것이고 관피아의 비리는 투명하게 드러났을 것이고 정부기관들은 책임을 떠넘길 수 없었을 것이다. 정치인들은 세월호 특별법 처리를 이렇게 늦추지는 않았을 것이다. 시민들은 편을 나누어 손가락질하거나 귀찮다고 빨리 잊기를 원하는 것이 아니라, 이 모든 과정에 적극 참여했을 것이다.

# 제15장

# 한국형 거버넌스

지속 가능한 사회를 위해서 정부의 역할이 중요하다. 개발경제시대의 관성대로 정부의 역할을 정의하지 말고 정책 수요자 입장에서 어떤 부분에 방점을 둬야 할지 원점에서부터 되짚어볼 필요가 있다. 대표적인 예가 공무원의 인력 배치 문제이다. 우리나라 공무원 숫자는 인구 1000명당 32명으로 OECD 평균 83명의 40%에 불과할 정도로 적다. 언뜻 보면 작고 효율적인 정부이다. 하지만 인력의 대부분이 규제나 관리 감독 영역에 집중되어 있다. 반면 복지나 공공 서비스 분야는 OECD 평균의 22분의 1에 불과할 정도로 상당히 적다. '좋은 정부'에 대한 국민의 생각을 알아보기 위한 SBS의 여론조사(2015) 결과 응답자의 80%가 광복 이후 발전상에 정부가 기여했다고 인정하면서도 지금까지의 정부 역할에 변화가 필요하다는 응답도 95%로 압도적으로 높았다. 정부가 가장 중점을 둬야 할 과제로는 일자리 만들기, 경제성장 등 '경제' 과제를 가장 많이 꼽았고, 이어 사회복지 확대나 불평등 해소와 같은 격차 문제 해결을 주문했다. 반면 부동산 시장 안정, 사교육 문제 등은 정부가 직접 수행했을 때 효과가 좋지 않다며 정부 개입에 대해 반대 의견을 드러냈다. 그런데 일자리, 저출산 고령화, 경제성장 등은 정부가 실행하면 효과가 좋지 않을 분야에도 동시에 상위권에 올라 있었다. 즉, 국민들 마음에는 정부가 이런 고질적 문제를 해결해주기를 바라는 기대와 그동안의 부진한 성과에 대한 실망이 공존하고 있는 것으로 분석된다. 우리 사회의 가장 심각한 문제는 공직자 부패와 일자리 부족, 저출산 고령화와 소득양극화 등의 순으로 꼽혔다. 정부의 권한과 책임이 지금보다 확대돼야 하는가라고 질문했더니 절반 이상이 그렇다고 응답해, 우리 국민은 여전히 정부가 효과를 발휘할 수 있는 분야라면 더 적극적으로 나서주고 그에 걸맞은 책임도 질 것을 기대하고 있음을 알 수 있었다.


## 왜 소통인가?

제8차 미래한국리포트는 "2010 대한민국 왜 소통인가"를 주제로 다루었다. 기술의 발전과 함께 소통의 수단은 다양하게 진보하고 있는데 2010년 대한민국은 왜 소통이 되지 않는다고 아우성치는지에 대한 정치사회적 현상을 분석하고 그 해답을 찾기 위해서였다. 세계적인 석학 보 로트스테인Bo Rothstein 스웨덴 예테보리대학 석좌교수는 현대 사회에서 정부의 질적 수준과 특징이 사회 전체의 신뢰도와 번영 가능성에 근본적인 영향을 미친다고 분석했다. '수준 높은 정부'란 권력을 공평하게 행사하는 정부로서, 정부의 질적 수준이 담보되어야 해당 국가가 사회적 자본과 신뢰를 탄탄히 쌓고 구성원들이 행복한 삶을 영위하며 경제적으로 풍요로운 국가를 만들 수 있다는 것이다. 로트스테인 교수는 "현대 사회 대부분의 문제는 질이 낮은 정부로부터 파생된다"고 단언하면서 정부가 부패와 차별, 족벌주의 등을 배제하고 개별 사안과 인물의 특성이 아닌 법과 제도의 원칙을 바탕으로 정책을 실행해야 신뢰 사회가 형성될 수 있다고 역설했다. 정부가 신뢰를 구축하지 못하면 사회 구성원들이 서로를 신뢰할 수 없게 되는 '사회적 함정'이 발생한다는 것이다. 신뢰를 구축하지 못하는 정부, '질 낮은 정부'는 점진적인 변화로는 바뀔 수 없으며 빅뱅과 같은 충격이나 혁명적인 대처가 필요하다고 로트스테인 교수는 진단했다. 로트스테인 교수는 지난 15년 간 세계은행과 국제투명성기구가 평가한 한국 정부의 효율성과 청렴도를 바탕으로 우리 정부의 효율성과 청렴도가 긍정적인 상관관계를 보이며 큰 폭으로 개선되어왔다는 데 주목했다. 그러나 우리의 경제적 수준과 정치적 민주화 정도에 비해 우리 정부의 질이 여전히 그리 높지 못하며 중진국 수준에 머물러 있다고 지적했다. 로트스테인 교수는 지금이 바로 한국이 정부의 수준을 획기적으로 끌어올려 사회 내부의 상호 신뢰도를 높이고 진정한 선진국의 대열에 진입해야 할 시점이라고 지적했다. 또 한상진 서울대학교 명예교수는 2010년에 발표한 논문 "Political Communication and the Quality of Democracy(정치소통과 민주주의의 질)"에서 우리 국회와 정부, 여야 등 주요 정치주체들 간의 소통능력 및 국민과의 소통능력을 비교했을 때, 우리나라가 국제적으로 매우 후진적인 수준에 머물러 있다고 진단했다. 광범위한 분석 결과, 스웨덴, 독일처럼 점진적인 근대화의 역사와 국부國富를 가진 서구 선진국들에 비해서뿐만 아니라 칠레, 터키, 남아프리카공화국처럼 우리와 민주화 정도와 소득 수준이 비슷하거나 낮은 국가들과 비교했을 때도 뒤처져 있다는 것이다. 그럼에도 불구하고 우리 정치주체들의 소통능력에 대한 국민들의 평가와 국회의원들의 평가를 비교했을 때, 국회의원들이 일반 국민들보다 정치주체들의 소통능력에 대해 훨씬 후한 평가를 내리는 것으로 나타났다. 국민의 대표자들과 일반 국민 사이의 커다란 인식차를 보여주는 대목으로, 우리 정치주체들은 그들의 소통능력이 상대적으로 후진적인데도 이를 비판적으로 바라보는 국민들과 달리 자신들에 대해 관대한 평가를 내리고 있는 것이다. 이와 같은 괴리는 다시 소통의 부재로 이어진다고 한 교수는 지적했다. 결국 주요 정치주체들의 엄정한 자각과 반성이 한국 사회에 만연한 소통 문제를 치료하는 출발점이 될 것이라고 한상진 교수는 진단하고 '소통'은 우리 사회의 제2근대화를 위해 어느 기술보다 큰 효과를 낼 수 있는 기술이라고 주장했다.

대한민국은 전쟁의 폐허 위에서 세계에서 가장 짧은 기간에 경제발전과 민주화를 이룩했다. 지난 87년 6·29선언으로 대통령직선제가 시행됐고, 지방자

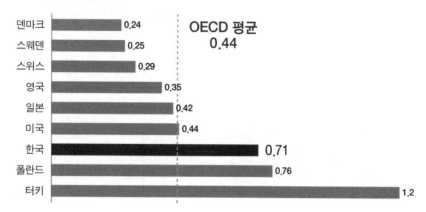

**그림 7-4** 사회갈등지수 국제비교
자료: 삼성경제연구소 CEO Information 710호(2009).

치제도 정착되어 이제 시·군·구의원까지 국민들이 직접 선출한다. 국민들의 여론을 듣고 소통을 해야 하는 정당은 22개(2012년), 언론사는 275개, 시민사회 단체는 2만 3천 개에 달한다. 네이버나 다음 같은 인터넷포털에 이어 트위터나 페이스북 같은 소셜 미디어도 급속히 확산되고 있다. 소통을 위한 제도적, 기술적 기반은 갖춰진 것이다. 하지만 우리 현실은 어떤가? 사회적 갈등은 확산되고, 소통에 대한 국민들의 갈증은 커졌다. 지난 90년 이후 19년 동안 대규모 공공갈등은 624건이 발생했다. 연평균 37건이 발생하여 한 건당 평균 497일 동안 지속됐고, 평균 참여자는 2만 명이나 됐다. 도룡뇽 소송으로 유명한 경부고속철도 천성산 터널공사갈등은 4년 7개월, 서울외곽순환도로 사패산 터널갈등은 25개월이 지속됐다. 2008년 쇠고기수입 반대 촛불시위는 2조 원 가까운 손실을 낸 것으로 추산되고 있다. 삼성경제연구소는 한국의 사회갈등지수(**그림 7-4**)는 0.71로 OECD 평균인 0.44보다 2배 가까이 높다고 분석했다.

이 사회적 갈등지수를 OECD 평균 수준으로 완화할 경우 1인당 GDP는 27% 증가할 것으로 삼성경제연구소는 추산했다. 연간 270조 원 이상을 사회갈등비

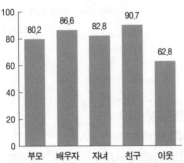

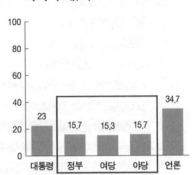

그림 7-5 SBS-갤럽 여론조사
자료: SBS-갤럽 여론조사(2010).

용으로 지불하고 있다는 것이다. 사회와의 단절을 의미하는 자살은 급증하고 있다. 우리나라의 자살률은 단연 세계 1위이다. 10만 명당 31명에 달한다. 한국의 자살률은 OECD 국가 평균의 3배 가까이 된다. 자살률이 높기로 유명한 일본보다 50%나 많고 그리스보다는 10배나 많다.

이처럼 우리 사회의 질이 낮은 원인에는 소통이 있다. 갤럽-SBS 조사 결과(그림 7-5), 국민들의 55%가 소통이 안 되고 있다고 응답했다. 평균 소통점수는 백점 만점에 55점으로 평가했다. 말 그대로 낙제점수이다. 소통 대상별로는 가족이나 친구 등과는 80~90%가 소통이 잘된다고 응답한 반면 사회 주체와 소통이 잘된다는 응답은 적었다. 대통령과 소통이 된다는 응답은 23%, 정부나 여당, 야당과 소통이 이뤄지고 있다는 응답은 15%대에 불과했다. 결국 공동체 대한민국의 소통문제는 주변 사람들과의 문제라기보다는 정부나 정치권 등 우리 사회를 운영하는 주체들과의 문제로 분석된다.

그러면 우리 사회는 왜 소통을 하지 못하는 사회가 됐을까? 무엇보다 우리 국민들의 가치관은 크게 변하고 있지만, 소통의 주체들은 권위적인 모습 그대로

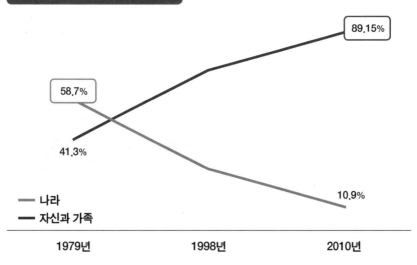

나라와 가족, 더 중요한 것은?

89.15%

58.7%

41.3%

10.9%

— 나라
— 자신과 가족

1979년          1998년          2010년

그림 7-6 SBS-갤럽 여론조사
자료: 서강대 나은영 교수 연구팀(2010).

남아 있다는 것이다. 한국연구재단의 지원을 받아 서강대 나은영 교수팀이 지
난 30년 동안의 가치관 변화를 조사한 결과(**그림 7-6**)가 있다. 나라와 가족 중에
더 중요한 것을 묻는 질문에 나라라는 응답은 30년 전 58%에서 지금은 10%대
로 낮아졌다. 반면 나와 가족이라는 응답은 30년 전 41%에서 이제 89%로 90%
에 육박하고 있다. 이제는 열 명 가운데 아홉 명이 국가보다는 나와 가족을 더
중요하게 생각하는 것이다. 이번에는 깨끗이 옳게 사는 것이 중요한가 풍부하
게 사는 것이 중요한가를 물었다. 깨끗이 사는 것이 중요하다는 응답은 64%에
서 29%로 줄었다. 반면 풍요롭게 사는 것이 중요하다는 응답은 35%에서 70%
로 높아졌다. 외환위기 이후에 좀 실수가 있더라도 풍요하게 살아야 한다는 응
답이 압도적으로 많아졌다.

소통에 대한 요구도 바뀌고 있다. 연세대 황상민 교수가 조사한 바에 따르면
일방지시형의 권위주의적인 소통을 요구하는 목소리는 낮아지고, 공감을 원하

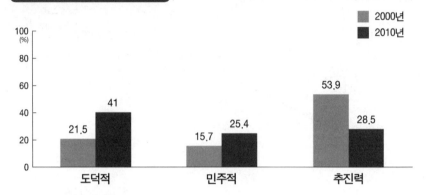

그림 7-7 SBS-갤럽 여론조사
자료: SBS-갤럽 여론조사(2010).

는 개인주의적 소통에 대한 요구가 크게 늘고 있다. 무엇을 소통으로 볼 것인가 하는 소통에 대한 인식도 목표를 달성하면 된다는 결과중심형 소통에서 참여와 합의, 절차를 중시하는 과정중심형 소통으로 바뀌고 있다. 국민들이 보는 바람직한 지도자상도 바뀌었다. 그림 7-7에서 보듯이 도덕적이고 민주적인 지도자가 바람직하다는 응답이 10년 전보다 배 가까이 늘어난 반면, 추진력이 강한 지도자가 바람직하다는 응답은 절반 가까이 줄었다. 국민들의 의식은 이처럼 개인적, 민주적으로 변하고 있다.

하지만 국민들은 정부의 정책운영이 권위적이라고 평가했다. 국민의 68%는 우리나라가 소수 거대집단을 위해 운영된다고 응답했고, 정부가 여론을 정책에 잘 반영하고 있다는 응답은 40%에 미치지 못했다.

그렇다면 왜 우리는 이렇게 권위주의에서 벗어나지 못하고 있을까? 바로 초고속성장의 그늘 때문이다. 성장신화 속에 과정과 절차는 무시되어온 것이다. 한국의 구매력 기준 국민소득은 지난 49년 동안 13배가 늘었다. 같은 기간 일본이나 프랑스, 미국 등보다 3배 이상 빠르게 성장하면서 주변을 돌아볼 여유가 없었다는 것이다. 결과를 지나치게 중시하면서 목표를 달성하면 수단이나 방법

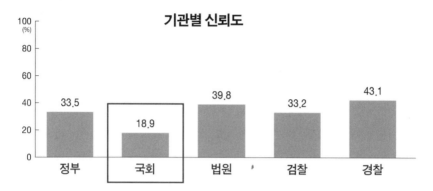

**공공부문의 신뢰 저조**

**기관별 신뢰도**

그림 7-8 SBS-갤럽 여론조사
자료: SBS-갤럽 여론조사(2010).

은 아무래도 좋다는 인식이 확산됐다. 우리말에 "모로 가도 서울만 가면 된다", "억울하면 출세하라"라는 말이 있다. 바로 이런 인식을 보여주는 말이다. 결국 성공을 해도 국민들은 그것을 정당하다고 인정하지 않고 있다. SBS와 갤럽의 여론조사 결과 국민의 79%가 한국에서 성공한 사람은 연줄과 인맥을 통해서 성공한 것이라고 응답했다(아니오 5.5%). 원칙대로 살면 손해라는 응답도 71%를 넘었다(아니오 8.3%). 법원에 아는 사람이 있어 부탁하면 유리한 결과를 얻을 수 있다고 보는 사람이 63%, 시청이나 구청의 경우 77%에 달했다. 법과 제도는 있지만 현실은 다르게 움직인다고 보는 것이다. 이렇다 보니 국가기관에 대한 신뢰는 땅에 떨어졌다. **그림 7-8**을 보면 정부나 법원, 검찰을 신뢰한다는 국민들은 30%대이고, 국회를 신뢰한다는 응답은 19%에도 미치지 못했다. 국회를 믿는 사람은 다섯 명 가운데 한 명도 안 되는 것이다.

결론적으로 우리 사회의 소통을 막는 것은 갈수록 벌어지는 사회적 격차와 이에 따른 사회적 신뢰 부족이다. 2009년 소득하위 10%의 한 달 평균소득은 98만 원으로 최저생계비 114만 원에 크게 못 미쳤다. 반면 상위 10%의 월평균소득은 922만 원으로 1분위소득의 10배나 됐다. 이렇게 사회적 격차는 확대되고 있지만 이를 보완할 사회복지 지출규모는 국민소득 대비 8.3%에 불과하다. OECD 국가 평균의 절반도 되지 않는다. 이렇게 사회적 안전망이 부실하다 보니 사회적 불안은 커지고 사회적 신뢰는 낮다. 대부분 사람을 신뢰할 수 있다고 응답한 국민은 28%에 그쳤다. 가족이나 친척, 친구는 믿을 수 있다는 응답이 90%를 넘은 반면 처음 만난 사람은 16%만이 믿을 수 있다고 응답했다. 다른 OECD 국가보다 가족이나 이웃을 믿을 수 있다는 사람은 더 많지만, 처음 만난 사람을 믿을 수 있다고 응답한 사람은 OECD 국가 12개국 평균의 3분의 1 수준에 불과했다. 가까운 사람들과는 믿고 터놓고 지내지만 낯선 사람은 믿지 못하는 이중적 소통행태가 여기서 나타나는 것이다.


## 거버넌스가 국가 운명을 결정한다[1]

2012년 제10차 미래한국리포트의 주제는 "착한 성장을 위한 리더십"이었다. 국가 운영이 제대로 되기 위해서는 거버넌스가 필요하다. 연구진은 거버넌스 연구를 확장해 금융위기를 겪고 있는 남유럽 이외의 국가에서도 거버넌스가 작동하지 않을 경우 위기를 겪게 되는지 분석했다. 거버넌스는 협치라고도 하는데, 이를 풀어보면 '공통의 문제해결을 위해 이해 당사자들이 대화와 협상을 통해 조정하고 협력한다'는 의미이다. 본래 민주주의는 '아무도 믿을 수 없다'라는 생각에서 출발해 누군가에게 권력이 집중되는 것을 막기 위해 만든 견제의 틀이다. 불확실성을 제도화한 것이다. 그런데 반대로 지나친 견제가 재앙을 낳기도 한다. 타협이 없는 다수결 민주주의를 '비토크라시Vetocracy'라고 하는데, 2013년 오바마 케어를 둘러싼 공화당의 비토권 행사로 연방정부가 셧다운 된 미국

---

**1** 이 절은 제10차 미래한국리포트에서 "무엇이 국가의 운명을 결정하는가?"라는 주제로 장덕진 서울대 교수가 발표한 내용과 제11차 미래한국리포트에서 "거버넌스가 국가 운명 갈랐다"라는 주제로 이재열 서울대 교수가 발표한 내용을 재정리한 것이다.

상황이 여기에 해당된다. 이재열 서울대 교수는 거버넌스를 '민주주의라는 견제의 틀 위에 신뢰와 타협을 보탠 것이다'라고 정의한다. 이해집단들이 국정에 참여하게 되면, 정책 결정의 정당성과 투명성이 커질 뿐 아니라 집행의 효율성과 효과성도 높아지기 때문이다. 좋은 거버넌스는 충분한 토론을 필요로 한다는 점에서 '합의민주주의'와 잘 맞는다. 또한 장기적 협력을 요한다는 점에서 '조정시장경제'와도 잘 어울린다. 조정시장경제란 경제주체들이 장기적 협력을 통해 변덕스러운 시장을 규율하는 것이다. 예를 들면 기업은 노동자에게 고용안정과 경영참여를 허용하고, 국가는 노동자에게 직업훈련 기회를 제공하며, 노동자는 높은 숙련과 공정혁신으로 보답하는 방식이다. 그러면 거버넌스가 작동했을 때와 작동하지 않았을 때 어떤 결과를 낳는지 일본과 독일 도시의 사례를 차례로 보자.

한때 석탄 산업으로 유명했던 일본 유바리 시는 이제 몰락한 도시의 대명사이다. 시민들이 떠나버린 도시의 모습은 황량함 그 자체이다. 현재 유바리의 인구는 1만여 명으로 일본에서 인구가 가장 적은 도시 중 하나이다. 유바리의 불행은 1980년대에 석탄 산업이 내리막길을 걸으면서 시작됐다. 당시 유바리는 발 빠르게 관광도시로의 변화를 시도했고, 필요한 돈은 중앙정부로부터 빌렸다. 이 사업을 진두지휘한 사람은 민선 시장 나카타中田鉄治였다. 하지만 그는 모든 것을 독단으로 처리했다. 곳곳에 관광시설이 생겨나고 광부들은 새로운 일터와 장밋빛 미래를 꿈꿨다. 하지만 결과는 참담했다. 무리한 사업진행으로 시 예산의 열 배가 넘는 빚을 안고 지난 2006년 재정파탄을 선언한 것이다. 회계 장부까지 조작해 재정을 흑자라고 속여온 것도 나중에야 드러났다. 시가 파산하면서 그 피해는 고스란히 시민들이 떠안아야 했다. 행정 유지를 위해 세금을 더 내야 했고 복지 혜택은 크게 줄어들었다. 일자리도 잃고, 노후 연금조차 중단되자 많은 시민들이 이 도시를 떠났다. 유바리의 불행은 사회적 합의와 거버넌스 없이 시 정부가 모든 것을 독단으로 처리한 데서 온 결과였다. 유바리 시의 사례처럼 일본의 노동, 사회정책 역시 '위기'라는 평가가 많다. 카나이金井利之 도쿄대 교수는 "지금 일본에서는 인간관계가 없는, 말하자면 모래알 같은 사람이 많은 상황이어서 거버넌스가 점점 축소되는 현실입니다"라고 말한다. 국가 주도의 의사결정 방식, 그리고 노조가 사회적 파트너로서 인정받지 못하는 일본. 이 때문에 전체 노동자의 30%가 비정규직인 상황에서, 일자리를 위한 일본의 '거버넌스' 역시 여전히 멀어 보인다.

　독일 서부의 중소도시 도르트문트는 20여 년 전까지만 해도 석탄과 철강, 맥주 이 세 가지 말고는 아무것도 나지 않는 척박한 땅이었다. 그나마 지역 경제를 지탱하던 석탄과 철강 산업도 80년대로 접어들며 급격하게 쇠락하기 시작했다. 한때 7만 명이 넘던 석탄, 철강 분야의 종사자 수는 10분의 1 수준으로 뚝 떨어졌다. 당장 일자리를 잃게 된 노조는 고속도로를 봉쇄하는 등 격렬하게 저항했다. 하지만 다른 한편으로는 일자리를 되찾기 위한 대책을 내놨다. 노조의 제안에 대해 대기업 티센크루프<sup>ThyssenKrupp</sup>는 500만 유로의 컨설팅 비용을 들여 사업의 타당성을 검토했고, 지난 2000년 도르트문트 시 정부는 아예 시장 직속의 노사민정 기구인 '도르트문트 프로젝트'를 가동했다. 목표는 명확했다. 10년 내 일자리 7만 개 창출. 이를 위한 10년간의 길고 긴 대화가 시작됐다. 10년의 길고 긴 대화 끝에 도르트문트는 IT와 나노, 물류뿐 아니라 전기차와 바이오산업 등 10개의 클러스터를 가진 도시로 성장했다. 지역 주민의 일자리는 물론이고 이제는 주변 도시의 인재들까지 끌어들일 정도가 됐다. 쇠락하던 탄광 마을이 제2의 라인 강의 기적을 이끄는 첨단 산업 중심지로 변신한 가장 밑바탕에는 바로 사회적 대화가 있었다. 일본 유바리 시의 사례는 권력을 견제하지 못했을 때 공동체가 위기에 처한다는 것을 잘 보여준다. 반면에 독일 도르트문트 시 사례는 사회적 대화가 위기극복의 비결이었다는 점을 증명하고 있다.

　거버넌스의 수준은 위기 상황에서 국가의 운명까지 바꿀 수 있다. 독일과 일본은 공통점이 많았다. 두 나라 모두 2차 대전의 패전국이었지만 성공적인 부흥기를 거쳐 제조업 강국이 되었고 엄청난 무역흑자를 냈다. 정치적으로는 모두 의원내각제를 채택하고 있다. 그러나 2000년대 중반부터 운명이 갈리기 시작했다. 먼저 일본에 대해 살펴보자. 위기의 출발은 부동산 버블이 꺼진 1990년대 이후 찾아온 경기침체이다. 1990년대 초까지 4%를 넘던 경제성장률이 연

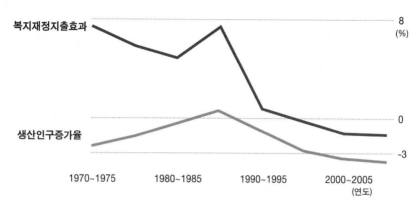

복지재정지출효과

생산인구증가율

8
(%)

0

-3

1970~1975        1980~1985        1990~1995        2000~2005
                                                                          (연도)

그림 7-9  생산인구와 복지재정지출효과
자료: 일본 국립사회보장-인구문제연구소. 일본생산인구비율은 UN, World Population Prospects(2008).

1% 수준으로 추락했다. 이 기간 세계 경제에서 차지하는 GDP 비중이나 국가 경쟁력도 모두 급락했다. 문제는 위기에 대한 일본 정부와 기업, 노조의 안일한 대처였다. 일본 정부는 거의 매년 경기부양책을 시도했지만 근본적인 처방을 찾을 의지도, 사회적 합의를 위한 기구도 없었다. 노동정책심의회가 있었지만 실질 권한은 없는 장관자문기구에 불과했다. 기업은 정치와 유착하여 문제를 피하는 데 급급했고 노조는 기득권에 집착했다. 그러다 보니 장기불황이 고용-복지체제에 가한 충격을 풀지 못했다. 평생고용이 어려워지자 일본의 '가족의 존형 복지제도'에도 심각한 균열이 생겼고, 사회보장에서 제외된 비정규직과 청년실업자들이 급증하면서 '격차사회'가 굳어졌다. 결과적으로 저출산이 심해진 반면, 고령인구는 계속 늘어나고 있다. 현재 65세 이상 고령인구비율이 계속 늘어 2050년이 되면 그 비율이 40%에 이르게 된다. 그런데 정치적으로 다수인 노인들은 연금을 줄이는 데 반대한다. 그래서 생산가능인구를 제대로 지원하지 못하다 보니 **그림 7-9**에서처럼 복지재정지출이 늘어도 성장유발효과는 계속 떨어지고 있다.

이제 독일을 보자. 독일도 어려운 상황은 마찬가지였다. 2000년대 초반까지 저성장, 고실업의 늪에 빠져 있었고 사회갈등은 심각했다. 경직적 노동시장, 수

혜적 복지, 높은 조세부담이 경제의 발목을 잡았고, 급기야는 '유럽의 병자'라고 불렸다. 갑작스러운 통일과 유럽통합도 큰 충격이었다. 이랬던 독일이 오늘날 '유럽의 강자'로 화려하게 부활한 계기는 두 가지이다. 하나는 2003년에 단행된 '어젠다 2010' 개혁이었다. 당시 사회민주당 슈뢰더 총리는 노동시장 유연성을 과감하게 확대하고, 고용서비스 전달체계를 혁신했으며, 복지제도 효율성을 높이고, 재정개혁도 단행했다. 다른 하나는 2008년 글로벌 금융위기였다. 대부분의 나라들이 고용위기를 겪은 반면, 독일은 즉각 '단축조업'을 시행해서 노동시간과 임금을 줄이되 해고가 되지 않도록 했다. 현재 독일의 실업률은 10년 전에 비해 절반으로 줄었고, 일자리는 200만 개 이상 늘어났다. 방만한 복지는 지속 가능하게 바뀌었다. 금융위기의 반사이익으로 제조업이 큰 호황을 누리게 되자 수출이 급증하고 경제성장률도 높아졌다. 이 결과 고용률이 70%를 넘어서면서 손꼽히는 고용선진국으로 평가받고 있다.

　그렇다면 독일과 일본의 거버넌스는 어떤 이유로 이런 차이가 나게 되었을까? 첫 번째는 사회적 합의에서 정부의 역할이다. 독일은 이해당사자들이 문제 인식을 공유하고 서로 조율하고 해결책에 합의하면, 국가가 이를 후원하고 공정하게 관리해왔다. 반면에 일본은 80년대까지만 해도 분권, 분배, 조정의 거버넌스를 유지해왔는데, 90년대에 들어 점차 내각과 총리관저 중심의 일방적 통치로 바뀌었다. 두 번째는 정치적 리더십의 차이이다. 독일은 대부분 한 정당이 권력을 독식하지 않고 연립정부를 구성해왔다. 심지어 지지층이 다른 두 대표 정당끼리 대연정도 자주 했다. 그래서 리더십도 안정되고 정책 일관성도 유지됐다. 그러나 거의 매년 총리가 바뀐 일본에서는 장기적 비전에 대한 사회적 합의를 이루지 못하고 단기처방만 남발했다. 세 번째는 노조와 같은 이익단체가 사회적으로 책임 있는 역할을 다해왔다는 점이다. 독일 노조의 조직률은 높지 않다. 그렇지만 경영참가와 정책참가, 사회적 대화 등을 통해 영향력을 유지해왔다. 그 결과 노조는 자신들의 이익을 국민경제와 조화시키는 안목과 실력을 갖췄다. 반면에 일본에서 노조는 아예 대화의 파트너로 고려되지 않았다. 또한 기업별 노조체제이다 보니 대기업 정규직의 이익만 대변할 뿐, 저출산이나 청년실업 등 사회적인 이슈에 대해서는 무관심했다. 네 번째는 위기의 성격이 달랐던 것도 중요한 이유이다. 독일에서는 유럽통합이나 독일통일, 세계 금융위기 등 마치 급성폐렴처럼 몰려오는 위기 앞에서 이해당사자들이 한 발씩 양보하는 자세를 가졌다. 그러나 일본에서 저출산과 고령화는 장기간에 걸쳐 진행되는 성인병과 같다 보니, 심각성을 느끼는 데 시간이 걸렸고 선제적 개혁의 타이밍도 놓쳤다. 독일의 도약은 일자리를 둘러싼 사회적 합의에서 출발했다. 기업은 일자리를 만들고, 노조는 일자리를 나누고, 정부는 일자리를 지킨다는 합의를 이루었고, 노-사-정이 서로 협력하는 거버넌스를 발전시켰다. 이것이 독일이 조정시장경제를 운영하면서 성장-복지-고용 간의 선순환을 이룬 비결이었다. 어떤가? 결국 거버넌스가 제대로 작동하지 않을 경우 지역이나 시대와 관계없이 국가가 위기에 빠지게 된다. 즉, 독일과 일본에서 보듯이 거버넌스가 국가 운명을 결정지을 수 있다.

또한 제10차 미래한국리포트에서는 경제에 부담을 덜 주고 지속 가능한 복지와 성장 전략을 발표했다. 우리나라는 복지비 지출을 늘리는 것이 불가피하지만 미래세대에 부담을 적게 하고 경제성장을 뒷받침할 수 있도록 지출 전략을 짜야 한다고 주장했다. 갈수록 잠재성장력이 떨어지는 가운데 성장 전략도 일자리를 늘리는 방향으로 이뤄져야 하는 것으로 보았다. 이와 함께 양적 성장에서 혁신을 바탕으로 하는 질적 성장을 추구해야 한다고 분석했다. 이런 착한 성장사회는 '성장과 복지가 선순환하고 사회 발전과 개인 발전이 균형을 이루는 사회의 질social quality이 높은 사회'이다. SBS는 '착한 성장사회'를 위한 비전 개발을 위해서 서울대 사회발전연구소와 1년 넘게 연구했다. 특히 거버넌스 분석을 위해서 국내 언론사로서는 처음으로, 경제적 어려움을 겪고 있는 남유럽 국가와 독일, 터키 등 해외 4개국에 대해 광범위하게 국민의식조사와 전문가 인터뷰를 진행하고 이를 우리나라와 비교·분석했다. 먼저 유럽 각국의 사회의 질을 살펴본 결과, 유로존 경제위기를 겪고 있는 그리스와 이탈리아, 스페인, 포르투갈 등이 우리와 비슷한 수준인 것으로 나타났다. 사회의 질은 전체 사회의 발전이 개인의 역량개발과 얼마나 조화를 이루는지를 보여주는 정도를 나타낸

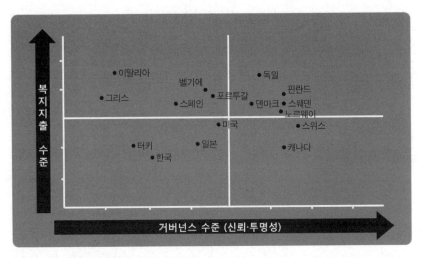

**그림 7-10 다차원 척도분석(MDS)**
주: OECD 24개국 대상 분석 지표. 정부지출, 자영업 비중, 신뢰도, 재정건전성, 합의민주주의 전통, 여
성노동참가율, 실업률, 지하경제비중 등 13개 지표.

다. 연구팀은 13개 경제지표와 사회지표를 동시에 투입해, 각 국가들의 상대적
위치를 파악하는 다차원 척도분석MDS(**그림 7-10**)도 추가로 시도했다. 이 분석에
서 서로 비슷한 특성을 가진 나라들은 가깝게 위치하고, 서로 다른 특성을 가진
나라는 멀리 놓이게 된다.

국내총생산GDP 대비 복지지출 수준(세로축)과 거버넌스(가로축)를 기준으로
다차원분석 결과를 나타낸 결과 한국은 좌측 하단에 위치해, 전반적으로 복지
비 지출이나 거버넌스 부문에서 취약한 것으로 나타났다. 거버넌스는 정치나
정책의 신뢰성 등 사회 전반적인 신뢰수준과 투명한 정도를 나타낸다. 가로축
에서 오른쪽으로 갈수록 거버넌스의 수준이 높은 나라들이다. 연구팀은 거버넌
스의 개선 없이 복지지출만 늘릴 경우에는 그리스나 이탈리아와 같이 현재 경
제위기에 취약한 국가들이 밀집해 있는 왼쪽 윗부분에 도달할 수 있음을 경고
했다. 또 한국이 따라야 할 모델로 경제 불안에도 지속적 성장과 건전한 복지가
함께 이뤄지고 있는 우측 상단의 국가를 들었다. 연구팀은 이런 분석 결과를 토
대로 향후 복지지출 확대가 불가피하다면 거버넌스 개선이 반드시 함께 이뤄져

야 한다고 보았다. 복지지출을 한꺼번에 늘리기보다는 국민이 신뢰하는 복지정책 모델을 만들면서, 이런 성공사례와 국민신뢰를 토대로 점차 확대하는 방안도 제시했다. 따라 해서는 안 되는 거버넌스의 모델로는 그리스 사례를 들었다. 그리스는 과거 양대 정당인 사회당과 신민당이 번갈아 집권하면서 경쟁적으로 부채를 늘려 놓았다. 특히 정치적 지지의 대가로 부패를 눈감아주고 혜택을 제공하는 정치적 후견주의가 나타났다. 연구를 수행한 장덕진 서울대 사회발전연구소 소장은 "그리스는 많은 복지지출이 이뤄졌지만, 정치적 후견주의라는 수준 낮은 거버넌스의 틀 안에서 집행됐기 때문에 국민들로부터 좋은 평가를 받는 데 실패했다"라고 설명했다.

## 효율에서 역량으로[2]

그렇다면 정부 정책은 무엇이 문제일까? 정부에 대한 진단과 평가를 위해서는 우선 정책이 어떤 과정을 거쳐 만들어지고 실행되는지를 살펴보아야 한다.

정책과정을 단순화하면 **그림 7-11**과 같이 어젠다 세팅, 정책구성, 정책결정, 정책실행, 정책평가 등 다섯 단계로 구분할 수 있다. 어젠다 세팅, 정책구성, 정책결정은 정책결정과정에 해당하고, 정책실행과 정책평가는 정책운용과정으로 볼 수 있다. 그리고 정책결정력과 정책운용력을 합친 것이 정책역량이다. 따라서 정책이 제대로 효과를 발휘하기 위해서는 정책결정과 운용의 정책과정 전체가 제대로 작동해야 한다.

정책결정력을 높이기 위해서는 제한된 자원을 효율적으로 배분하는 효율성과 보편적인 복지 및 공공선을 증진시키는 공익성이 좋아야 한다. 또 정책운용력을 높이기 위해서는 서로 다른 이해관계를 조정할 수 있는 능력인 조정성과

---

**2** 이 절은 제13차 미래한국리포트에서 "효율에서 역량으로"라는 주제로 김석호 서울대 교수가 발표한 내용을 재정리한 것이다.

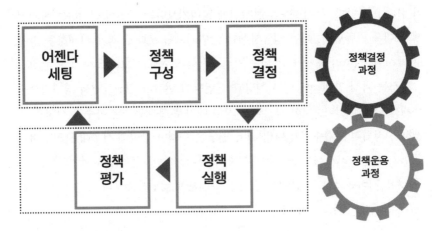

그림 7-11 정책과정 구성

이를 기반으로 정책을 투명하게 집행할 수 있는 능력인 실행성이 필요하다. 결국 정부의 정책역량을 평가하기 위해서는 효율성, 공익성, 조정성, 실행성 등 네 가지 속성들이 어떠한 수준과 상태에 있는가를 살펴보면 된다. 이러한 네 가지 특성들이 모여 정책역량을 구성하는 것이다. SBS와 서울대 사회발전연구소는 OECD 국가들의 정책역량을 비교해보았다. 그렇다면 우리나라는 어느 정도 위치에 있을까? 4개 속성 가운데 우리나라가 비교적 높은 것은 실행성(그림 7-12)이다. 비교대상 31개 나라 가운데 8번째이다. 그다음은 효율성(그림 7-13)으로 14위이다. 그러나 조정성과 공익성의 순위는 높지 않았다. 조정성(그림 7-14)은 23위, 특히 공익성(그림 7-15)은 31개국 가운데 30위였다.

경제위기를 가장 빠르게 극복한 나라, 유럽의 강국 독일은 어떨까? 효율성이 상대적으로 떨어질 뿐 다른 지표는 대체로 평균이거나 더 높았다. 특히 높은 조정성이 돋보였다. 여기서 높은 정책역량이 국가의 운명을 어떻게 바꿨는지, 독일의 사례를 보자.

중세의 모습을 그대로 간직하고 있는 독일 남부의 도시 뉘른베르크에는 180년 된 연필회사가 있다. 2천 명의 직원이 매년 4억 6천만 자루의 연필을 만들어 전 세계에 수출한다. 기술력을 바탕으로 세계시장 최상위권의 점유율을 갖는

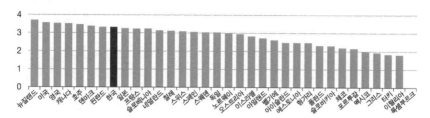

그림 7-12  정책실행성 국제비교

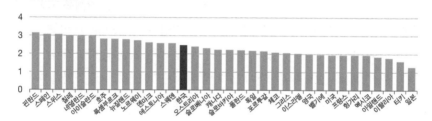

그림 7-13  정책효율성 국제비교

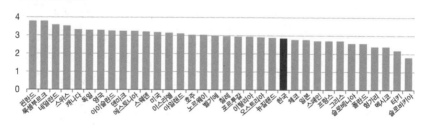

그림 7-14  정책조정성 국제비교

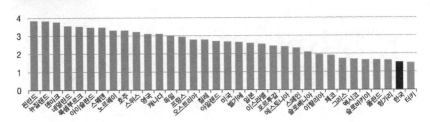

**정책공익성**

그림 7-15  정책공익성 국제비교

이른바 히든 챔피언 기업. 독일에는 이런 기업이 1300개가 넘는다. 이들을 중심으로 전체 기업의 99%를 차지하는 중소, 중견 기업이 독일 경제를 떠받치고 있다. 실제로 독일 근로자 1570만 명이 중소기업에서 일한다. 중소기업 평균 임금이 대기업의 90% 수준이라 생활하는 데 큰 차이가 없다. 중소기업 근로자들은 중소기업에서 일한다는 것이 절대 낮게 평가되지 않으며 중소기업 가운데 일부 분야는 대기업과 똑같은 평가를 받는다고 말한다. 오랫동안 이어진 가족 경영과 마이스터라고 불리는 독특한 기술 인력 양성 시스템, 그리고 정부가 큰 역할을 해왔다. 전 세계를 강타한 2008년 금융위기 당시 메르켈 정부는 야당과 기업, 근로자들과 대타협을 이뤄냈다. 근로자들이 임금 삭감을 받아들이는 대신 기업은 고용을 유지했다. 정부는 기업에 50억 유로, 우리 돈 7조 2천억 원을 지원했다. 숙련된 인력이 그대로 남게 되어 빠른 경제 회복이 가능했다. 독일은 지역 특성이 강한 연방제 국가이다. 정부는 이런 점을 살려 전국 곳곳에 산업별 클러스터를 만들었고, 이를 연결하는 도로와 철도 등 사회간접자본을 확충했다. 그 결과 독일은 전 세계 물류성과지수 1위, 유럽 물동량의 4분의 1을 책임지는 물류 대국이 됐다. 독일은 경제 관련 법안을 만들 때 중소기업 경쟁력 강화, 경기변화 시 완충기능 유지, 일자리 창출이라는 세 가지 목표를 수십 년째 일관되게 유지하고 있다. 대부분의 중소기업들은 대기업들과 달리 행정절차로 인한 충격을 줄여줄 수 있는 법무팀이나 인사팀이 없다. 따라서 독일의 모든 법률은 만들어지기 전에 중소기업에 어떤 영향을 줄 것인지가 검토된다. 이렇게 일자리를 둘러싼 당사자 간의 합의를 끌어내고 지역별, 기업규모별 균형을 맞춰내는 능력, 정권이 바뀌어도 핵심 가치는 이어가는 안정성이 중소기업 강국, 경제대국의 바탕이 됐다.

독일 사례에서 보듯이 높은 정책역량은 궁극적으로 경제성장 지속, 재정건전성 확보, 사회의 질 향상과 같은 성과로 이어진다는 사실이 통계 분석을 통해서 확인된다. **그림 7-16**에서 가로축은 정책역량을, 세로축은 정부지출의 효율성을 의미한다. 정책역량이 높은 국가일수록 예산 집행의 효율성이 높아 세금이 낭비되는 일이 적다는 사실을 보여준다. 또 **그림 7-17**은 정책역량과 탈세의 관계를 나타내고 있다. 정책역량이 높은 국가일수록 조세공정성이 높고 재정확보 능력이 뛰어나 탈세가 더 일어나기 어렵게 된다. **그림 7-18**은 정책역량과 사회의 질도 높은 상관관계가 있음을 보이고 있다.

그렇다면 독일과 함께 유럽의 양대 강국인 프랑스는 어떨까? 실행성과 공익성은 OECD 평균보다 높은 반면 효율성과 조정성은 평균에 미치지 못했다. 낮은 조정성 탓에 사회집단들의 갈등은 심해지고 결과적으로 개혁 노력이 수포로 돌아가는 경우도 많아지고 있다.

한 해 7백만 명의 관광객이 찾는 파리의 상징이자 세계적인 관광명소인 에펠탑이 2015년 4월 하루 문을 닫았다. 에펠탑을 관리하는 파리 시의 공기업이 파업을 했기 때문이다. '라디오 프랑스'도 구조조정에 반대해 한 달 동안 음악만 내보내며 최장기 방송 파업을 벌였다. 이뿐만 아니라 관제사 노조와 철도 노조, 그리고 보건 노조, 교원 노조 등이 파업을 벌였고 시위도 곳곳에서 이어졌다. 프랑스 공공 노조가 잇달아 파업에 들어간 원인은 재정 긴축에 따른 구조조정이었다. 2000년 이후 재정 적자가 계속된 프랑스는 2015년 유럽연합으로부터 2017년까지 재정적자를 GDP의 3% 이내로 줄이라는 권고를 받았고 이에 따라 앞으로 3년 동안 65조 원 규모의 지출을 줄이기로 했다. 이 때문에 연금 생활자들의 불안감도 커지고 있다. 프랑스인들은 60세부터 연금을 받기 시작해 유럽 국가들 중 연금을 받는 기간이 가장 길다. 여기에 연금 재정을 분담해야

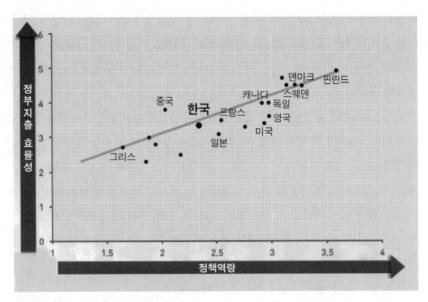

그림 7-16 정책역량과 정부지출 효율성

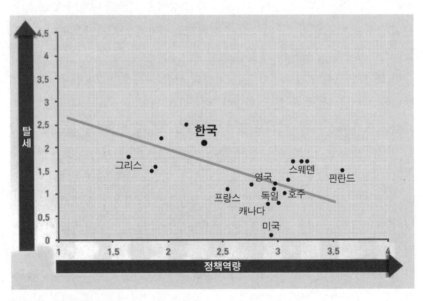

그림 7-17 정책역량과 탈세

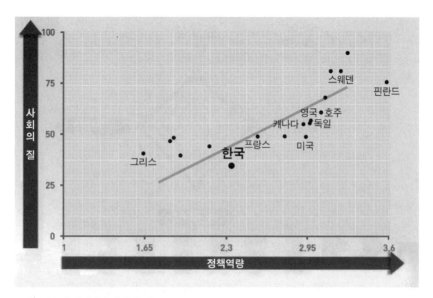

그림 7-18 정책역량과 사회의 질

할 청년세대의 실업률까지 높아지면서 연금 재정은 더욱 어려워지고 있다. 프랑스 정부는 1993년부터 연금 개혁을 여러 번 시도했지만 부분적인 수정에 그쳤을 뿐 큰 효과를 보지 못했다. 강력한 권한을 바탕으로 정부는 노동이나 복지같은 이해관계가 첨예한 분야에 대해 밀어붙이기식 개혁을 시도하면서 격렬한 저항에 부딪혔다. 상대적으로 약해진 의회는 중재 역할을 못했고, 갈등은 격렬한 시위와 대규모 파업으로 이어졌다. 결국 사회적 갈등으로 재정적자가 악화되고 일자리 창출을 위한 사회적 투자도 이뤄지지 못하면서 프랑스 경제의 활력마저 떨어지고 있다.

이제 우리 정부의 정책역량을 구체적으로 살펴보자. 그림 7-19는 한국 정부의 효율성, 공익성, 조정성, 실행성에 대한 분석결과를 보여주고 있다. 실행성과 효율성은 양호하다. 이런 특성이 경제개발 시대에 효과를 발휘했던 것이 사실이다.

광복 이후 70년 동안 한국이 눈부신 발전을 이룰 수 있었던 이유는 강한 정부

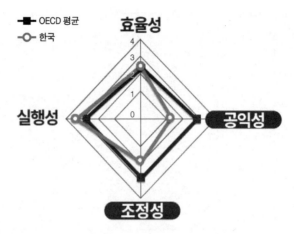

**그림 7-19** 한국의 정책역량

가 중심이 되어 양질의 인력을 양성하고 정책을 체계적으로 수립하고 이를 효율적으로 실행했기 때문이다. 이러한 정부 주도의 발전국가모델은 과거 한국 사회에 최적화된 모델이었다. 하지만 사회경제적 변화가 급속히 진행되면서 과거 정부가 주도한 효율성 일변도의 정책들은 오히려 미래의 성장에 걸림돌로 작용할 가능성이 높다. 한국 정부의 정책역량은 공익성과 조정성에서 OECD 국가들 가운데 하위에 위치한다. 이 때문에 정책적 이슈에 대한 사회적 합의가 어려워 갈등이 격화되고 공공성을 위한 자원 배분이 부족하다 보니 양극화가 심화되고 있다. 한국 정부의 정책역량이 다른 나라들과 비교해 저조한 이유는 무엇일까? 한국 정부에는 수평적 조정 경험의 부재, 부처 이기주의, 단기적 성과 집착, 정책형성 및 집행과정의 불투명성, 정책의 지속성 부족 등과 같은 과거 발전국가 모델의 잔재들이 여전히 남아 있다. 이 상태에서는 선진국에서 성공한 정책이나 제도를 도입한다고 해도 유사한 성과를 거두기 어렵다. 따라서 미래 국가발전의 핵심은 정부의 정책역량에 있다. 한국 사회의 미래에는 현재보다 훨씬 더 많은 난제들이 존재한다. 이를 풀기 위해서는 효율성만으로는 한계가 있다. 즉, 효율에서 역량으로의 전환이 필요하다. 정책역량이야말로 전환기 위기를 극복할 수 있는 미래 정부의 가장 중요한 요소이다.

# 좋은 정부의 조건[3]

지금까지의 연구를 통해 한국이 전환기의 위기를 극복하기 위해서는 제도의 함정을 뛰어넘어야 하고, 효율 위주에서 벗어나 정책역량을 높이는 방향으로 나아가야 한다는 사실을 확인할 수 있었다. 그렇다면 이런 목표를 달성하기 위해서는 어떤 조건들이 필요할까? 이 질문에 답하기 위해 사회구성요소 간의 관계를 분석한 시스템 다이내믹스$^{system\ dynamics}$를 활용한 시뮬레이션을 해보았다. 이를 위해서 정책결정과정을 형성과 합의의 2단계로 나누어 정책형성과정, 정책합의과정, 정책운용과정의 단계별로 구성 요소들의 변화에 따른 정책역량의 차이를 자세히 살펴보았다.

먼저, 정책형성과정이다. 이 단계에서 가장 중요한 목표는 정책이 특정 계층이나 이익집단의 사적인 이익이 아니라 모든 국민의 공익에 봉사하도록 만드는 것이다. 이에 대한 시뮬레이션 결과를 보면 두 가지 뚜렷한 패턴이 눈에 띈다. 첫째는 시민의 감시수준이 높아지면 정부의 공익 추구가 높아지고 시민의 감시수준이 낮아지면 공익 추구가 낮아지는 현상이다. 정책형성과정에서 시민들의 참여와 감시야말로 사적 이익이 끼어들지 못하게 하는 중요한 장치이기 때문이다. 둘째로는 정보공개가 정부정책에 대한 국민들의 신뢰와 정확하게 같이 움직이는 것으로 나타났다. 국민들의 불신으로 인한 정책 집행의 어려움을 극복하기 위해서는 투명한 정보공개가 가장 좋은 해법이라는 뜻이다. 이렇게 정부가 정보를 공유하고 이를 토대로 조정력을 발휘할 때 어떻게 시민들에게 혜택이 돌아가는지 사례를 보자.

2014년 성남지역은 극심한 쓰레기 대란을 겪었다. 분리수거가 제대로 안 된 쓰레기 소각으로 환경오염이 커지고 있다며 소각장 주변지역 주민들이 닷새 동안 쓰레기차 반입을 막았다. 주택가에는 쓰레기가 넘쳐났고 악취가 진동했다.

---

**3** 이 절은 제13차 미래한국리포트에서 장덕진 서울대 교수가 발표한 내용을 재정리한 것이다.

감정이 격앙된 주민들과 소각장이 맞닥뜨리면서 사태가 장기화될 조짐을 보이자, 시 갈등관리관이 주민협의체와 절충에 들어갔다. 종량제 봉투에 분류되지 않은 무단 쓰레기 반입에 대한 감시를 늘리고, 주민들에게는 분리수거망을 보급하고 종량제 규격봉투 홍보에 나서기로 합의하면서 정상을 되찾았다. 이후 재활용품 배출과 종량제봉투 판매량이 각각 32%, 13%가 늘었고, 생활폐기물 쓰레기는 19%가 줄었다. 갈등을 불미스러운 일로 보지 않고, 해결하는 과정에서 시민의 참여를 이끌어 발전적인 해결책을 도출하는 갈등 관리는 미래 정부에 더 강하게 요구되는 역할이다.

2012년 세계경제포럼의 발표에 따르면 한국의 정책결정 투명성은 2008년 44위에서 해가 갈수록 떨어져서 2012년이 되면 133위로 하락하는 것으로 나타났다. 이와 같이 투명성이 낮아진 상태에서는 모든 국민의 공익에 봉사하는 정책이 만들어지기가 점점 어려워지고 사익이 개입할 가능성은 점점 높아진다. 많은 혈세가 투입된 어떤 정책이 알고 보니 부실투성이였다든가 하는 일들이 자꾸만 생기는 것은 이러한 투명성 하락과 무관치 않을 것이다.

다음으로 정책합의과정이다. 정책이 만들어진다고 해서 바로 집행될 수 있는 것은 아니다. 정부와 의회의 합의를 통해 법을 만들어야 하고, 의회에서도 여야 간 협상이 필요하다. 이것이 정책합의과정이다. 정책합의과정에 대한 시뮬레이션 결과, 정부가 의회와 합의하려는 노력을 보이고 의회에서도 여야 간 정책대결을 벌이면서 적정한 수준의 행정부 견제를 유지한다면 정부의 독주는 줄어들고 정책갈등 수준은 낮아진다. 그러나 이에 비해 의회의 행정부 견제 수준이 낮은 경우를 보면 정부의 정책독주 경향이 높아지고 정책갈등이 증가하는 것을 볼 수 있다. 이런 상황을 우리의 모습과 비교해보면 우리의 헌법은 삼권분립의 원칙을 천명하고 있지만, 현실에서의 견제관계는 의회 대 행정부의 구도로 나타나는 것이 아니라 행정부와 여당을 한편으로 하고 야당을 다른 한편으로 하는 여야 대립의 구도로 나타난다. 그러다 보니 의회의 견제기능은 정치적인 이유로 인해 약화되기 일쑤이다. 더 정확히 말하면, 정책적 견제는 약화되고 정치적 견제만 강화되어왔다. 실제로 우리는 예산심의기간 자체가 OECD 평균

85일에 훨씬 못 미치는 60일에 불과하다. 미국은 240일, 캐나다, 독일, 덴마크는 120일 동안 심의한다. 기간만이 아니라 예산심의의 전문성도 문제이다. 국회 예산결산위원회의 위원 교체율은 해마다 80%에 달한다. 예결위원 배정이 전문성에 근거해서 이루어지고 있는 것인지, 아니면 어떤 정치적 안배에 의해 이루어지고 있는 것인지 의문을 품게 하는 대목이다. 여기서 효과적인 정책합의를 통해 침체를 딛고 성장을 이끌어낸 호주의 사례를 보자.

호주 시드니에 사는 38세 로빈 씨는 5세 딸을 혼자 키우는데, 일주일에 한 번 센터링크 홈페이지에 접속한다. 싱글맘인 자신에게 지급되는 정부의 복지 혜택을 한눈에 볼 수 있기 때문이다. 양육비는 물론이고 의료 지원과 세제 혜택까지, 찾아다닐 필요 없이 받을 수 있는 모든 복지 서비스를 센터링크 한 곳에서 찾아준다. 이런 효율적인 복지전달체계는 지난 1980~1990년대 호주 정부가 이뤄낸 공공개혁의 성과이다. 당시 호주 정부는 국제 경쟁력 약화로 성장률이 떨어지고 실업률은 높아지는 경제위기에 직면해 있었다. 실직자 등을 위한 복지 지출이 늘면서 재정적자도 덩달아 급증했다. 이에 호주 정부는 정부부처와 공무원을 재조직하는 행정개혁의 칼을 빼들었다. 부처 간 통폐합을 통해 업무, 인력의 중복을 해소했다. 행정의 효율화로 복지 서비스의 부정수급을 통제하면서도 투명한 집행과 전달체계의 관료주의화 해소로 복지서비스 만족도를 높였다. 재정적자도 눈에 띄게 줄었다. 이처럼 성공적인 개혁을 이룰 수 있었던 것은 정부와 공무원 노조가 대타협을 이뤄냈기 때문이다. 노조가 임금인상률을 낮추는 대신 정부는 물가 안정과 의료보험 등 사회안전망 강화를 약속했다. 정부는 반발을 최소화하기 위해 개혁을 점진적으로 추진했고 일방적인 해고보다는 인력의 재배치를 택했다. 각 부처의 차관들이 통폐합을 주도하도록 자율성을 부여한 것도 개혁에 대한 반발을 줄였다. 동시에 강력한 부패 통제에 나서 정부에 대한 신뢰를 쌓았고 이는 개혁을 일관되게 추진할 수 있는 원동력이 됐다. 당시 출범한 호주의 반부패 기구는 독립기관으로 관계자 소환과 자료제출 요구권, 수색영장 집행과 감청 등 강력한 수사 권한을 가졌다. 정권이 바뀌어도 개혁은 일관되게 추진됐다. 호주의 행정개혁은 노동당 정권에서 시작됐지만, 센터링크 출

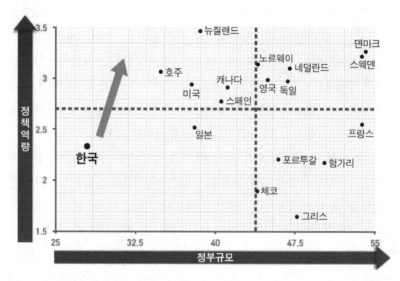

그림 7-20 정책역량과 정부규모

범 등 실제 개혁의 성과는 보수정권에서 이뤄냈다. 현 정권의 정치철학과 정책 방향을 이유로 기존 정권의 정책을 폐기하는 대신 충분한 검토와 미세 조정을 통해 정책의 안정성과 일관성을 유지해나갔다. 호주에서는 정부에서 정책을 입안할 때 시작 단계에서부터 야당과 협상을 하기 때문에 정책의 95%가 야당의 지지를 받고 있다고 한다. 이런 노력들이 더해지면서 호주는 80, 90년대 경제위기를 슬기롭게 극복했고, 지난 2004년 1인당 국민소득 3만 달러를 돌파한 데 이어 지금은 5만 달러가 넘는 세계 9위의 고소득 국가로 성장했다.

　마지막으로 정책운용과정이다. 정책이 의도했던 바와 실제 결과와의 차이를 줄이는 것이 정책운용과정의 목표이다. 정책운용과정에 대한 시뮬레이션 결과, 정책을 운용하는 과정에서는 정책입안과정에서 예상하지 못했던 다양한 변수들이 새롭게 등장하게 되고 이를 조정하는 능력이 매우 중요하다. 그러나 이런 조정역할을 맡은 기관에 권한을 부여하지 않고 집행결과에 대한 성과보상을 강조한다면 효과적인 정책결과를 기대하기 어렵다. 그렇다면 정책조정기관에 보다 많은 권한을 부여하면 어떤 결과를 가져오게 될까? 정책조정기관의 권한 수준을 높였더니 공무원의 복지부동이 줄면서 정책 현장에서의 움직임이 훨씬 활성화되고 결과적으로 정책 목표와 정책 서비스 사이의 간극은 좁혀지는 것을 볼 수 있다. 지금까지의 시뮬레이션 결과를 요약하면, 정책형성과정에서는 시민참여와 투명성, 정책합의과정에서는 의회의 행정부 견제, 정책운용과정에서는 조정기관에 대한 적정한 권한부여가 핵심적인 성공의 열쇠라는 것을 알 수 있다.

그렇다면 현재 한국의 정책역량은 어느 정도 수준에 와 있으며 앞으로 어느 방향으로 나아가야 할지 다른 OECD 국가들과 비교해서 알아보자. **그림 7-20**의 가로축은 GDP 대비 정부지출 수준, 즉 정부규모이고 세로축은 정책역량이다. 그림에서 보다시피 한국은 OECD 국가 중에서 정부규모는 가장 작고 정책역량은 중하위권에 속한다. 앞으로 정책역량을 높여나가면서 어느 방향으로 움직여야 할지 그 좌표를 미리 설정하는 것이 매우 중요하다. 우선 지금 상태에서 정책역량의 제고 없이 정부지출 수준만 높여나가는 것은 반드시 피해야 할 방향이다. 그림 우하단에는 구 동구권 국가들과 현재 많은 어려움을 겪고 있는 남유럽 국가들이 위치해 있다. 그런데 이미 한국은 여러 정부를 거치면서 정부지출을 계속 늘려왔다. 같은 기간 동안 우리의 정책역량이 동시에 큰 폭으로 늘어났다면 몰라도, 그렇지 않다면 이미 우리는 이 방향으로 이동해왔다는 뜻이다. 더 이상 이 방향으로 가는 것을 막으려면 정책역량을 높임으로써 궤도 수정을 해야 한다. 그림의 우상단에는 정책역량이 높은 큰 정부들이 모여 있다. 주로 북유럽 복지국가들이다. 정부규모가 크다는 것은 장점과 단점을 모두 가지고 있다. 정부가 국민들의 삶을 구석구석 돌본다는 것은 큰 장점이지만, 그만큼 많은 재정, 즉 세금이 필요하다는 점은 우리가 당장 받아들이기에 쉽지 않다. 그런데 그림의 좌상단에는 또 다른 선택의 가능성이 열려 있다. 정책역량이 높은 작은 정부들이다. 이들도 우리보다는 큰 정부를 가지고 있지만 우리와의 거리가 그리 멀지는 않다. 정부지출을 급격하게 늘려나가는 것이 어렵다는 점을 감안하면, 현실적으로 우리에게 열려 있는 길은 바로 이 방향이다. 따라서 정책역량의 제고를 통해서 사회의 질이 높고 지속 가능한 착한 성장사회를 만들어야 할 것이다.

## 맺음말

이 책의 목적은 대한민국이 전환기의 위기를 어떻게 벗어나야 할지를 논의하는 데 있었다. 앞서 보았듯이 우리보다 먼저 위기를 경험하고 극복한 선진국들의 공통점은 '사회의 질social quality'이 높다는 것이다. 사회의 질은 GDP 같은 경제지표로 잡아낼 수 없는 사회발전의 척도로서 전체 사회의 발전이 개인의 역량개발과 얼마나 조화를 이루는지를 보여주는 지표이다. 높은 사회의 질을 위해서는 자본 등 경제적 요소와 제도, 정책, 문화와 같은 비경제적 요소가 균형적으로 발전해야 한다.

그렇다면 사회의 질을 높이고 자본과 정책, 제도, 문화를 균형적으로 발전시키기 위해서 어떻게 해야 할 것인가? 우리 사회 전체를 바꿔야 할 방대한 일이지만, 교육과 복지, 일자리, 환경, 그리고 거버넌스 분야가 우리 사회 변화와 발전을 위한 핵심적인 영역이라고 할 수 있다. 미래한국리포트는 이 분야를 중심으로 연구를 진행해왔으며, 지난 10여 년간 행사 외에도 분야별로 수십 명의 전문가들의 연구 결과를 직접 듣고 토론했다. 그동안의 논의를 보면 국가 성장 모델은 크게 영미형의 자유시장경제 모델과 유럽형의 조정시장경제 모델로 나뉜다. 자유시장경제국가의 특징은 시장 중심의 경제 운영과 내수, 서비스업 중심의 산업구조, 그리고 경쟁의식이 강하다는 것이다. 반면 조정시장경제국가의 경우 국가 개입의 경제 운영과 수출·제조업 중심의 산업구조, 그리고 평등의식을 강한 특징으로 하고 있다. 우리나라의 경제 체질은 국가주도 성장과 수출 중심, 강한 제조업 그리고 평등의식 등으로 볼 때 유럽형 성장 모델에 가깝다고 할 것이다. 하지만 해방 이후 미군정과 한국전쟁의 미군 참전, 원조 등 미국의 정치적, 경제적, 학문적 영향으로 성장정책 방향은 미국형 모델에 치우쳤다. 대한민국의 사회 경제가 성장하던 60~80년대는 미국형 모델의 선택이 불가피했지만 이후 우리 체질에 맞는 성장 모델을 찾아가야 했다. 특히 IMF 외환위기 이후로는 한국식 성장 모델에 대한 조정이 필요했지만, 신자유주의 모델은 지속되었다. 이 때문에 체질에 맞지 않는 정책과 제도의 운용으로 인한 부정합성이 여러 분야에서 나타나 우리의 산적한 문제를 더욱 악화시키고 있다. 따라서 이 부정합성을 어떻게 극복할 것인가가 중대한 과제이다.

이에 따라 교육, 복지, 일자리, 환경, 거버넌스에서 분야별로 지속 성장을 위한 문제점을 분석하고 해법을 제시했다. 먼저 교육은 인적자본의 육성을 위해 그 나라의 산업구조와 연계해 운영돼야 한다. 최근 우리나라는 대졸 실업과 일자리 미스매치가 심각한 사회문제가 되고 있는데, 여기에는 산업구조와 교육제도의 부정합성 문제가 있다. 수출과 제조업 중심의 독일 등 유럽의 국가들은 숙련공이 필요하므로 직업교육이 잘 발달해 있다. 반면 미국의 경우 상대적으로 직업교육보다는 일반교육에 중점을 두고 있다. 넓은 내수시장을 기반으로 한 미국은 IT와 금융 산업 중심으로 일반교육을 받은 인력들이 경쟁을 통해서 새로운 아이디어를 내놓고 이 과정을 통해서 경제와 기업 혁신을 이끌어가는 구조이기 때문이다. 앞서 말했듯이 우리나라는 유럽형 산업구조로 되어 있지만 교육제도는 미국형이어서 일반교육 위주의 교육과 높은 대학진학률로 인해 고학력 인력이 과잉 공급되고 있다. 따라서 좁은 취업 관문을 통과하기 위한 경쟁이 대입뿐만 아니라 초중등 단계에서부터 치열해지고 있다. 결국 산업구조와 교육 시스템의 부정합성을 해소하지 않고서는 심각한 교육 문제를 풀 수 없다.

복지의 경우 우리나라는 복지 수준이 경제 규모에 비해 낮은 수준인 저부담

저복지 구조인데 최근 들어 복지 수요가 거의 폭발에 가깝도록 증가하면서 복지 방향에 대한 논란이 계속되고 있다. 복지확대를 얘기하면 항상 복지 부담은 하지 않으면서 혜택만 받는 '무임승차자' 문제로 반대가 많다. 이렇게 복지 부담 계층과 수혜 계층이 양분된 대표적인 국가 중 하나가 미국이다. 이렇다 보니 건강보험 등 복지 확대에 대한 계층 간 사회적 갈등이 심하다. 따라서 갈등을 줄이기 위해 복지의 혜택이 고소득 계층이나 저소득 계층 모두에게 돌아갈 수 있도록 설계하는 것이 중요하다. 즉, 소득에 따른 부담 차이가 있더라도 모든 계층이 복지 부담을 같이하고 혜택도 함께 받도록 하는 것이다. 복지 선진국인 스웨덴과 덴마크는 가족복지와 고용복지 지출이 많다. 즉, 여성의 경제활동을 돕는 보육 같은 사회서비스, 그리고 근로자의 소득보장과 고용서비스 같은 재취업 지원에 많은 돈을 쓴다. 사회투자형 혹은 고용친화형 복지지출이 많은 것이다. 따라서 누구나 복지 혜택을 누릴 수 있다. 반면, 경제위기를 겪고 있는 남유럽 국가의 복지 형태는 다르다. 이탈리아와 그리스는 연금과 의료 같은 고령층 중심의 전통적인 프로그램만 과잉 성장되어 있다. 이렇다 보니 복지 부담 계층과 수혜 계층이 양분되게 된다. 한마디로 스웨덴은 고용을 매개로 복지와 성장의 선순환 구조를 이루고 있지만, 이탈리아와 그리스는 이러한 선순환 고리가 매우 약하다는 것이다. 결국 성장의 발목을 잡는 복지가 아니라 성장과 선순환하는 복지가 필요하다.

다음으로 일자리는 삶에서 최고의 복지이자 행복의 시작이라고 할 수 있다. 이렇게 중요한 일자리를 창출하는 것이 이 시대의 과제이다. 하지만 현실은 암울하다. 기존 일자리 부분을 살펴보면 임금과 복지가 높은 이른바 주된 일자리, 즉 대기업 등의 일자리 근무 기간이 OECD 국가 가운데 가장 짧다. 그러다 보니 이왕이면 좋은 직장에 들어가겠다고 해서 취업 재수를 거듭하고, 어렵게 들어온 좋은 직장을 놓치지 않으려고 하니 노조가 강성화된다. 또 짧은 생애근로를 보전하려고 초과 근로를 많이 하다 보니 근무시간이 길어서 자연히 일자리를 나누기도 힘들어진다. 조기퇴직 후에는 생계형 창업을 하지만 실패를 반복하다 보니 노인 빈곤율이 OECD 1위인 상황으로 이어지고 있다. 또한 일자리 창출

부분도 문제이다. 중소기업이 일자리의 90% 가까이 차지하고 있지만 사실상 비정규직이 95%이다. 임금은 대기업의 절반 정도로, 이른바 나쁜 일자리 창출의 근원이 되고 있다. 그렇다면 경제성장만이 일자리의 해법일까? 사회적 합의를 통한 일자리 만들기와 지키기, 나누기가 근원적인 해법이다. 이와 함께 먼저 지나치게 근무 기간이 짧은 일자리를 개선해 생애근로를 연장해야 한다. 세부적으로는 주된 일자리, 좋은 일자리 근무 연한을 늘리는 동시에 그 이후에 인생 2막을 제대로 찾아주어야 한다. 둘째, 중소기업 전체를 다 같이 끌고 나갈 것이 아니라 잘되는 중소기업을 선별해서 끌고 나가는 동시에 과다한 경쟁에 허덕이는 생계형 창업보다는 벤처창업 같은 기술창업으로 성장성이 높은 기업을 만들어야 한다. 앞서 보았듯이 상위 10%의 고성장-중소기업이 고용창출의 70%를 차지한다. 반면 하위 10%가 고용 감소의 70%를 차지하는 것으로 나와 있다. 그만큼 중소기업을 선별해서 키워야 하는 이유로 볼 수 있다.

환경은 지속 가능한 성장을 위한 전제 조건이다. 이미 한반도 곳곳에서 지구 온난화로 인한 이상 기상현상을 직접 경험하고 있다. 실제로 2015년과 2016년 가뭄으로 전국 곳곳에서 물 부족을 겪었다. 2016년에는 유례없는 무더위로 한반도가 가마솥더위를 겪었다. 하지만 막상 '한반도의 기후변화'를 놓고는 먼 미래의 얘기로 생각하고 있다. 이런 가운데 석유와 같은 유한자원에 의존한 경제성장은 한계에 부딪히고 있다. 철강, 조선, 석유화학 등 화석 연료의존도가 상당히 높은 업종을 주력산업으로 가진 우리나라의 경우, 에너지 다소비 구조를 변화시키지 않고서는 향후 경쟁력을 유지하기 어렵다는 분석이 많다. 지난해 파리 기후협정으로 온실가스 배출 감축과 신재생에너지의 육성이 불가피해져 산업계의 반발과 부담이 늘어날 수밖에 없다. 이뿐만 아니라 국토 개발 등에서 환경보존과 개발논리 사이에서 갈등이 잇따르고 있다. 따라서 사회적 갈등을 최소화한 해법을 도출하기 위해서는 어느 한 분야만이 참여해서는 안 되며 사회 전반의 공조와 노력이 담보되어야 한다.

마지막으로는 거버넌스이다. 지금까지 살펴본 교육, 복지, 일자리, 환경의 문제는 사회적 합의를 거치지 않고서는 해결될 수 없는 문제이다. 따라서 사회적 갈등을 조정할 수 있는 사회적 대화의 틀인 거버넌스가 필요하다. 그동안 우리가 마치 모범 답안인 것처럼 본받으려 한 미국 등 '시장형' 국가들은 내수시장 규모가 커서 글로벌 경쟁에 상대적으로 덜 노출되었지만, 자유방임적 경쟁체제 탓에 소득불평등이 심한 나라들이다. 또 경제 규모에서 한국과는 상당한 차이가 난다. 반면 스웨덴, 독일 같은 합의형 국가들은 규모가 한국과 비슷하고, 높은 무역의존도가 보여주듯이 세계 시장에서 수출로 먹고사는 나라들이다. 이들은 험난한 세계 시장의 충격을 '조정시장경제'라는 거버넌스를 통해 완화하고 있고 소득불평등의 정도도 낮은 편이다. 앞서 보았듯이 한국은 전환기의 위기에 직면해 있고, 한국 사회가 어떠한 갈등상황에 부딪혔을 때 우리는 이 문제를 "어떤 방식으로 해결한다"는 합의 체계를 선택해야 한다. 모쪼록 이 책의 출간이 우리 체질에 맞는 거버넌스를 마련해 교육-일자리-복지가 선순환하고 지속 가능한 사회를 만드는 데 일조하기를 바란다.

## / 지음

### SBS 미래부

SBS 미래부는 사회적 어젠다에 대해 지속적으로 보도하고 외부 연구기관들과 SBS를 연계하는 부서이다. 당시까지만 해도 IT 전문 국제포럼이 없었던 2004년에 성공적으로 제1회 서울디지털포럼 SDF을 개최했다. 이와 함께 우리 사회가 주목해야 할 어젠다를 다룰 포럼으로 미래한국리포트FKR 행사를 같은 해 시작해 매년 개최하고 있다. 서울디지털포럼과 미래한국리포트는 SBS를 대표하는 지식 콘텐츠 포럼이 되었고 이제 행사를 넘어 뉴스에 좋은 콘텐츠를 제공하는 소스가 되고 있다. 그리고 서울디지털포럼과 미래한국리포트에서 나온 제언은 정부 정책에 반영될 정도로 그 영향력이 확대되었다.

## / 엮음

### 이창재

SBS 보도본부 특임부장을 맡고 있다. 1989년 한국일보에서 기자로 일하기 시작했고 1991년 SBS로 옮겨 미래부, 편집부, 사회부, 경제부, 국제부, 인터넷부 등에서 근무했다. 고려대학교 국문학과를 졸업했고 연세대학교 언론홍보대학원에서 저널리즘을 전공했다. 2002~2003년 미국 조지타운 대학교에서 국제대학원 펠로우 과정을 이수했다.

저서로는 『힘 있는 뉴스리포트』(2010), 『대학 교수 13인의 명강의』(공저, 2014), 『한국의 미래학교 이야기』(공저, 2015)가 있고 논문으로는 「TV뉴스와 인터넷 뉴스의 대체·보완관계 연구」(2006)가 있다.

**더 좋은 사회 더 나은 미래**
미래한국리포트.
ⓒ SBS 미래부, 2017

지　음 SBS 미래부
엮　음 이창재
펴낸이 김종수
펴낸곳 한울엠플러스(주)
편집책임 배유진

초판 1쇄 인쇄 2017년 3월 30일
초판 1쇄 발행 2017년 4월 5일

주소 10881 경기도 파주시 광인사길 153 한울시소빌딩 3층
전화 031-955-0655
팩스 031-955-0656
홈페이지 www.hanulmplus.kr
등록번호 제406-2015-000143호

Printed in Korea
ISBN 978-89-460-6321-1 03330

* 책값은 겉표지에 표시되어 있습니다.